T0157309

Printed in the United States
By Bookmasters

المفاهيم
الإدارية الحديثة

المفاهيم الإدارية الحديثة

تأليف
الدكتور بشار يزيد الوليد

الطبعة الأولى
2009م / 1430هـ

3

المملكة الأردنية الهاشمية

رقم الإيداع لدى دائرة المكتبة الوطنية (2487/ 7/2008)

رقم التصنيف: 658
الوليد، يزيد بشار

المفاهيم الإدارية الحديثة

المؤلف ومن هو في حكمه: يزيد بشار الوليد

بيانات الناشر: عمان- دار الراية للنشر والتوزيع،2009
عدد الصفحات (328)
ر.أ: (2487/ 7/2008)
الواصفات: / إدارة الأعمال //
ردمك: ISBN 978-9957-499-43-3
* تم إعداد بيانات الفهرسة والتصنيف الأولية من قبل دائرة المكتبة الوطنية.

دار الراية للنشر والتوزيع

شارع الجمعية العلمية الملكية - المبنى الاستثماري الأول للجامعة الأردنية

هاتف 5338656 (9626)

فاكس 5348656(9626) نقال 77241212 962 ص.ب 2547

الجبيهة الرمز البريدي 11941 عمان- الأردن
E-mail: dar_alraya@yahoo.com

10

مقدمة

معلوم لدى الجميع بأننا نعيش في عصر اتسم بالتقدم العلمي والتقني، والذي له الأثر الكبير في إحداث الكثير من التغيرات في المجالات الاجتماعية والإدارية والثقافية والاقتصادية والسياسية والتربوية. وفي كنف هذه التطورات أصبح لا بد من الدخول في المفاهيم الإدارية الحديثة والتي تشمل على أحدث ما توصل إليه العالم، من تبسيط الإدارات إلى جميع المتخصصين في مجال الإدارة وإدارة الأعمال والإدارة العامة... الخ.

ينظر إلى هذه المفاهيم على أنها تهدف لتحقيق أهداف مشتركة، وهو توجيه الأعمال، وتوفير الخدمات المختلفة اللازمة، وتوجيه العنصر البشري نحو ما هو مفيد في البيئة العملية والاجتماعية التي يعمل بها، حتى يستطيع أن يبتكر ويتغير ويتطور ويتحسن، وتوجيه الإدارة التنافسية الإيجابية. كل هذا الأهداف في النهاية أدت إلى إيجاد حاجة ماسة لدى الجميع من الإداريين والأكاديميين والباحثين إلى الاهتمام المتزايد بدراسة " المفاهيم الإدارية الحديثة".

يهدف هذه الكتاب إلى تعريف القارئ بالإدارات الحديثة بجميع معانيها وعناصرها، وقد قسم هذه الكتاب إلى عشرين فصلاً على النحو التالي:

الفصل الأول ويشمل إدارة العلاقات العامة، الفصل الثاني إدارة مهارات الاتصال، الفصل الثالث إدارة الذات، الفصل الرابع إدارة الوقت، الفصل الخامس إدارة الموارد البشرية، الفصل السادس الإدارة بالحوافز، الفصل السابع إدارة المعرفة، الفصل الثامن الإدارة بالأزمات، الفصل التاسع إدارة أنظمة الأمن والسلامة المهنية (المخاطر)، الفصل العاشر الإدارة الإلكترونية، الفصل الحادي عشر- إدارة المفاوضات، الفصل الثاني عشر- التنظيم الإداري، الفصل الثالث عشر إدارة الجودة الشاملة، الفصل الرابع عشر- الإدارة الإستراتيجية، الفصل الخامس التطوير التنظيمي، الفصل السادس عشر- إدارة الميزة التنافسية، الفصل السابع عشر القيادات الإدارية، الفصل الثامن عشر- إدارة الخصخصة، الفصل التاسع عشر إدارة الشفافية، الفصل العشرين إدارة التنمية.

تم بحمـــــــد الله

المؤلف

الفصل الأول
تعريف العلاقات العامة

تعريف العلاقات العامة

هي الفن القائم على أسس علمية لبحث انسب طرق التعامل الناجحة المتبادلة بين المنظمة وجمهورها الداخلي والخارجي لتحقيق أهدافها مع مراعاة القيم والمعايير الاجتماعية والقوانين والأخلاق العامة بالمجتمع.

العلاقات العامة في العصور الحديثة

عرفت العلاقات العامة بمفهومها الحديث مع بداية القرن العشرين حيث كان من نتيجة التقدم الصناعي في المجتمعات الغربية إن ظهور الثورة الصناعية الضخمة التي تعتمد على الإنتاج الكبير . كما تضاعفت إعداد الجماهير التي تتعامل معها هذه المؤسسات الأمر الذي شكل صعوبة على أصحاب الأعمال في الاتصال بهذه الجماهير العديدة . وكما حرصوا على كسب الجماهير والحصول على رضاهم . وأول من يرجع إليه الفضل في ذلك في هذه الفترة هو "ايفي لي" الذي دعا إلى معاملة المستخدمين معاملة أخلاقية إنسانية تنبه إلى ضرورة رعاية مصالح الجماهير الخارجية.

وبعد الحرب العالمية الثانية تطورت العلاقات العامة وازدادت أهميتها بصورة ملحوظة فباتت تلعب دور كبير في المجتمعات العصرية وكان التقدم العلمي والتكنولوجي وتنوع وسائل الاتصال والإعلام المختلفة من صحافة وإذاعة وتلفزيون وأجهزة طباعة ، تأثير كبير في زيادة أهمية وفعالية العلاقات العامة . إن من مقتضيات الحياة الاجتماعية الصحية تفهم الأفراد لمجتمعاتهم وما يدور فيها من أحداث حتى يتسنى إصدار الأحكام الصحيحة عما يؤديه الجهاز المسؤول إلى المواطن والمجتمع ، والموظف لا يملك في كثير من الحالات الوقت الكافي للاطلاع وقراءة ما يدور من حوله في الجهاز من أنشطة وأنظمة أو ما يدور في الأجهزة الأخرى ، ويأتي دور العلاقات العامة في نقل صورة مختصرة وسهلة عن هذه الأنشطة عن طريق المطبوعات المختلفة أو النشرات الدورية لنشر ـ الوعي سواء على مستوى الجهاز أو على مستوى الجماهير المعنية بالخدمة التي يقدمها الجهاز .

مما لا شك فيه إن عملية التوعية هذه ليست سهلة وبسيطة كما قد يتبادر إلى الأذهان، فهي تحتاج إلى جهد ووقت وتقوم على مقاييس مختلفة وعلى أسس خاصة تعي أهداف الجهاز وأهداف المجتمع الذي تنتمي إليه .

فلسفة العلاقات العامة

العلاقات العامة متعددة بتعدد أوجه النشاط الإنساني، وتعدد الجماهير أو الجماعات الصغيرة في المجتمع الإنساني، فهناك العلاقات العامة الحكومية، والتجارية، والصناعية، والعسكرية، والسياسية، ولكن كل هذه الأنواع والأقسام تجمعها فلسفة ومبادئ عامة واحدة، وتستند إلى أصول فنية واحدة، وليست في حقيقتها إلا تطبيقا للقواعد العامة للعلاقات العامة، مع مراعاة الظروف والأحوال في المجال الذي تطبق فيه، فالوسائل التي تتبع في العلاقات العامة واحدة، والأدوات واحدة، كوسائل الاتصال بالجماهير، وهي وكالات الأنباء والصحافة والإذاعة والتلفزيون والسينما، أو غير ذلك من الوسائل الأخرى كالاتصالات الشخصية، وهي جميعا تعمل على بلورة الأفكار وتقريب الأذهان. والعلاقات العامة بجميع أقسامها تقف على اتجاهات الجمهور وتدرس نفسية وطرق التأثير فيه، وقيادة الرأي العام وطرق التعامل معه، وكسب ثقته، أما ما هو مثار اختلاف، فهو الجمهور الذي تتجه إليه العلاقات العامة.

وتستند فلسفة العلاقات العامة على مجموعة من المبادئ والحقائق هي:

1) ترتكز فلسفة العلاقات العامة على حقيقية علمية مؤداها أن الإنسان كائن اجتماعي بطبيعته، لا يمكن أن يعيش بمعزل عن الآخرين، وقد اثبت الكثير من البحوث العلمية أن الإنسان يعجز عن إشباع جميع حاجاته الكثيرة البيولوجية والنفسية بنفسه، أما الاحتياجات الاجتماعية فلا تقوم أساساً بدون وجود الإنسان مع آخرين من البشر، وهكذا تنشأ علاقات مختلفة مع غيره من الناس، هو في أشد الحاجة إليها لإشباع احتياجاته المختلفة المتجددة.

2) إن الإنسان كائن اجتماعي متفرد ومتغير من وقت لآخر، ورغم انه يتشابه مع غيره من بني البشر، إلا انه توجد اختلافات في جميع الاتصالات مع بني الإنسان.

3) إن الإنسان كائن اجتماعي يتعامل مع غيره ومع المواقف اجتماعية، بمعنى انه يؤثر ويتأثر بالمواقف الاجتماعية، ولهذا فان انعدام الاتصال المباشر بين الطرفين أو توقفه يؤدي إلى انعدام عنصر ـ الايجابية الذي يعتبر أساس ديناميكية العلاقات العامة.

4) إن الإنسان يتميز بالعقل والتعقل، ومعنى هذا أن الاقتناع يرتفع به إلى مستوى الإنسان، بينما تهبط به السيطرة والأمر والضغط والإرهاب والقسر ـ إلى مستوى الآلة، مما يقتضي احترام آدمية الإنسان ومحاولة إقناعه حتى يوضع الإنسان في مكانته الحقيقية.

5) ترتكز العلاقات العامة على الجانب الإنساني. فالإنسان هو الذي يرتكز عليه برنامج العلاقات العامة وخطة الإعلام، سواء كان عضواً في جماعة أو مواطنا في المجتمع ككل. فمن غير المنطقي أن تبدأ المؤسسة أو المنشأة بتحسين علاقاتها مع الجمهور الخارجي، وعلاقاتها مع جمهورها الداخلي على غير ما يرام.

6) ترتكز العلاقات العامة على ركائز اجتماعية، ولذلك يجب أن تضع كل هيئة أهدافها، بحيث تتوافق مع ظروف المجتمع وأهدافه العامة، واحترام رأي الجماهير، وتقوم العلاقات العامة بتدريب جماهير المؤسسات الداخلية والخارجية على تحمل المسئولية الاجتماعية، فهي عن طريق تبصيرهم بإمكانيات المؤسسات ومجهودها والصفات التي تواجهها تستطيع أن تساعدهم على تحمل مسئولية السياسة العامة للمؤسسة.

7) يكوّن الناس اتجاهاتهم وآرائهم بصدد مختلف الأمور، كما أنهم يكوّنون هذه الآراء و تلك الاتجاهات، سواء بذلت هيئة ما محاولات للمساعدة في تكوين هذه الاتجاهات والأفكار أو لم تبذل، وقد يتبنى الناس اتجاهات خاطئة، أو يكون لهم

ميول متعارضة، ولذلك فمن الضروري أن تحاول المؤسسات والهيئات العمل على تكوين رأي عام سليم، و تحويل الميول المتعارضة إلى ميول مشتركة.

8) وتبدو أهمية الجانب السياسي للعلاقات العامة في الحكومة، وتظهر هذه الصفة السياسية في سعي العلاقات العامة إلى إثارة اهتمام المواطنين بشؤون بلدهم عن طريق شرح الأهداف والاتجاهات العامة للدولة وخططها التنموية، ومن ناحية أخرى تهدف العملية الإخبارية في العلاقات العامة إلى وضع الحقائق والبيانات عن النشاط الحكومي أمام نظر الجمهور، ومما يساعد على توجيه وتكوين رأي عام حقيقي أساسه المناقشة المستنيرة القائمة على المعلومات الصحيحة، وهذا يحقق نوعا من الرقابة الشعبية على أعمال ونشاط الأجهزة الحكومية بما يتماشى مع المبادئ الديمقراطية، ولا يدع مجالاً للسيطرة أو الدكتاتورية، مما يتيح الفرص للابتكار الشخصي، وبعض المقترحات التي تظهرها الخبرة والتعامل مع الأفراد والجماهير.

أهداف العلاقات العامة

1) التعريف بنشاط الجهاز ((وسيلة في التعريف الصحيح المقنع بنشاط الجهاز وكسب تأييد الجمهور والرضى عنه)).

2) البحث وجمع المعلومات ((إجراء بحوث الرأي والاستطلاع وجمع معلومات عن الشركات المنافسة ومنتجاتها وجماهيرها وكذلك معلومات عن الشركة ومنتجاتها)).

3) الاتصال ((توفير قنوات الاتصال المناسبة في الاتجاهين من المنظمة إلى الجماهير ومن الجماهير إلى المنظمة أم عن طريق الاتصال الشخصي أو الاتصال الجماهيري)).

1- تخطيط برامج العلاقات العامة وتنفيذها ((تضع خطط وقائية و علاجية لتحسين صورة المنشاة الذهنية لدى الجماهير وتقسم إلى خطط طويلة ومتوسطة وقصيرة المدى)).

2- التقييم ((تقوم بتقييم برامجها وخططها تقيم قبلي وتقيم مرحلي (أثناء التنفيذ، وتقيم بعدي)).

3- التنسيق ((تعتبر جهاز تنسيقياً بـين إدارات المنشـاة المختلفـة ، وكذلك التنسيق بين المنشاة وجماهيرها)).

دور العلاقات العامة في النهوض بالمؤسسة

(1) تقصي الحقائق :

لتحقيق صورة بينية جيدة تقوم بعض المؤسسات بتقصي الحقائق حول مؤسسات أخرى لمعرفة نقاط القوة و نقاط الضعف التي تميز عمل المؤسسات الأخرى المنافسة.

(2) التخطيط والبرمجة :

انطلاقا من النتائج التي توصلت اليها إدارة العلاقات العامة مـن خـلال عملية تقصي الحقائق يقع التخطيط والبرمجة للمؤسسة مـن خـلال وضع خطـط متوسطة وطويلة المـدى لمحاولة تـرويج صورة ذهنيـة جيدة للمؤسسة تكون مغاير لصورة المؤسسات المنافسة

(3) الاتصال والتنفيذ :

لنجاح عملية التخطيط " الخطة المتوسطة وطويلة المـدى " تقـوم إدارة العلاقات العامة بتوظيف مجموعة من الوسائل الاتصالية بحسب المـدة الزمنيـة التـي تستغرقها الخطة ومن هذه الوسائل الاجتماعات و المؤتمرات و اللقاءات.

المهام الرئيسة لموظف العلاقات العامة

هنالك الكثير من المهام التي لا يمكننا حصرها هنا، ولكننا سنوضح بعضها:

1) خلق علاقـة وديـة بالجماعـة سـواء مـن العـاملين داخـل الجهـاز أو خارجـه أو الجماهير.

2) اعتبار موظف العلاقات العامة ناطق رسمي باسم الجهاز.

3) وضع إستراتيجية معينة للاتصالات.

4) مسؤوليـة العلاقـات العامة عن المطبوعـات المختلفـة التـي يصـدرها الجهـاز مـن حيث إعدادها والإشراف عليها.

5) تزويد الصحافة بأخبار المنظمة والجهاز.

صفات العاملين في العلاقات العامة

1) الطبيعة الاجتماعية.

2) شخصية متكاملة من الجوانب الفطرية والتأهيل العلمي.

3) القدرة على الاعتراف بالخطئ والروح الرياضية العالية.

4) القدرة على إقناع الآخرين.

5) القدرة على عرض الموضوعات بطريقة ناجحة.

6) القدرة على قيادة الجماعات.

7) اللباقة.

8) الأخلاق الطيبة.

9) الذكاء.

10) الدراية التامة بفنون الإعلام.

إدارة العلاقات العامة

تلحق الإدارة بنائب المدير العام للشئون الإدارية والمالية والإعلام ويتبع الإدارة الأقسام التالية :

1) قسم العلاقات العامة.

2) قسم التوعية البيئية .

3) قسم خدمة المواطن .

1) قسم العلاقات العامة ويختص بالتالي :

أ. تنظيم الجوانب الإعلامية عن القضايا البيئية باستخدام كافة الوسائل الإعلامية ، وإعلام المجتمع بجهود وأنشطة الهيئة العامة للبيئة وذلك من خلال تقديم المعلومات والأخبار وإعداد الكتيبات والنشرات الإعلامية .

ب. إعداد خطة سنوية للمعارض والمؤتمرات واللقاءات والندوات والاجتماعات المحلية والدولية وغيرها من الأنشطة التي تربط الهيئة بالمجتمع والهيئات ذات العلاقة بالبيئة العربية والأجنبية واتخاذ الإجراءات الأزمة لتنفيذ هذه الخطة في الوقت المناسب.

ج. تخطيط وتنفيذ البرامج الخاصة باستقبال وإقامة زيارات ضيوف الهيئة ومرافقتهم أثناء إقامتهم بدولة الكويت.

د. متابعة ما ينشر أو يذاع في وسائل الإعلام المختلفة عن أنشطة الهيئة العامة للبيئة والقضايا البيئية.

ه. إعداد النشرات الإخبارية التي تتضمن أهم أخبار وقرارات وانجازات الهيئة.

و. التنسيق والتعاون مع قسم التوعية البيئية في إعداد ونشر وتوزيع المواد الإعلامية التي تستخدم لأغراض التوعية البيئية.

ز. تنظيم البرامج الخاصة بسفر وزيارة كبار المسؤولين بالهيئة.

ح. تنمية ورعاية العلاقات بين مختلف فئات العاملين بالهيئة من خلال تنظيم الحفلات والمسابقات الاجتماعية والثقافية والرياضية .

ط. تنظيم المؤتمرات الصحفية التي يدعو إليها مدير عام الهيئة أو أي مسئول من الهيئة العامة للبيئة.

2) قسم التوعية البيئية ويختص بالتالي :

أ. نشر الوعي لدى الرأي العام وصناع القرار في مختلف الوزارات والمصالح الحكومية والمؤسسات الأهلية بأهمية قانون البيئة .

ب. إعداد خطة سنوية للتوعية البيئية للمدارس للتوعية للمدارس ومراكز الشباب بهدف ربط الهيئة بالمجتمع واتخاذ الإجراءات اللازمة لتنفيذ هذه الخطة في الوقت المناسب.

ج. إعداد وإنتاج الأفلام والشرائح الإعلامية والدعائية والمقالات الصحفية والنشرات والكتيبات والملصقات والإعلانات المسموعة والمرئية الخاصة بالتوعية البيئية ، ونشرها عن طريق وسائل الإعلام.

3) قسم خدمة المواطن ويختص بالتالي :

أ. توفير المعلومات والبيانات الخاصة وتوضيح الإجراءات والمستندات المطلوبة لإنهاء المعاملات.

ب. تزويد جميع مراكز العمل ذات العلاقة بصورة يومية بالحالات التي تخصها ، وتسجيل ما يتم لكل حالة للرد على استفسارات المراجعين بشأنها.

ج. الرد على استفسارات وشكاوى المراجعين ، ومتابعة ما يتم بشان الشكاوى لدى جهات الاختصاص ، وإفادة المراجعين بذلك وإرشادهم لما يجب عمله لانجازها بالوقت المناسب.

د. تخطيط وتنفيذ البرامج الخاصة باستقبال ضيوف الهيئة ، وإعداد برامج الإقامة والزيارات لهم ، وذلك بالتعاون مع الجهات المعنية.

كيف تعرف إذا كانت جمعيتك بحاجة إلى علاقات عامة ؟

1) عندما تتحدث مع شخص عن جمعيتك ونشاطاتها، هل يقول لك "جيد جداُ، هذه أول مرة اسمع عن جمعيتكم ونشاطاتها ؟

2) هل تعاني الجمعية من محدودية مواردها المالية والبشرية ؟

3) هل تفوتنا بعض الفرص للتعريف بجمعيتنا ؟

4) هل نحن جمعية حديثة نسبياً ؟

5) هل أنجزنا بعض الأمور منذ إنشاء الجمعية ؟

6) هلا هناك منافسة ايجابية بيننا وبين جمعيات أخرى ؟

7) هل هناك جمعيات أخرى تؤدي نفس دورنا إلا إنها تحصل على تمويل ودعــم مـالي أكثر منا ؟

8) هل تهتم جمعيتنا بمواضيع تعني عدد كبير من الأفراد ؟

9) هل هناك أفراد كثيرون معنيون بخدمات جمعيتنا ولا يعلمون عنها ؟

10)   هل تحتاج جمعيتنا إلى متطوعين ؟

11)   هل تحتاج إلى أعضاء جدد ؟

12)   هل تحتاج إلى زيادة الدعم المالي للجمعية ؟

الفصل الثاني

إدارة مهارات الاتصال

تعريف الاتصال

الاتصال هو العملية التي يتم بها نقل المعلومات والمعاني والأفكار من شخص إلى آخر أو آخرين بصورة تحقق الأهداف المنشودة في المنشأة أو في أي جماعة من الناس ذات نشاط اجتماعي . إذن هي بمثابة خطوط تربط أوصال البناء أو الهيكل التنظيمي لأي منشأة ربطا ديناميكيا . فليس من الممكن أن نتصور جماعة أيا كان نشاطها دون أن نتصور في نفس الوقت عملية الاتصال التي تحدث بين أقسامها وبين أفرادها وتجعل منهما وحدة عضوية لها درجة من التكامل تسمح بقيامهما بنشاطهما .

الاتصال في أي منشأة أو منظمة يحدث وفق التنظيم الرسمي وأيضا في التنظيم غير الرسمي الذي قد يحس به المسؤولون في المنشأة أو يحسون بجزء منه أو لا يحسون ولكنه على أية حال ذات أثر قد يفوق في شدته الاتصال عن طريق التنظيم الرسمي .

مكونات عملية الاتصال

عملية الاتصال في أبسط صورها هي نقل فكرة أو معلومات ومعان (رسالة) من شخص (مرسِل) إلى شخص (مستقبِل) عن طريق معين (قناة اتصال) تختلف باختلاف المواقف . وتنتقل الرسالة عبر قناة الاتصال على شكل رموز مفهومة ومتفق عليها بين المرسِل والمستقبِل أو رموز شائعة في المجتمع أو الحضارة التي تتضمنها .

وقد تصل الرسالة سليمة ويفهمها المستقبل فهما صحيحا ويتقبلها ويتصرف حيالها حسب ما يتوقعه المرسِل، وتعتبر عملية الاتصال في هذه الحالة ناجحة . وقد تصل الرسالة إلى المستقبل ولكنه لا يفهمها أو لا يتقبلها ومن ثم لا يتصرف بالنسبة لها كما يرجو المرسِل وفي هذه الحالة فآن عملية الاتصال تعتبر غير ناجحة ، وربما لا تصل الرسالة على الإطلاق لسبب أو لآخر أو قد تصل ناقصة أو مشوشة . وهذه الاحتمالات موجودة دائما ويرجع فضل عملية الاتصال إلى عنصر أو أكثر من عناصر عملية الاتصال. ولكن من الممكن أن يتحقق المرسل من نتيجة رسالته عن طريق (إرجاع الأثر)

أو ما يسمى أحيانا (التغذية المرتدة)، والمقصود بذلك أن يحاط المرسِل علما بما يترتب على رسالته من آثار عند المستقبِل أو إذا ما ضلت سبيلها لسبب ما ولم تصل إليه أو وصلته ناقصة أو مشوشة أو مخوخة . ويكون مسار إرجاع الأثر عكس مسار عملية الاتصال الأصلية أي تكون من المستقبِل إلى المرسِل ووظيفتها تصحيح المفاهيم عند المستقبِل أو إقناعه بها .

عناصر عملية الاتصال

تتكون عملية الاتصال من العناصر التالية :

1) المُرسِل أو المُصدِّر.
2) ترجمة وتسجيل الرسالة في شكل مفهوم.
3) الرسالة موضوع الاتصال.
4) وسيلة الاتصال.
5) تفهم الرسالة بواسطة الشخص الذي يستقبلها.
6) استرجاع المعلومات.

وإليكم الشرح الوافي لهم:

أولاً: المرسِل أو المصدر :

يتحدد مصدر الاتصال أو مرسِل المعلومات في الهيكل التنظيمي بعضو من الأعضاء العاملين في التنظيم . وسوف يكون لدى العضو في هذه الحالة بعض الأفكار والنوايا والمعلومات، فضلا عن أهداف محددة من قيامه بعملية الاتصال .

ثانياً: ترجمة وتسجيل الرسالة في شكل مفهوم :

يهدف المرسل لأي رسالة إلى تحقيق نوع من الاشتراك والعمومية بينه وبين مستقبل الرسالة لتحقيق هدف محدد . وبالتالي فهناك ضرورة لترجمة أفكار ونوايا ومعلومات العضو المرسل إلى شكر منظم . ويعني دلك ضرورة التعبير عما يقصده المرسل في شكل

رموز أو لغة مفهومة . ويشير ذلك إلى ترجمة ما يقصده المرسل إلى رسالة يمكن للشخص الذي يستقبلها أن يتفهم الغرض منها .

ثالثاً: الرسالة :

الرسالة هي الناتج الحقيقي لما أمكن ترجمته من أفكار ومعلومات خاصة بمصدر معين في شكل لغة يمكن تفهمها . والرسالة في هذه الحالة هي الهدف الحقيقي لمرسلها والذي يتبلور أساسا في تحقيق الاتصال الفعال بجهات أو أفراد محددين في الهيكل التنظيمي .

رابعاً: وسيلة الاتصال :

ترتبط الرسالة موضوع الاتصال مع الوسيلة المستخدمة في نقلها . ولذلك فإن القرار الخاص بتحديد محتويات الرسالة الاتصالية لا يمكن فصله عن القرار الخاص باختيار الوسيلة أو المنفذ الذي سيحمل هذه الرسالة من المرسل إلى المستقبل .

وهناك أشكال مختلفة لوسيلة الاتصال في البيئة التنظيمية منها :

الاتصال المباشر بين المرسل والمرسل إليه (وجها لوجه).

1) الاتصال بواسطة التليفون .

2) الاتصالات غير الرسمية (خارج نطاق الأداء التنظيمي).

3) الاتصال من خلال الاجتماعات.

4) الاتصال عن طريق الوسائل المكتوبة.

5) تبادل الكلمات والعبارات عن طريق بعض الأشخاص بين المرسل والمرسل إليه.

خامساً: تفهم الرسالة :

يتوقف كمال عملية الاتصال وتحقيق الغاية منها على مدى ارتباط محتويات الرسالة باهتمامات المرسل إليه .ويؤثر ذلك في الطريقة التي يمكن لمستقبل الرسالة أن

ينظر بها إلى مدلولات محتوياتها، وبالتالي طريقة تفهمه لها وبخبرته السابقة في التنظيم فضلا عن انطباعه الحالي عن مرسلها .

وكلما كان تفهم المرسل إليه لمحتويات الرسالة موافقا لنوايا وأهداف المرسل ، كلما انعكس ذلك على نجاح عملية الاتصال وإتمامها بدرجة مناسبة من الفاعلية .

سادساً: استرجاع المعلومات

تلعب عملية استرجاع الأثر الدور الأساسي في معرف مرسل الرسالة الأثر الذي نتج عنها لدى مستقبلها ومدى استجابته لها ومدى اتفاق ذلك مع الهدف الذي حدده المرسل أصلا .

وتتم عملية استرجاع المعلومات في المنظمة باستخدام الطرق التالية :

1) الاسترجاع المباشر للمعلومات من خلال الاتصال المباشر (وجها لوجه)، الذي يتم بين المدير والأطراف الأخرى في التنظيم . وعادة يتم ذلك عن طريق التبادل الشفوي للمعلومات بين مرسل الرسالة ومستقبلها . وقد يتمكن المرسل من استرجاع المعلومات من خلال مظاهر معينة لمستقبل الرسالة مثل التعبير عن عدم الرضا العام من محتويات الرسالة أو يلمس سوء فهم الرسالة من المرؤوس .

2) استرجاع غير مباشر للمعلومات، ومن أمثلة الوسائل غير المباشرة أن يلاحظ المدير الظواهر التي توضح له عدم فاعلية عملية الاتصال مثل:

أ.   الانخفاض الملحوظ في الكفاية الإنتاجية.

ب. الزيادة المطردة في معدلات غياب العاملين.

ج.   الزيادة الملحوظة في معدلات دوران العمل .

د.   التنسيق الضعيف بين الوحدات التنظيمية التي يشرف عليها المدير.

وعموماً فإن المدير الناجح والفعال هو الذي يحاول بشكل مستمر أن يعي مستوى كفايته وفاعليته في أداء عملية الاتصال في التنظيم ، فضلا عن اقتناعه التام بأهمية عملية الاتصال في تحقيق أهداف التنظيم .

معوقات الاتصال

لا يتم الاتصال في التنظيم بدون مشاكل أو معوقات . فقد تظهر بعض مصادر التشويش أو عدم انتظام تدفق الرسالة بالشكل المطلوب نتيجة لعوامل عديدة ومن أهم هذه العوامل التي تقلل من الولاء والإيمان بالرسالة بين العاملين بالمنشأة ما يلي:

- عدم انتباه مستقبل الرسالة إلى محتوياتها.

- عدم وجود تفهم دقيق للمقصود من الرسالة سواء بواسطة المرسل إليه أو المصدر.

- استخدام كلمات في الرسالة لها دلالات ومعان مختلفة لأشخاص مختلفين .

- ضغط الوقت لكل من المرسل أو المرسل إليه.

- تأثير الحكم الشخصي لمستقبل الرسالة على نجاح عملية الاتصال .

وللتغلب على تأثير هذه الصعاب في عملية الاتصال يجب مراعاة الآتي:

1) تقديم المعلومات بشكل يتفق ورغبات الشخص.

2) تقديم المعلومات في وحدات صغيرة.

3) إتاحة الفرصة للشخص المرسل إليه المعلومات لأن يشرح وجهة نظره في المعلومات ورد الفعل نفسه.

والهدف كله هو إيصال أكبر كمية من المعلومات الدقيقة والصحيحة إلى العاملين دون تأخير أو تشويش الذي قد يدعو إلى انتشار الشائعات وقيام جهاز الاتصالات غير الرسمي بين العاملين بالمنظمة والذي قد يؤثر تأثيرا ضارا في الروح المعنوية والكفاءة الإنتاجية .

شبكات الاتصال :

ينظر إلى التنظيم الإداري على أنه شبكة معقدة من العلاقات المتداخلة بـين الأفراد . وتنعكس تلك العلاقات على وجود شبكات متعددة أو طرق كثيرة للاتصال بـين أعضاء التنظيم . ومن هذه الطرق ما يلي :

1-الاتصال الذي يتم من خلال انتقال الرسائل طبقا لخطوات تسلسل السلطة في التنظيم . ويمكن أن يكون ذلك من أسفل إلى أعلى أو من أعلى إلى أسفل ، أو الاتصال الأفقي (بين الزملاء) .

2-الاتصال الذي يتم على شكل حرف Y وذلك حينما يرسل بعض رؤساء الأقسام تقارير معينة من الأعمال إلى رؤسائهم .

3-الاتصال الذي يتم على شكل حرف X وذلك حينما يقوم أربعة من المرؤوسين من أماكن مختلفة بالتنظيم الهرمي بكتابة تقارير إلى رئيسهم الذي يقع مركزة بينهم جميعا .

وتتوقف طريقة الاتصال المناسبة على ظروف التنظيم نفسه والخصائص المميزة لسلوك أعضائه، وذلك يتطلب التفهم للنواحي التالية :

1- إن طريقة الاتصال المتبعة في نقل الرسائل تؤثر بشكل واضح في دقـة المعلومات التي تحتويها تلك الرسائل .

2- تنعكس طريقة الاتصال المطبقة بالتنظيم على طريقة ومستوى أداء الفـرد لواجباتهم.

3- تؤثر طريقة الاتصـال عـلى مستوى رضا الأفراد ومجموعـات الأفراد عـن وظائفهم .

وبذلك يمكن القول أن هيكل الاتصال الذي يتم اختياره وتطبيقه سوف يلعب دورا هاما في تحديد أنماط التفاعل بين الأفراد داخل التنظيم .

العوامل التنظيمية التي تؤثر في عملية الاتصال :

هناك العديد من العوامل التنظيمية التي لها تأثير أساسي على فاعلية الاتصال تذكر منها ما يلي :

1) مركز الفرد في التنظيم الهرمي:

لا شك أن مركز الفرد في التنظيم الرسمي له صلة كبير بعملية الاتصال التي تتم داخل هدا التنظيم . وهناك ثلاثة أبعاد لعملية الاتصال التنظيمي:

- تدفق الاتصالات من أعلى إلى أسفل.
- تدفق الاتصالات من أسفل إلى أعلى.
- تدفق الاتصالات بشكل أفقي في المستويات التنظيمية المختلفة .

وقد نالت الاتصالات الأفقية والاتصالات التي تتدفق من أسفل إلى أعلى اهتماما قليلا في الأوساط الإدارية . وقد نتج ذلك من النظرة الضيقة للمديرين إلى عملية الاتصالات على أنها عبارة عن أوامر وتعليمات وسياسات صادرة من الإدارة العليا إلى مستوى تنظيمي أقل ، كما ارتبطت هذه النظرة بالمعلومات والتقارير التي تعد من مستوى الإدارة المباشرة ويتم إرسالها إلى الإدارة في المستويات التنظيمية العليا.

2) زيادة فهم العاملين بحقيقة الاتصال وأهميته:

ويتحقق ذلك بتوعية العاملين بأهميته عن طريق البرامج التدريبية، ويرتفع مستوى التدريب كلما ارتفع المستوى الوظيفي لأن العائد له تأثير على تيسير وتنشيط الاتصالات داخل المنشأة .

3) إعادة تنظيم المنشأة بما يكفل تيسير وتنشيط الاتصالات.

من أهداف عملية تيسير الاتصالات وتبسيطها وتقصير قنواتها ما يلي :

أ. اختصار الوقت والجهد.

ب. زيادة عدد المراكز التي تتخذ القرارات.

ج. وتبادل المعلومات.

د. وتقصير خطوط الاتصال.

ه. تضييق نطاق الإشراف بإلغاء بعض المستويات الإدارية التـي لا يحتـاج إليها العمل.

4) تطوير مهارات الاتصال بالنسبة للعاملين، وهذه المهارات هي :

أ. **مهارات التحدث:** وهو الاهتمام بمحتوى الحـديث ومضـمونه ومراعـاة الفـروق الفردية بين الأفراد واختيار الوقت المناسب للحديث ومعرفة أثره على الآخرين.

ب. **مهارات الكتابة:** وهي تـدريب العـاملين عـلى الكتابـة الإداريـة الموضـوعية الدقيقة وتجنب الأخطاء الهجائيـة والإملائيـة، وهـذا يتطلـب تطـوير التفكيـر وزيادة حصيلة معلومات العاملين اللغوية وترقيه أسلوبهم في الكتابة .

ج. **مهارة القراءة :** وهي زيادة سرعة الفرد في القراءة وفهمه لما يقرأ.

د. **مهارة الإنصات :** اختيار العامل ما يهمه من معلومـات وبيانـات مـما يصـل إلى سمعه.

ه. **مهارة التفكير :** وهي سابقة أو ملازمة أو لاحقة لعمليـة الاتصـال زيـادة مهـارة العاملين في استخدام وسائل الاتصال.

و. **تطوير نظم حفظ المعلومات :** يجب أن يتوافر في أي نظام لحفظ المعلومـات والبيانات السـهولة والبسـاطة والـوفر في المـال والجهـد والاقتصـاد في المسـاحة المطلوبة لعمليـة الحفـظ وتحقيـق أمـن وأمـان المسـتندات والأوراق والأشـرطة المتضمنة لهذه المعلومات والبيانات .

ز. **الاتجاه نحو ديموقراطية القيـادة :** هـي تعنـي شـورى ومشـاركة مـن جانـب العاملين وتعـرف عـلى أفكـارهم وآرائهـم . وهـي تعنـي أيضـا اتصـالات أنشـط وأصدق، أيسر وانخفاضا في الإشاعات .

ح. **تدعيم الثقة بين العاملين في المنشأة** : وذلك يؤدي إلى تيسير الاتصالات وتقليل وقت الاتصالات . وفي ظل انعدام الثقة بين العاملين بعضهم ببعض وبين العاملين وأفراد الجمهور يكون هناك دائما اتصال مكتوب بمستند لإثبات أن هناك اتصالا قد تم ولإثبات موضوع الاتصال .

ط. **تخلي العاملين عن الاتجاهات السالبة** : إذا سادت الاتجاهات الموجبة المنشأة سادت الاتجاهات الموجبة نحو المعاملة مع الجمهور ومع العاملين بعضهم بعضا .

ي. توعية العاملين بالفروق الفردية بين الأفراد وتخليص العاملين من الفقد والمشكلات النفسية حتى لا تكون معوقا للاتصال الجيد .

ك. تدعيم شبكة الاتصالات غير الرسمية بأكبر قدر من الحقائق والمعلومات وذلك لتقليل الشائعات التي تزدهر في ظل نقص المعلومات .

ل. تنشيط الاتصالات الأفقية وذلك حتى يتمكن العاملون في مستوى إداري معين الاتصال ببعضهم البعض في مختلف الإدارات، فهو يقلل من المشكلات التي يسببها مركزية التنظيم للاتصال من حيث الزيادة في الوقت والجهد وكذلك لضمان التعاون بين إدارات المنشأة ومعرفة العاملين بالمنشأة بالعمل الذي يقوم به زملائهم في الإدارات الأخرى. .

م. تقييم نتائج الاتصال : وذلك للتأكد من تحقيق أهداف الاتصال وهذا التقويم هو المدخل لتطوير وتحسين الاتصالات مستقبلا .

دليل المدرب

يهدف هذا الجزء من البرنامج إلى تنمية مهارات الاتصال لدى مديري المناطق ومديري المدارس التعليمية وذلك من خلال:

1) يبدأ هذا التدريب بتعريف المتدربين بموضوع المحاضرة.

2) يتم توجيه السؤال التالي للمتدربين " ماذا نعني بالاتصال ؟ وما هو الدور الذي يلعبه في حياتنا اليومية سواء العامة أو الخاصة أو العملية ؟

3) يقوم المدرب بتعريف الاتصال وأهميته ووظيفة عملية الاتصال .

4) يناقش المدرب مع المتدربين عناصر الاتصال، ويحاول أن يصل من خلال المناقشة إلى تلك العناصر وما هو المقصود بكل منها .

5) يتم تقسيم المتدربين إلى مجموعات من 3 إلى 5 أشخاص ويطلب منهم تحديد ما هي المعوقات المختلفة التي تواجههم ويطلب منهم عرض ما توصلوا إليه، ويحاول المدرب بعد ذلك تصنيف هذه المعوقات .

6) يوضح المدرب ما هي شبكات الاتصال ويعطي على ذلك أمثلة ، بالإضافة إلى أنه لا بد من توضيح ما هي النواحي المؤثرة على تلك الأشكال من الشبكات .

7) يتم توزيع تمرين "سلوكي في الجماعات" بهدف تعريف المتدرب كيفية سلوكه في الجماعات .

8) يتم توزيع تمرين الاتصالات الشخصية بين الناس .

9) يتم مقارنة التمرينين السابقين وتوضيح كيف أن سلوك الإنسان في الجماعات يؤثر ويتأثر باتصالاته الشخصية بين الناس .

10) يعرض المدرب ما هي العوامل التنظيمية المؤثرة على عملية الاتصال.

11) يقوم المدرب إذا توافر لديه الوقت بتوزيع استقصاء "فن الإنصات" ومنه يعرف المتدرب هل هو حقا منصت جيد أم أنه يفتقد إلى تلك المهارة ويوضح أن الاتصال ليس فقط نقل وتوصيل رسالة ولكنه يشمل أيضا الإنصات الجيد للآخرين .

12) ينهي المدرب هذا اللقاء يوضح نقاط تساعد المتدرب على تطوير وتنشيط الاتصال داخل المنظمة.

الفصل الثالث

إدارة الـــذات

إدارة الذات

مفهوم إدارة الذات

هي القدرة على إشباع حاجات النفس الأساسية لـدى الإنسـان ،لخلـق التـوازن في الحياة بين الواجبات والرغبات والأهداف.

وحاجات النفس الأساسية كما هو معروف هي:

أولا: حاجات البقـاء: والتـي يمثلهـا حاجتنـا إلى الطعـام والمـاء و التـنفس أو حاجتنـا إلى الجنس لأنه الوسيلة لتكاثر أفراد الجنس البشري.

ثانيا: حاجات الانتماء: كحاجة الإنسان إلى الانتماء إلى ملة دينية، أو إنتمائه إلى عائلـة أو وظيفة أو انتمائه للمجتمع كفرد من أفراده

ثالثا: الحاجة إلى القوة: وتتمثل حاجتنا إلى القوة مـن خـلال التميـز في المراتـب العلميـة التي تجعلنـا (نسـيطر) عـلى الآخرين ونقـودهم، ويتبـع ذلـك كـل حاجـة للتميـز والسيطرة.

رابعا: الحاجة إلى الحريـة: وتتمثـل الحريـة في قدرتنـا عـلى اتخـاذ القـرار، وعـلى الإرادة المستقلة للفعل.

خامسـا: الحاجـة إلى الترفيـه: وتتمثل هـذه الحاجـة في رغبتنـا في الترفيـه والضحك، أو ممارسة بعض الهوايات المحببة وممارسة بعض الألعاب كذلك.

فإداراتنا للذات بكفاءة ، تعني قدرتنا على الوفاء بهذه الحاجات الأساسية للـنفس الإنسانية، بتوازن ورضا تام لكل جزء من أجزاء النفس الإنسانية، وحينما نتحدث عـن (إدارة الذات)، فإن ذلك ينقلنا إلى مكمل رئيس وهـام لـه ألا وهـو (إدارة الوقـت) وفي هذا الشأن، يرى البـعض أن إدارة الوقت مقدم عـلى إدارة الـذات، لأنـه الوعـاء الـذي يحتضن هـذه الإدارة للـذات، لكنـي أرى أن (إدارة الـذات) هـي الأهـم والأولى، بـل أن بعض

المدربين يرى أن الحديث عن (الوقت) بمعزل عن (الذات) خطأ، لأن الذات هـي القرار الذي يوظف الوقت لخدمته ..

وإجمالا فإننا نصل إلى أنه مما يساعد في تميزنا في إدارة الذات قدرتنا على استثمار الوقت والاستفادة القصوى منه في تحقيق الأهداف.

وهنا نذكر أن تحكمنا في الوقت في إدارتنا للذات يفيدنا في:

1)   الاستفادة القصوى من أمور الحياة بشكل أفضل.
2)   الابتعاد عن منطقة الأزمات الحرجة.
3)   الشعور بالرضا الذاتي عن المنجز.
4)   القدرة على التواصل وكسب الآخرين.

والآن اختبر قدرتك في الاستفادة مـن وقتـك بـإدارة الـذات بالإجابة عـلى هـذه الأسئلة؟

أردد " ليس لدي وقت لتنفيذ ما أريد القيام به "-- نادرا -- أحيانا --كثيرا

أتأخر عن مواعيدي-------------نادر------أحيانا------- أبدا

تأخذ المهام التي أقوم بها وقتا أكثر مما قدرته لها -- أبدا ---أحيانا ----كثيرا

تتضارب مواعيـدي مـع بعضـها الـبعض ------نـادرا -- أحيانـا------ كثـيرا

أقـدم العمـل الـذي أحبـه عـلى العمـل الأكـثر إلحاحـا ----نـادرا ---أحيانا ----دائما

أتصرف كيفما اتفق حينما تداهمني الأزمات فجأة ----لا -----ربما --نعم

أنفذ أعمالي بعيدا عما خططت له --------لا -----ربما ------- نعم

علاقاتي مع المحيطين بي ------------ ممتازة --متوسطة --- ضعيفة

أشعر بعد تنفيذ المنجز بتعب شديد وإرهاق ----نادرا -----أحيانا---دائما

أمنح نفسي وقتا للترفيه دون تأثير على أعمالي ---- نعم----ربما---نادرا

أتضايق حينما أتعرض للنقد في عملي----بشدة ----نوعا ما --- لا أهتم

فهم الذات

لا يمكنك أن تتعامل مع ذاتك بشكل جيد ومبدع دون أن تفهمها بشكل كامل أنت في هذه الحياة، من أنت ؟ من تكون ؟

في حياتنا التي نحياها ثمة أمور تمثل جانب الأهمية والأولوية في جوانب حياتنا المختلفة، نحرص على التعرف عليها وملاحظتها، وإذا تمكنا من التغيير فيها، فإن كثير من طرق مسار حياتنا ستتغير، هذا المجالات نجدها بصورة كبيرة في أربع مجالات رئيسة هي:

1) المجال الروحي: العلاقة التعبدية بالله عز وجل، أداء الشعائر في وقتها، القيم الأساسية لفهم الحياة، معتقدات القوة والضعف، التأمل الذاتي.

2) المجال الاجتماعي: الأسرة، العلاقة بالآخر، الاستقرار العاطفي، روح التكاتف والتعاضد، محبة الآخرين.

3) المجال العملي: الواقع المهني المعاش، الرضا العملي، الآداء في خدمة العمل.

4) المجال الصحي والبدني: العناية بالجسد، والصحة العامة، والاهتمام بما يؤكل ويشرب، وتنظيم راحة الجسم، وممارسة الرياضة.

وأنت تتعرف على ذاتك أولا، اكتب ما تعرفه عن نفسك في المجالات السابقة في الوقت الراهن الذي تعيشه الآن :

1- المجال الروحي.

2- المجال الاجتماعي.

3- المجال العملي.

4- المجال الصحي والبدني.

المستويات المنطقية:

الإنسان، هو فرد يعيش وفق منظومة متكاملة، تسعى لهدف واحد، ومستقبل واحد، كل يقدم جهده، ويبقى التوفيق والنجاح حليف من قدم أكثر مصحوبا ببركة الله عز وجل.

نستعرض (الذات) الإنسانية من خلال سلم تصاعدي (ذهني) يكشف في محصلته الأخيرة ما يمثله هذا الإنسان، وما يمكن أن يعمله!!

في سلم (المستويات المنطقية الذهنية) سنتعرف على الإنسان من خلال التالي:

أولا: البيئة Environment: مكان وزمان المعيشة، طبيعة الحياة، الأسرة، الأصدقاء، المجتمع.

ثانيا: السلوك Behaviour: الممارسات الإيجابية والسلبية، التكرار، التأثير.

ثالثا: القدرات Capability: المواهب، الإمكانيات السلبية والإيجابية، التأثير، الاستثمار.

رابعا: المعتقدات Beliefs: النجاح والفشل، الممكن والمستحيل، الحافز، العائق، التأثير، الاستثمار.

خامسا: القيم : وهي معيار حكمك على ما هو فاضل أو منكر، والقيم تكون بمثابة عناوين بارزة (الحب، الإخلاص، النجاح، الرضا....الخ)

سادسا: الهوية Identity: أنت، حالك، تأثير ما سبق، الاستثمار.

سابعا: الصلة العليا Connectedness: المرجعية، التأثر، الهدف والغاية.

تعرف على ذاتك من خلال المستويات السابقة :

بعد أن تعرفت على من تكون (أنت) الآن من خلال البيئة التي تحويك، ومن خلال السلوكيات التي تمارسها، وماتملكه من قدرات وما تحمله من معتقدات راسخة في ذهنك، وقيم الحياة الأساسية لك، ومنها عرفت (هويتك) الآن أطلق لخيالك العنان،

وارسم لنفسك الواقع الذي تريد أن تكونه بعد خمس - عشر سنوات من الآن في المجالات التالية:

1) المجال الروحي.

2) المجال الاجتماعي.

3) المجال العملي.

4) المجال الصحي والبدني.

تغيير الذات

بعد التعرف على الذات من خلال ما سبق، نأتي الآن إلى تفعيل الـذات مـن خـلال (التغيير)، وبداية نسأل؟

لماذا يخفق كثير من الناس في تحقيق أحلامهم ؟

فسنجد أن الأسباب تعود لواحد من الأسباب الثلاثة هي:

1) أنهم لا يعرفون ماذا يريدون؟

2) أنهم لا يعرفون ماذا يفعلون!

3) أنهم يعتقدون بعدم قدرتهم على فعل ما يريدون!

الشماعة :

الـبعض يعلـق أخطائه وفشـله عـلى أشـياء كثـيرة، إلا ذاتـه!! الفاشـلون في تبريـر سلوكياتهم، وتصرفاتهم، وعجزهم عن الفعل، يتهمون أطرافا ثلاثة:

أولا: الأصـل والطبع: المـوروث الأسري، القبلي، يمنحون الـ DNA مفعـولا كبيرا لتبرير فشلهم أو سلوكياتهم " أسرتنا حادة الطبع" " الغباء في قبيلتنا كثير" .

ثانيا: التربية: الوالدان، التقريع والنقد اللاذع " والدي كان يحطمني" " أمـي حرمتنـي أن أكون متفوقا" " والدي لم يمنحاني الفرصة".

ثالثا: المحيط: العمل، الزملاء، التفضيل، الحرمان، الكيد " مديري يحب فلان"" لـو أملك واسطة!! ".

المشكلة:

كل إنسان في هـذه الحيـاة تواجهـه مشـاكل متعـددة، تبـدأ منـذ اليـوم الأول في خروجه لهذه الدنيا، ومع المشاكل تبنى الخبرات، وتتعمق التجارب، ونحن مـع المشـاكل التي واجهتنا وتواجهنا على ثلاثة أنواع:

النوع الأول: مشاكلنا المباشرة: نحن مسؤولون عنهـا، حلهـا بأيدينا، تغيـير فهمنـا لـذاتنا طريق لحل هذه المشاكل، التخلف في العمل، التأخر في الإنجاز.

النوع الثاني: مشاكلنا مع الغير: حلها يحتاج إلى أن نحسـن التعامـل مـع الآخـر، نتعـرف كيف نؤثر فيه، بعد أن نفهمه.

النوع الثالث: مشاكل مستحيلة الحل: ليس لنا أو للآخرين سلطة لحلها، أسباب لاطاقـة لنا بها، الحروب الطاحنة، الظروف الاقتصادية، العاهات، الأوبئة.

الآن عدد المشاكل التي تواجهك من الأنواع الثلاثة السابقة:

1) مشاكل مباشرة.
2) مشاكل غير مباشرة.
3) مشاكل مستحيلة الحل.

علاج المشاكل:

في علاج المشاكل التي تواجهنا اعتدنا أن نهتم بالأسباب بنسبة تفوق الـ80% ، ولا نهتم بالحل إلا بنسبة 20%.

عند الرغبة في الحل، ابحث دائمًا عن (الحلـول) أكثـر مـن بحثـك عـن (الأسـباب)، اقلب المعادلة، واسأل نفسك :

- ماذا أريد لحل هذه المشكلة؟

- كيف أعلم بالتحديد أني حصلت على ما أريد؟

- كيف أمنع تكرار المشكلة مرة ثانية؟

- ماهي الموارد التي أملكها للوصول إلى ما أريد..؟

- ما لذي سأفعله للحصول على ما أريد؟

المبادرة:

الفعل والمبادرة تجعلنا نتحكم في مصائرنا، بدلا من أن يتحكم بها الآخرون.

المحفز -----> منطقة القوة ---------> الأثر (الفعل)

بعد أن نتعرض لمؤثرات معنية، ويولد (محفز) معين، نبحث عن (الفعل)، لكن أفعالنا تختلف باختلاف الأشخاص، والسبب يكمن في (منطقة القوة) وهي التي تسبق (الفعل). فالناجحون تكون منطقة قواهم مليئة بالمحفزات والرغبة في العمل.. بينما يتوقف الفاشلون، وهنا يختلف (الأثر) بين من حفزته قوته للعمل وبين من ضعفت قوته عن العمل.

منطقة القوة هي المنطقة التي يتمايز فيها الناجحون عن الفاشلين، هي منطقة القرار ، إما التقدم بكفاءة واقتدار، أو التخلف بذل وانكسار، منطقة القوة، فيها يكمن سر نجاحنا، وتميزنا، وهي المنطقة التي تميزنا – كبشر – عن سائر المخلوقات، حتى الحيوانات الذكية حيث قدرتها المحدودة، وتميزنا أيضا عن أدق الحاسبات الآلية التي لايمكن أن تخالف أسس برمجتها.

تتميز منطقة القوة بأنها تحوي:

1) الإدراك الفعلي: حيث التفكير في عملية التفكير ذاتها، يستطيع الإنسان أن يدرك بعقله ماذا يفعل، وبماذا يفكر.

2) سعة الخيال : التخيل الذهني نعمة من الله، تعيننا على تحقيق أحلامنا، من قصرت أحلامه قصرت أفعاله.

3) المحاسبة: الضمير اليقظ، الإدراك الباطني العميق للصواب أو الخطأ، السلوكيات التي تحكم أفعالنا.

4) استقلال الذات: القدرة على الفعل بناء على إدراكنا الذاتي، القدرة على الاستجابة، التحرر من المؤثرات المعوقة.

الأثـــر:

■ هي منطقة العمل، الفعل، الإنجاز.

■ هي نتيجة لما قبلها، قوة منطقة القوة، تجعل الأثر متميزا.

ما يلحق بنا من أذى في هذه المنطقة ليس هو مايحدث لنا ولكن يكون بفعل استجابتنا له في أنواع المشاكل السابقة، غير الآن فعلك بناء على تغييرك في منطقة القوة، اقترح حلولا للمشاكل السابقة، كيف يمكن لك أن تكون أفضل من ذي قبل.

1) مشاكل مباشرة.

2) مشاكل غير مباشرة.

3) مشاكل مستحيلة الحل.

إدارة الذات .. إدارة العقل

تستطيع أن تعيش حياتك بإحدى طريقتين:

الأولى: أن تجعل مخك يدير حياتك بأسلوبه السابق.

الثانية: أن تقرر أن تدير عقلك بنفسك، إدارة واعية، أيهما أفضل؟

■ قرر أن تدير عقلك بطريقة جديدة.

■ قرر أن تدير ذاتك بكفاءة بالغة.

■ من يقول أنا قادر، أنا أستطيع، فهو يقول حقيقة.

■ ومن يقول أنا غير قادر، أنا لا أستطيع، فهو يقول حقيقة أيضا.

الفرق يكمـن في قـوة المعتقـد، مـن يعتقـد بنجاحـه، فهـو سـينجح، ومـن يعتقـد بفشله، فهو سيفشل.

مهمتي العقل عند الإنسان:

أولا: العقل الواعي.

ثانيا: العقل اللاواعي (الباطن): وهو مخزن هائل للمعلومات والخبرات، ومسؤول عـن المشاعر والعواطف، والاستجابات غير الإرادية، وهو سجل للعادات الحسنة والسيئة، ولإحداث تغيير كبير وفاعل للذات الإنسانية لابـد أن يكـون التغيير مـن خلاله.

لتواصل مع العقل الغير واعي:

أولا: الاسترخاء: إبعاد الذهن عن التفكير والنشاط.

ثانيا: التأمل: التركيز على الحاضر للاتصال مع الداخل بغرض اكتشاف قوة الذات.

ثالثا: التخيل: إنشاء (واقع) ذهني لهدف مستقبلي، أو هو تصور خيالي لحـدث مـاض أو قادم.

برمجة العقل الغير واعي:

أولا: التكرار : سواء كان التكرار داخليا بأن يكرر الإنسان مع نفسـه مايريـد برمجته، أو التكرار من الآخرين (خارجي) سواء كان ذلك بقصد أو بدون قصد.

ثانيا: إنشاء كثافة حسية شعورية.

ثالثا: الممارسة والتطبيق.

طرق إدارة العقل:

أولا: بدل معتقداتك: اطرح جانبا كل اعتقاد معوق ترى أنه غير قادر على تنفيذه، قل: أنا قادر، أنا أستطيع، ارصد بتأني الاعتقادات المعوقة التي تقف في طريق نجاحك.

اذكر خمسة معتقدات رئيسة كانت تقف في طريق نجاحك في الماضي:

-1 ....

-2 ....

-3 ....

-4 ....

-5 ....

والآن، اذكر خمسة معتقدات رئيسية جديدة يمكن أن تساعدك لتحقيق نجاحاتك.

-1...

-2...

-3 ....

-4...

-5 ....

ثانيا: أطلق العنان لخيالك:

قال برنارد شو " التخيل هو بداية الابتكار" وقال آينشتاين " التخيل أهم من المعرفة" ، كل الأعمال الناجحة بدأت (بحلم) وتطورت لتصبح (فكرة) ثم (عملا) عظيما خلده التاريخ من خلال ما يلي:

1) عش أحلامك، تصورها وقد تحققت، ازرع في عقلك الباطن خبرة (إنجاز) الحلم.

2) دون خمسة أشياء مهمة ورئيسة تتمنى تحقيقها .

3) أعد ترتيبها حسب الأولوية بالنسبة لك .

4) صغ عبارات قصيرة ومعبرة للأشياء الهامة بالنسبة لك.

5) اختر مكانا هادئا، استرخ، تنفس بارتياح وبعمق.

6) ردد بينك وبين ذاتك عباراتك السابقة.

7) تخيل نفسك وأنت (تمارس) فعل الحلم وكأنه يحدث الآن.

8) كرر عبارات التميز والإبداع " رائع، مبدع ، متميز ، ناجح".

9) كرر هذا التمرين يوميا، ولأيام متصلة، لا تقل عن 20 يوما.

ثالثا: نقي خرائطك الذهنية:

- تصورك الذهني لما يحيط بك، خريطتك عما تراه في الواقع.

- بدل رؤيتك للآخرين الذين يخالطونك.

- اجعل خرائطك الذهنية نقية صافية، أبعدها عن الظنون، الأحقاد، لضغائن.

رابعا: استفد من تجاربك:

في حياتك الماضية تجارب قد لا تكون ناجحة لكنها مفيدة ، تعلـم ، أنه لا يوجـد (فشل) بل (خبرات ودوروس).

من لا يعمل، لا يفشل، ومن لا يفشل، لا يمكن أن ينجح، عش الآن تجارب سابقة كأنها تحدث الآن .. دون خمس تجارب كنت تعتبرها فاشلة ثم ارصد مـا تعلمتـه منهـا، ستجد أنك خرجت بالكثير من الدروس والعبر:

احتفظ بما دونته من (خبرات)، ستحتاجها يوما ما.

خامسا: تحمل المسؤولية:

العظـماء فقـط هـم مـن يتحملـون مسؤولية أخطاءهم،لأنهم يعتقـدون أنهـم يصنعون عالمهم. تحملك للمسؤولية يعني أنك تستخدم إمكانياتك وقدراتك، كاملـة، استرجع أداءك في محيط الأسرة، الأصدقاء، العمل، فتش عـن نفسـك، اعـترف بخطئك وتحمل المسؤولية مع ذاتك أولا، وأمام الآخرين ثانيا، الاعتراف بالخطأ، هـو أول لبنـة في طريق الصواب.

سادسا: كن مرنا:

- الشخص الذي تكون لديه مرونة عالية تكون لديه القدرة أيضا على التحكم الفاعل بالأوضاع.

- حينما تكون المرونة منهجك، يمنحك ذلك قدرة على النجاح في كل الأحوال، وكل المجالات.

- الإصرار التام والعزيمة القوية، قد لا تحقق النجاح دون أن تصاحبها مرونة عالية.

- المرونة تعني أن تكون مهيئا بسهولة على تجريب وسيلة أخرى حينما لا تفلح في وسيلة أخرى.

- قم بمراجعة أهدافك، خططك، تأمل فيها جيدا، هل كنت مرنا؟

سابعا: تعاضد مع من حولك:

- لايمكن إلا أن تتصل بالناس وتتعامل معهم.

- لا يمكن أن يكون للنجاح طعم، حينما تعيشه لوحدك.

- الآخرون، هم سلاحك الأقوى نحو تحقيق أحلامك، سيكون تحقيق الحلم أجمل حينما يكون مقرونا بسعادة الآخرين، معك.

- روح الفريق، وحدة الهدف، المصير المشترك، مبادئ نجاحك الذي لن تستطيع تحقيقه لوحدك.

ثامنا: استمتع بعملك:

- لا يمكن أن تحقق نجاحا في عمل، أنت تكرهه.

- ينجح كثيرون في أعمالهم، لأنهم يرون فيه سعادتهم ومتعتهم.

تاسعا: التزم:

- هناك فرق كبير بين الاهتمام والالتزام.

- الالتزام يعني أن تقرر، وتعمل.

- الالتزام هو القوة التي تدفعنا للعمل والاستمرار رغم صعوبة ما قد يواجهنا من ظروف.

- التزم أن تكون رب أسرة مثالي لأسرتك.

- التزم أن تكون وفيا مبادرا محبا للجميع.

- التزم بأن تكون ناجحا في عملك من خلال استثمار قواك.

- التزم بأن لا ترضى إلا بالأفضل، لذاتك.

عاشرا: لا تخف من الرفض:

- لا تظن أن هناك من سيكون أحرص منك على ذاتك.

- كن مصرا ، مثابرا على تنفيذ ما ترتضيه لنفسك.

- لا تجعل الرفض يقف في طريق إكمالك لطريق النجاح.

- تعلم أنك ربما ترفض مئات المرات، لكن ستأتي لحظة يعترف بك فيها الجميع، إن، أصررت ودوامة على العمل وإبراز نفسك.

أهم جوانب التعامل المطلوبة لتنمية الثقة بالذات :

1) فتح الطريق المُيسر للأفعال الذاتية السابقة الذكر في (أولاً).

2) أن يكون أول رد فعل لك عندما تلقاه الابتسامة مهما كان حاله وسلوكه، وأن تحرص على أن يبتسم هو لك عندما تلتقيان دائماً .

3) بذل العطايا في الحاجيات غير الأساسية (هدايا - أجهزة - أدوات مدرسية - ألعاب).

4) حسن التعامل مع طلبات الفرد التي لا تلبي له، وذلك بأن يبين له العذر في عدم إمكانية التلبية.

5) السكوت عن أخطائه والتغاضي عن هفواته، مع تحيُن الفرص المناسبة لتوجيهه وإعلامه بما يعينه على عدم تكرار تلك الأخطاء .

6) حمايته من تعديات الآخرين، والوقوف بجانبه إذا تعرض لشيء من ذلك، ومن المهم أن يطلب منه التسامح في مقابلة أخطاء الآخرين، مع تذكيره بفضل العفو عن الناس، والصبر على ما يكره، وتعليمه أن لكل فرد نصيب من الأمور التي يكرهها، ولابد له أن يصبر عليها .

7) منحه الحب قولاً: بأن يسمع كلمات الحب منك، وفعلاً: بأن يُمازح ويُضم ويُقبل ليشعر بأنه محبوب ومقبول ومُقدر بقيمة عالية لديك، ولدى الكبار غيرك .

8) أن يُمْدَحَ حال فعلة لما يحسن، أو عند تجنبه مالا يحسن، فإن إمساكه عن الشر منقبة له، يجب أن يمدح عليها، و يُمْدَحَ كذلك عندما تسير أمور حياته الدراسية، أو علاقاته المنزلية، أو الاجتماعية في الحي بصورة طبيعية، أو جيده، فإن هذا يُعَدُّ إنجازاً يجب أن يُمْدَحَ عليه .

9) أن تبحث عن الأمور التي تتوقع أنه يستطيع إنجازها بنجاح، فتعمل على تكليفة بها، ثم تمدحه عليها .

10) أن تُسمع الزوار والأقرباء الثناء عليه بحضوره، مع الحذر من توبيخه أو لومه أمامهم .

التحدث إلى الذات :

هل شاهدت شخصا يتحدث مع نفسه بصوت مرتفع وهو يسير ويحرك يديه ويتمتم وقد يسب ويلعن، عفوا نحن لا نريد أن نفعل مثله .

أو هل حصل وان دار جدال عنيف بينك وبين شخص ما وبعد أن ذهب عنك الشخص ، دار شريط الجدال في ذهنك مرة أخرى، فأخذت تتصور الجدال مرة أخرى وأخذت تبدل الكلمات والمفردات مكان الأخرى وتقول لنفسك لماذا لم اقل كذا أو كذا .

وهل حصل وأنت تحضر- محاضرة أو خطبة تحدثت إلى نفسك وقلت . أنا لا أستطيع أن اخطب مثل هذا أو كيف أقف أمام كل هؤلاء الناس, أو تقول أنا مستحيل أقف أمام الناس لأخطب أو أحاضر .

ان كل تلك الأحاديث والخطابات مع النفس والذات تكسب الإنسان برمجة سلبية قد تؤدي في النهاية إلى أفعال وخيمه .

ولحسن الحظ فأنت وأنا وأي شخص في استطاعتنا التصرف تجاه التحدث مع الذات وفي استطاعتنا تغير أي برمجة سلبية لإحلال برمجة أخرى جديدة تزودنا بالقوة .

ويقول أحد علماء الهندسة النفسية : " في استطاعتنا في كل لحظة تغير ماضينا ومستقبلنا وذلك بإعادة برمجة حاضرنا " .

اذا من هذه اللحظة لابد ان نراقب وننتبه إلى النداءات الداخلية التي تحدث بها نفسك .

وقد قيل :

- راقب أفكارك لأنها ستصبح أفعالا
- راقب أفعالك لأنها ستصبح عادات .
- راقب عادتك لأنها ستصبح طباعا.
- راقب طباعك لأنها ستحدد مصيرك .

وأريد أن أوضح بعض الحقائق العلمية نحو عقل الإنسان ونركز خاصة على العقل الباطن .

إن العقل الباطن لا يعقل الأشياء مثل العقل الواعي فهو ببساطة يخزن المعلومات ويقوم بتكرارها فيما بعد كلما تم استدعاؤها من مكان تخزينها . فلو حدث أن رسالة تبرمجة في هذا العقل لمدة طويلة ولمرات عديدة مثل أن تقول دائما في كل موقف أنا خجول أنا خجول، أنا عصبي المزاج , أو أنا لا أستطيع مزاولة الرياضة , أنا لا استطيع

ترك التدخين. وهكذا فان مثل هذه الرسائل سترسخ وتستقر في مستوى عميق في العقل الباطن ولا يمكن تغيرها , ولكن يمكن استبدالها ببرمجة أخرى سليمة وايجابية .

وحقيقة أخرى هي أن للعقل الباطن تصرفات غريبة لابد أن ننتبه لها . فمثلا لو قلت لك هذه الجملة :" لا تفكر في حصان اسود " هل يمكنك أن تقوم بـذلك وتمنع عقلك من التفكير . بالطبع لا فأنت غالبا قد قمت بالتفكير في شكل حصان اسود لماذا؟.

إن عقلك قد قام بإلغاء كلمـة لا واحتفظ بباقي العبارة وهـي : فكر في حصان اسود .إذا هل ممكن أن نستغل مثل هذه التصرفات الغريبة للعقل .

والآن إليك القواعد الخمس لبرمجة عقلك الباطن :

1) يجب أن تكون رسالتك واضحة ومحددة .

2) يجب أن تكون رسالتك إيجابية (مثل أنا قوي . أنا سـليم أنـا أسـتطيع الامتنـاع عن كذا وكذا.

3) يجب أن تدل رسالتك على الوقت الحاضر .(مثال لا تقول أنا سوف أكون قـوى بل قل أنا قوي).

4) يجب أن يصاحب رسالتك الإحساس القوي بمضمونها حتى يقبلها العقل الباطن ويبرمجها .

5) يجب أن يكرر الرسالة عدة مرات إلى أن تتبرمج تماما .

والآن إليك هذه الخطة حتى يكون تحدثك مع الذات ذو قوة إيجابية :

1) دون على الأقل خمس رسائل ذاتية سلبية كان لها تـأثير عليـك مثـل : أنا إنسان خجول ،أنا لا أستطيع الامتناع عن التدخين ، أنا ذاكـرتي ضـعيفة ، أنا لا أستطيع الكلام أمام الجمهور ،أنا عصبي المزاج ،والآن مزق الورقة التي دونت عليهـا هـذه الرسائل السلبية وألق بها بعيداً .

2) دون خمس رسائل ذاتية إيجابية تعطيك قوة وابداً دائما بكلمة "أنا" مثل" : أنا أستطيع الامتناع عن التدخين" ،" أنا أحب التحدث إلى الناس "، "أنا ذاكرتي قوية "، أنا إنسان ممتاز " ، أنا نشيط وأتمتع بطاقة عالية ."

3) دون رسالتك الإيجابية في مفكرة صغيرة واحتفظ بها معك دائما . والآن خذ نفساً عميقاً ، واقرأ الرسالات واحدة تلو الأخرى إلى أن تستو عبهم . ابدأ مرة أخرى بأول رسالة ، وخذ نفساً عميقاً ، واطرد أي توتر داخل جسمك ، اقرأ الرسالة الأولى عشر مرات بإحساس قوي ، أغمض عيناك وتخيل نفسك بشكلك الجديد ثم أفتح عينيك .

4) ابتداء من اليوم واحذر ماذا تقول لنفسك ، واحذر ما الذي تقوله للآخرين واحذر ما يقول الآخرون لك ، لو لاحظت أي رسالة سلبية قم بإلغائها بأن تقول " ألغي " ، وقم باستبدالها برسالة أخرى إيجابية .

5) تأكد أن عندك القوة ، وأنك تستطيع أن تكون ، وتستطيع أن تملك ، وتستطيع القيام بعمل ما تريده ، وذلك بمجرد أن تحدد بالضبط ما الذي تريده وأن تتحرك في هذا الاتجاه بكل ما تملك من قوة ، وقد قال في ذلك جيم رون مؤلف كتاب " السعادة الدائمة" ، " التكرار أساس المهارات،" لذلك عليك بأن تثق فيما تقوله ، وأن تكرر دائما لنفسك الرسالات الإيجابية ، فأنت سيد عقلك وقبطان سفينتك، أنت تحكم في حياتك ، وتستطيع تحويل حياتك إلى تجربة من السعادة والصحة والنجاح بلا حدود.

6) وتذكر دائماً، وعش كل لحظة كأنها آخر لحظة في حياتك، عش بالإيمان، عش بالأمل، عش بالحب، عش بالكفاح، وقد قيمة الحياة.

الفصل الرابع
إدارة الوقت

إدارة الوقت

مفهوم إدارة الوقت:

هي عملية الاستفادة من الوقت المتاح والمواهب الشخصية المتوفرة لدينا ؛ لتحقيق الأهداف المهمة التي نسعى إلها في حياتنا ، مع المحافظة على تحقيق التوازن بين متطلبات العمل والحياة الخاصة ، وبين حاجات الجسد والروح والعقل.

سلوكيات و معتقدات تؤدي إلي توفير الوقت

1) تحديد الهدف .

2) التخطيط .

3) احتفظ دائما بقائمة المهام . To-do List .

4) التحضير للغد .

5) استخدام أدوات تنظيم الوقت .

6) انشر ثقافة إدارة الوقت .

7) عدم الاحتفاظ بمهام معقدة (تقسيم المهام إلي مهام فرعية).

8) لا تحتفظ بالمهام الثقيلة على نفسك (انته منها فورا).

9) لا تكن مثاليا .

10) رتب أغراضك .

11) الاتصال الفعال (التأكد من وصول الرسالة كما تعنيها).

12) لا تتأخر في الوصول لمكان العمل .

13) التحضير للمهام المتكررة . Check List .

14) تجميع المهام المتشابهة .

15) ارتدِ ساعة (راقب الوقت في أي مهمة تقوم بها).

16) تاريخ المهام (حدد لنفسك تاريخا أو زمنا للانتهاء من أي مهمة).

17) المساومة في تحديد المواعيد .

18) لا تحتفظ بمهام ناقصة (انته من كل مهمة بدأتها).

19) لا تهمل كلمة " شكرا . "

20) لا تقدم خدمات لا تجيدها .

21) تعلم القراءة السريعة .

22) استغلال وقت السيارة – الانتقال - السفر .

23) لا تحتفظ بمقاعد مريحة في مكتبك .

24) علق لافتة مشغول إنهاء المهام المحتاجة للتركيز .

25) استخدم التليفون بفاعلية .

26) تنمية مهارات التفويض .

27) اعرف نفسك ودورات أدائك اليومي ذهنيا و بدنيا .

سلوكيات و معتقدات تؤدي إلي ضياع الوقت

1) لا يوجد لدي وقت للتنظيم

أ.   يحكى أن حطاباً كان يجتهد في قطع شجرة في الغابة ولكن فأسه لم يكن حاداً إذ أنه لم يشحذه من قبل، مر عليه شخص ما فرآه على تلك الحالة، وقال له: لماذا لا تشحذ فأسك؟ قال الحطاب وهو منهمك في عمله: ألا ترى أنني مشغول في عملي؟.

ب. من يقول بأنه مشغول ولا وقت لديه لتنظيم وقته فهذا شأنه كشأن الحطاب في القصة، إن شحذ الفأس سيساعده على قطع الشجرة بسرعة وسيساعده أيضاً على بذل مجهود أقل في قطع الشجرة وكذلك سيتيح له الانتقال لشجرة أخرى،

64

وكذلك تنظيم الوقت، يساعدك على إتمام أعمالك بشكل أسرع وبمجهود أقل وسيتيح لك اغتنام فرص لم تكن تخطر على بالك لأنك مشغول بعملك .

ج. وهذه معادلة بسيطة، إننا علينا أن نجهز الأرض قبل زراعتها، ونجهز أدواتنا قبل الشروع في عمل ما وكذلك الوقت، علينا أن نخطط لكيفية قضائه في ساعات اليوم .

2) المشاريع الكبيرة فقط تحتاج للتنظيم

أ. في إحصائيات كثيرة نجد أن أمور صغيرة تهدر الساعات سنوية، فلو قلنا مثلاً أنك تقضي 10 دقائق في طريقك من البيت وإلى العمل وكذلك من العمل إلى البيت، أي أنك تقضي 20 دقيقة يومياً تتنقل بين البيت ومقر العمل، ولنفرض أن عدد أيام العمل في الأسبوع 5 أيام أسبوعياً .

ب. (الوقت المهدر) 5 أيام × 20 دقيقة = 100 دقيقة أسبوعياً / 100 دقيقة أسبوعياً 53 × أسبوعاً = 5300 دقيقة = 88 ساعة تقريباً .

ج. لو قمت باستغلال هذه العشر دقائق يومياً في شيء مفيد لاستفدت من 88 ساعة تظن أنت أنها وقت ضائع أو مهدر، كيف تستغل هذه الدقائق العشر؟ بإمكانك الاستماع لأشرطة تعليمية، أو حتى تنظم وقتك ذهنياً حسب أولوياتك المخطط لها من قبل، أو تجعل هذا الوقت مورداً للأفكار الإبداعية المتجددة .

3) الآخرين لا يسمحون لي بتنظيم الوقت

أ. من السهل إلقاء الخطئ على الآخرين أو على الظروف، لكنك المسؤول الوحيد عن وقتك، أنت الذي تسمح للآخرين بأن يجعلوك أداة لإنهاء أعمالهم .

ب. أعتذر للآخرين بلباقة وحزم، وابدأ في تنظيم وقتك حسب أولوياتك وستجد النتيجة الباهرة .

ج. وإن لم تخطط لنفسك وترسم الأهداف لنفسك وتنظم وقتك فسيفعل الآخرون لك هذا من أجل إنهاء أعمالهم بك!! أي تصبح أداة بأيديهم .

4) **كتابة الأهداف والتخطيط مضيعة للوقت**

أ. افرض أنك ذاهب لرحلة ما تستغرق أياماً، ماذا ستفعل؟، الشيء الطبيعي أن تخطط لرحلتك وتجهز أدواتك وملابسك وربما بعض الكتب وأدوات الترفيه قبل موعد الرحلة بوقت كافي، والحياة رحلة لكنها رحلة طويلة تحتاج منا إلى تخطيط وإعداد مستمرين لمواجهة العقبات وتحقيق الإنجازات .

ب. ولتعلم أن كل ساعة تقضيها في التخطيط توفر عليك ما بين الساعتين إلى أربع ساعات من وقت التنفيذ، فما رأيك؟ تصور أنك تخطط كل يوم لمدة ساعة والتوفير المحصل من هذه الساعة يساوي ساعتين، أي أنك تحل على 730 ساعة تستطيع استغلالها في أمور أخرى كالترفيه أو الاهتمام بالعائلة أو التطوير الذاتي .

5) **لا أحتاج لكتابة أهدافي أو التخطيط على الورق، فأنا أعرف ماذا على أن أعمل.**

لا توجد ذاكرة كاملة أبداً وبهذه القناعة ستنسى بكل تأكيد بعض التفاصيل الضرورية والأعمال المهمة والمواعيد كذلك، عليك أن تدون أفكارك وأهدافك وتنظم وقتك على الورق أو على حاسب المهم أن تكتب، **وبهذا ستكسب عدة أمور :**

أولاً :لن يكون هناك عذر اسمه نسيت، لا مجال للنسيان إذا كان كل شيء مدون إلا إذا نسيت المفكرة نفسها أو الحاسب.

ثانياً :ستسهل على نفسك أداء المهمات وبتركيز أكبر لأن عقلك ترك جميع ما عليه أن يتذكره في ورقة أو في الحاسب والآن هو على استعداد لأني يركز على أداء مهمة واحدة وبكل فعالية .

6) **حياتي سلسلة من الأزمات المتتالية، كيف أنظم وقتي.**

تنظيم الوقت يساعدك على التخفيف من هذه الأزمات، وفوق ذلك يساعدك على الاستعداد لها وتوقعها فتخف بذلك الأزمات وتنحصر في زاوية ضيقة، نحن لا نقول بأن تنظيم الوقت سينهي جميع الأزمات، بل سيساعد على تقليصها بشكل كبير .

خطوات ومبادئ الإدارة الناجحة للوقت :

1) مراجعة الأهداف والخطط والأولويات :

يذكر الأمام الغزالي رحمه الله أن الوقت ثلاث ساعات : ماضية ذهبت بخيرها وشرها ولا يمكن إرجاعها ، ومستقبلة لا ندري ما الله فاعل فيها ولكنها تحتاج إلى تخطيط ، وحاضرة هي رأس المال ، ولذا يجب على الإنسان المسلم أن يراجع أهدافه وخططه وأولوياته ، لأنه بدون أهداف واضحة وخطط سليمة وأولويات مرتبة لا يمكن أن يستطيع أن ينظم وقته، ويديره وإدارة جيدة.

2) احتفظ بخطة زمنية أو برنامج عمل :

الخطوة الثانية في إدارة وقتك بشكل جيد ، هي أن تقوم بعمل برنامج عمل زمني (مفكرة) لتحقيق أهدافك على المستوى القصير (سنة مثلاً)، توضح فيه الأعمال والمهام والمسؤوليات التي سوف تنجزها ، وتواريخ بداية ونهاية انجازها ، ومواعيد الشخصية......ألخ ، ويجب أن تراعي في مفكرتك الشخصية أن تكون منظمة بطريقة جيدة تستجيب لحاجاتك ومتطلباتك الخاصة ، وتعطيك بنظرة سريعة فكرة عامة عن الالتزامات طويلة المدى.

3) ضع قائمة إنجاز يومية :

الخطوة الثالثة في إدارة وقتك بشكل جيد ، هي أن يكون لك يوميا قائمة إنجاز يومية تفرضها نفسها عليك كلما نسيت أو كسلت ، ويجب أن تراعي عند وضع قائمة إنجازك اليومي عدة نقاط أهمها :

- أجعل وضع القائمة اليومية جزءاً من حياتك .

- لا تبالغ في وضع أشياء كثيرة في قائمة الإنجاز اليومية .

- تذكر مبدأ بتاريتو لمساعدتك على الفعالية (يشر ـ مبدأ باريتو إلى أنك إذا حددت أهم نقطتين في عشر ـ نقاط ، وقمت بإنجاز هاتين النقطتين فكأنك حققت 80% من أعمالك لذلك اليوم) .

■ أعط نفسك راحة في الإجازات وفي نهاية الأسبوع .

■ كن مرونا في فقائمة الإنجاز ليست أكثر من وسيلة لتحقيق الأهداف .

4) سد منافذ الهروب :

وهي المنافذ التي تهرب بواسطتها من مسؤولياتك التي خطط لإنجازها (وخاصة الصعبة والثقيلة) فتصرفك عنها (مثل : الكسل والتردد والتأجيل والتسويف والترويح الزائد عن النفس ...ألخ) .

ويجب عليك أن تتذكر دائماً أن النجاح يرتبط أولاً بالتوكل على الله عز وجل ثم بمهاجمة المسؤوليات الثقيلة والصعبة عليك ، وأن الفشل يرتبط بالتسويف والتردد والهروب ؛ كما يجب عليك إذا ما اختلطت عليك الأولويات ووجدت نفسك تتهرب من بعض مسؤولياتك وتضيع وقتك أن تسأل نفسك الأسئلة التالية :

أ. ما أفضل عمل يمكن أن أقوم به الآن ؟ أو ما أ فضل شيء أستغل فيه وقتي في هذه اللحظة؟

ب. ما النتائج المترتبة على الهروب من مسؤلياتي؟ وما المشاعر المترتبة على التسويف والتردد ؟ (مثل : الضيق ، القلق ، خيبة الآمل ، الشعور بالذنب ...ألخ) ، والمشاعر المترتبة على الإنجاز ؟ (مثل : الرضا ، والسعادة ، والراحة ، والنجاح، والرغبة في مزيد من الانجاز.....) .

5) استغل الأوقات الهامشية :

والمقصود بها الأوقات الضائعة بين الالتزامات وبين الأعمال (مثل : استخدام السيارة ، الانتظار لدى الطبيب ، السفر ، انتظار الوجبات ، توقع الزوار) ، وهي تزيد كلما قل تنظيم الإنسان لوقته وحياته . ويجب عليك أن تتأمل كيف تقضي دائماً وقتك ، ثم تحلله ، وتحدد مواقع الأوقات الهامشية ، وتضع خطة عملية للاستفادة منها قدر الإمكان (مثل : ذكر الله عز وجل ، الاستماع إلى الأشرطة المفيدة ، والاسترخاء ، والنوم الخفيف والتأمل ، والقراءة ، والتفكير مراجعة حفظ القرآن ..الخ) .

6) لا تستسلم للأمور العاجلة غير الضرورية :

لأنها تجعل الإنسان أداة في برامج الآخرين وأولياتهم (ما يرون أنه مهم وضروري) ، وتسلبه فاعليته ووقته (من أكبر مضيعات الوقت) ، ويتم ذلك (استسلام الإنسان للأمور العاجلة غير الضرورية) عندما يضعف في تحديد أهدافه وأولوياته ، ويقل تنظيمه لنفسه وإدارته لذاته . ولكي لا تقع ضحية لذلك فإنه يجب عليك بعد تحديد أهدافك وأولياتك تطبيق معايير (الضرورة ، والملائمة ، والفعالية) الواردة في التمارين القادمة على الأعمال والمهام والأنشطة التي تمارسها في حياتك.

أنواع الوقــــت:

النوع الأول : وقت يصعب تنظيمه أو إدارته أو الاستفادة منه في غير ما خصص له .

وهو الوقت الذي نقضيه في حاجتنا الأساسية ، مثل النوع والأكل والراحة والعلاقات الأسرية والاجتماعية المهمة . وهو وقت لا يمكن أن نستفيد منه كثيراً في غير ما خصص له وهو على درجة من الأهمية لحفظ توازننا في الحياة .

النوع الثاني : وقت يمكن تنظيمه وإدارته .

وهو الوقت الذي نخصصه للعمل ، ولحياتنا الخاصة ، وفي هذا النوع بالذات من الوقت يمكن التحدي الكبير الذي يواجهنا . هل نستطيع الاستفادة من هذا الوقت ؟ هل نستطيع استغلاله الاستغلال الأمثل ؟

أنواع الوقت الذي يمكن تنظيمه

النوع الأول : وقت ونحن في كامل نشاطنا وحضورنا الذهني (وقت الذروة).

والنوع الثاني : وقت ونحن في أقل حالات تركيزنا وحضورنا الذهني (وقت الخمول) .

وإذا ما أردنا أن ننظم وقتنا فإنه يجب علينا أن نبحث عن الوقت الذي يمكن تنظيمه ثم نتعرف على الجزء الذي نكون فيه في كامل نشاطنا (وقت الذروة) ونستغله باعتباره وقت الإنتاج والعطاء والعمل الجاد بالنسبة لنا .

ويبين الشكل التالي أوقات الذروة والخمول لدى الإنسان حسبما أشار القعيد ، ويرى الدارس أن قد يكون كل واحد منا لديه أوقات ذروة تختلف عن غيره

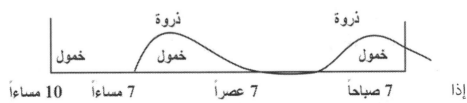

إذا 7 صباحاً 7 عصراً 7 مساءاً 10 مساءاً

تمكنت من تحديد أوقات الذروة لديك في اليوم والليلة ، فإن ذلك خطوة كبيرة تمكنك من الاستفادة المثلى من أوقات الذروة، فتضع فيها الأمور التي تحتاج فيها إلى تركيز مثل الأولويات والأمور الصعبة والأشياء الثقيلة على النفس ؛ أما الأهداف أو الأعمال الخفيفة والشائقة والأمور التي تستمتع بعملها فيمكن وضعها في أوقات قلة النشاط ، وهذا الأمر ينطبق على كل من أوقات العمل وأوقات الحياة الخاصة على السواء .

فوائد الاستغلال الأمثل للوقت

عندما تتمكن من إدارة وقتك بطريقة سليمة، سوف تستطيع ممارسة بعض هذه الأنشطة :

1) التخطيط الوظيفي: ضع تصوراً مستقبلياً لما تريد تحقيقه في عملك، وضع خطة مستقبلية لمواجهة الظروف، لتبقى مسيطراً على أمورك.
2) القراءة: الاطلاع والإلمام بما يجري هما سلاحان يجب التسلح بهما في عصر مليء بالمعرفة والمتغيرات، وكلما أصبح لديك متسع من الوقت استطعت متابعة الجديد من المعارف والمهارات.
3) التواصل: يسمح لك وقتك الفائض بإقامة علاقات إنسانية مع الآخرين.
4) الراحة: لا بد من تحديد وقت لإراحة الجسم من إرهاق العمل.
5) التفكير : الوقت المتسع يطيعك فرصة للتفكر والتطلع والتأمل.

الفصل الخامس

إدارة الموارد البشرية

إدارة الموارد البشرية

ما هي إدارة الموارد البشرية

كفاءة المؤسسات تعتمد في المقام الأول على كفاءة العنصر- البشري ونجاح المؤسسات يعتمد على إيجاد أفضل العناصر البشرية، حتى تتمكن المؤسسة من ضبط الأداء وتحقيق إلى الأهداف الإستراتيجية. تعنى إدارة الموارد البشرية Human Resource Management باختيار الموظفين الأكفأ للعمل في الشركة وأيضاً بالحفاظ على الموظفين الموجودين من خلال وضع البرامج والأنظمة التي تنظم العلاقة بين الشركة والموظفين وتستهدف الحصول على أفضل أداء.

تقسيم الموارد البشرية

تمكن تقسيم الموارد البشرية إلى عدة أفرع وهي:

1) تخطيط الموارد البشرية Planning HR.

2) التوظيف Selection.

3) تنظيم الهيكل الإداري Structure Organization.

4) التدريب والتطوير Development & Training.

5) المزايا والتعويضات Benefits & Compensation .

6) مراجعة الأداء Management Performance.

7) علاقات الموظفين Relation Employees .

تلك الأفرع لا تعمل بمعزل عن بعضها البعض وكذلك لا تعمل بمعزل عن المؤثرات الخارجية، ومنها على سبيل المثال وليس الحصر أوضاع السوق والتقنية والعولمة وغيرها والتي تؤثر بصورة أو بأخرى على المؤسسات وبالتالي يصل ذلك التأثير إلى الأفراد الذين تتكون منهم المؤسسة في النهاية.

أي مؤسسة تسعى إلى ميزة تنافسية إضافية عليها أن تتبنى إستراتيجية متميزة لإدارة الموارد البشرية. الحقيقة أن حجر الأساس بالنسبة إلى إستراتيجية إدارة الموارد البشرية هو العلاقة بين المدير والموظف. تؤكد بعض الدراسات على أن أهم الأسباب التي تدفع الموظفين إلى الاستقالة هو المدير المباشر و ليس الدخل أو الفرصة الأفضل أو غير ذلك من الأسباب. وحيث أن المدير المباشر هو العنصر الأكبر تأثيراً فإن إدارة الموارد البشرية تركز على تطوير طريقة تفكير المديرين في موظفيهم بحيث تتحول العلاقة، أو تتطور، إلى ما يشبه الشراكة وليس التبعية لأن الشراكة تعني المزيد من المسئولية وتعني المزيد من العاطفة تجاه العمل وبالتالي المزيد من الإنتاجية.

خلال الأعوام الخمسين الماضية ونظراً لتعارض المصالح بين الموظفين وأصحاب الأعمال تبنت الحكومات القوانين التي تنظم العلاقة بينهما، كما تحدد حقوق وواجبات كل الأطراف وركزت تلك القوانين على حماية الموظفين من التمييز أو الاستغلال عن طريق تحديد الحد الأدنى للرواتب والحد الأقصى ـ لساعات العمل وتحديد الظروف المطلوبة لبيئة العمل وضمان سلامة العمال، ومن أهم مهام الموارد البشرية:

1) تخطيط الموارد البشرية

نأتي هنا لتفاصيل عملية تخطيط الموارد البشرية. حيث أن الموارد البشرية تعنى بالحصول على أفضل الأداء وتعيين أفضل المرشحين، فإن عملية التخطيط هنا هي المسؤولة عن تقييم الموارد المتاحة وتخطيط الموارد البشرية المطلوبة مستقبلاً وتحديد الكيفية، إما عن طريق تطوير الأفراد الموجودين أو الإتيان بآخرين -وهل يكون الاعتماد على العمالة الدائمة أو المؤقتة - اعتماداً على الجدوى الاقتصادية و إستراتيجية الشركة.

بانتهاء عملية التخطيط يكون المدير على دراية كاملة بمتطلباته للمستقبل وبالتالي أصبح بإمكانه أن يبدأ في البحث عن الشخص المناسب. وهنا تأتي عملية التوظيف وهي العملية المسؤولة عن إيجاد الموظف المناسب - بل والفريد إن أمكن - واجتذابه للعمل

لدى المؤسسة. عملية التوظيف حقيقة هي عملية شديدة الحساسية لأنها عالية التكلفة والخطأ فيها يصعب إصلاحه بشدة.

2) التوظيف

التوظيف هو العملية التي تقوم من خلالها الشركات بشغل المناصب والوظائف المتاحة لديها وتختلف طريقة التوظيف من شركة إلى أخرى، ولكنه في الغالب يكون من خلال إدارة الموارد البشرية والتي تتولى عملية تقدير الموارد المطلوبة بالتعاون مع مديري الإدارات المختلفة ثم تتولى بعد ذلك تحديد أسلوب التوظيف.

قد تكون عملية التوظيف من داخل الشركة أو من الخارج، ولكل منها مزايا وعيوب، فالتعيين من داخل الشركة يزد من تحفيز الموظفين حيث يسمح بالتقدم الوظيفي ويزيد من التنوع في خبرات هؤلاء الموظفين كما انه يقلل من فرص اختيار الموظف الخطأ ويقلل من التكاليف حيث يكون ذلك الموظف أكثر دراية بمتطلبات الوظيفة. بينما يتميز التوظيف من خارج الشركة بأنه يضيف دماء جديدة لفريق العمل أي يضيف مهارات جديدة خاصة أن القادم من الخارج يكون صاحب خبرات مختلفة ومتنوعة بعض الشيء من خلال عمله في مكان آخر ذا طبيعة عمل وفلسفة إدارة متباينة. كذلك فإن هناك ميزة أخرى للتوظيف من خارج الشركة وهو تلبية المتطلبات الفورية خاصة الفنية والتي قد يحتاج الموظف من داخل إلى وقت طويل حتى يقوم بها بالكفاءة المطلوبة. التوظيف من الداخل يكون عادة من خلال المراسلات الداخلية، أما التوظيف من الخارج يكون إما عن طريق شركات التوظيف أو عن طريق شركات التوظيف أو عن طريق الإعلانات عادة ما تكون من خلال الصحف واسعة الانتشار أو من خلال الإنترنت.

النقطة التالية في عملية التوظيف هي طريقة التعاقد. في الماضي ونظراً للأوضاع السياسية والاقتصادية غلبت التعاقدات الدائمة، ولكن خلال الأعوام الماضية زاد الاعتماد على التعاقدات المؤقتة وهي إما تكون مؤقتة بانتهاء المشروع أو بفترة زمنية

محددة سلفاً وهذا النمط الجديد يقلل من النفقات والالتزامات على المدى البعيد لأن الشركة في تلك الحالة توفر نفقات إدراج هؤلاء الموظفين في كشوفها كما أنها لا تكون ملتزمة بالاحتفاظ بالموظفين إذا لم تعد هناك حاجة لهم. تلك التعاقدات المؤقتة توفر أيضاً الكثير من المرونة في للشركات الناشئة والتي غالباً ما تحتاج إلى المرونة في زيادة وخفض أعددا الموظفين حسب الضرورة. لعل أهم النقاط السلبية عند الاعتماد على الموظفين المؤقتين هو قلة الولاء للشركة وضعف الارتباط بها كما ان الخوف من ضياع الوظيفة يقلل كثيراً من الإنتاجية. بسبب ذلك تميل الشركات المتمرسة إلى التعاقد مع الأشخاص الذين عملوا عقود مؤقتة في السابق.

حتى تستطيع إدارة الموارد البشرية أن تتولى أمور التوظيف فإنها تكون بحاجة لوضع هيكل الشركة الإداري المتكامل بداية من أعلى الهرم وإلى أسفله وعلى إدارة الموارد البشرية أن تضع توصيفاً متكاملاً لكل من تلك الوظائف الموجودة في الهرم الوظيفي. ذلك التوصيف يشتمل على:

1) المسمى الوظيفي.

2) الوصف المختصر للوظيفة.

3) المهام والواجبات التي تقع في نطاق مسؤوليات الموظف.

4) المتطلبات من حيث سنوات الخبرة والشهادات والمهارات الفنية الضرورية للقيام بالمهام.

ما هي القنوات المتاحة للإعلان عن الوظائف؟ الآن أصبحت شبكة الانترنت إحدى الوسائل الرئيسية لطلب العمالة وخاصة إذا كانت الوظيفة تتطلب مرشحين ذوي مهارات تقنية عالية. هناك أيضاً شركات التوظيف وتوظيف عن طريق الموظفين الحاليين Employee Referral أو التوظيف مباشرة من المدارس والجامعات أو الإعلان الداخلي في المؤسسة أو الإعلان في الصحف. كل طريقة من تلك الطرق لها مزاياها وعيوبها وعلى إدارة الموارد البشرية أن تحدد الطرق التي تتوافق مع استراتيجيات الشركة.

من الأسئلة الجيدة التي يمكن طرحها للتفكير هنا، أيهما أنفع: الموظف الذي يتوافق مع متطلبات الوظيفة، أم ذلك الذي يتوافق مع شخصية المدير؟

حقاً ذلك السؤال من الأسئلة الصعبة لأنه لا توجد له إجابة واضحة، إذا كانت الوظيفة فيها الكثير من الحرية والإبداع والأفضل أن يتوافق الموظف مع المدير، لأن الاضطراب قد يؤثر سلباً على الأداء. أما بالنسبة للوظائف واضحة التعريف والمهام فمن الأفضل أن توظف من يتوافق مع النظام. بصورة عامة فإنه من الأفضل للمؤسسات الكبيرة أن تركز على الموظفين الذين يلبون متطلباتها فتلك المؤسسات تكون على درجة جيدة من التنظيم بحيث يكون مجال العزف المنفرد محدوداً، حتى تدور الماكينة الضخمة يكون على كل ترس فيها أن يلعب دوره جيداً ودوره فقط. في النهاية لا توجد قاعدة محددة لذلك الأمر ولكنها كانت نقطة تستحق الوقوف عندها.

بالنسبة لعملية الاختيار فإنه توجد عدة مؤشرات يجب أن تتواجد في المرشح ومنها: وجود المهارات الفنية والشخصية اللازمة والمثابرة الاستمرارية في مستوى الأداء والتعاون والكثير من الصفات. الحقيقة أننا نعرف الصفات المطلوبة ولكن المشكلة هي صعوبة التعرف على صورة مكتملة للشخص الجالس أمامك في المقابلة الشخصية من خلال 60 أو 90 دقيقة.

3) تنظيم الهيكل الإداري

من المهام المعقدة لإدارة الموارد البشرية هي تنظيم الهيكل الإداري للشركة، وتلك العملية تهدف لعدة أهداف منها ضبط المسؤوليات والمهام وتقليل الازدواجية بين العمليات وتنظيم نقل الأوامر من القيادة إلى الموظفين ونقل التقارير في الاتجاه العكسي، وكذلك تهدف لتوفير فرص النمو الوظيفي للأفراد لحثهم على بذل المزيد من الجهد و تهدف إلى إلغاء المهام غير الضرورية.

4) التدريب والتطوير

بالنسبة لبعض الموظفين تكون عملية التدريب والتطوير هي النقطة الرئيسية عند الحكم على إدارة الموارد البشرية في الشركات التي يعملون بها،، وذلك لأنها تعني تحسين المهارات وبالتالي زيادة القيمة الشخصية. وتسعى عملية التدريب والتطوير إلى تحسين قدرة الأفراد على أداء المهام الموكلة إليهم عن طريق زيادة معلوماتهم وطريقة أدائهم للوظائف وتحسين سلوكهم داخل الشركة. عادة ما يقوم المدير باختيار التدريب المناسب ولكن هناك حالات تقوم فيها إدارة الموارد البشرية بالاختيار، وكذلك في حالات أخرى يقوم الموظف باختيار التدريب المناسب له.

هناك عدة أنواع من التدريب:

1) التدريب باستخدام مقرر معين وقد يكون ذلك عن طريق المدرب بصورة مباشرة أو عن طريق الانترنت أو الكتب

2) التدريب خلال المهمة on-the-job الأكثر فعالية ولكنه لا يناسب المهام المعقدة والتي تتعدد فيها الخفايا.

5) إدارة المزايا والتعويضات

يأتي هنا الجزء الأهم على الإطلاق بالنسبة للموظفين وهو ما يسمى بإدارة المزايا والتعويضات، وهو الفرع المسؤول عن تحديد المقابل الذي يتلقاه الموظف نظير ما يقوم به من عمل، إما في صورة مادية أو في صورة مزايا بديلة مثل الأجازات الإضافية أو السيارة أو الهاتف أو غيرها من المزايا التي تضاف بصورة غير مباشرة إلى دخل الموظف. لكل شركة فلسفة مختلفة في تعويض الموظفين فمنها من يدفع فقط ما عليهم أن يدفعوه بينما تدفع شركات أخرى كثيراً فوق سعر السوق.

من العوامل المؤثرة في تقييم التعويض المادي: المهارات والخبرة والمسؤوليات المعطاة للموظف والأرباح وكذلك طبيعة العمل وبعده الجغرافي وأداء الموظف وحجم الشركة ونشاطها.

تتغير التعويضات من مكان إلى مكان وحسب قوانين الدول، ففي الكثير من الأحيان تختلف حسابات الضرائب تبعاً لنوع التعويض وأيضاً إذا كان التعويض في صورة مالية أو عينية، وعلى الشركة أن تحسب الأفضل لها وللموظف قبل تحديد طريقة وحجم التعويض. بالنسبة لقيمة التعويض الإضافي الذي تدفعه الشركات للموظف فإنه قد يصل إلى 40% من الراتب ولكن هذا لا يعنى الكثير من دون الأخذ في الاعتبار قيمة الراتب المطلقة. بعض الشركات قد يعطى 100% من الراتب كتعويضات، ولكن هذا لا يعني الكثير إذا كان الراتب الأساسي هو 75% من التعويض المناسب الذي يقدره السوق.

يظن البعض أن الشركات بحاجة لميزانية ضخمة لتوفر التعويض اللازم لتحفيز الموظفين ولكن من الناحية العملية هناك الكثير من الأفكار التي من شأنها أن تقوم مقام التعويض حتى مع محدودية الإمكانيات.

6) تقييم ومراجعة الأداء

أيضاً من المهام الرئيسية لإدارة الموارد البشرية تقييم الأداء والذي قد يسوء لعدة أسباب منها ضعف قدرات الموظف أو غياب التدريب أو غياب الانضباط أو غياب التوجيه. لتحسين الأداء يجب الأخذ بيد الموظف وإجراء التحسين طوعاً ولكن إذا لم يمكن ذلك بسبب رفض الموظف أو عدم الإمكانية فإنه يجب فرض ذلك التحسين كرهاً.

أخر المهام الموكلة لإدارة الموارد البشرية هي التعامل مع النقابات والتي تتحدث بالنيابة عن العمال لضمان حقوقهم.

لعل إدارة الموارد البشرية هو أحد أصعب وأمتع فروع الإدارة وذلك لارتباطه الوثيق بأهم أدوات الإنتاج، وهو الموظف أو العامل ولعل القرارات القادمة من إدارة الموارد البشرية هي الأكثر تأثيراً على العاملين في أي شركة وهذا يلاحظ عندما تجد أن الأخبار القادمة من هناك قد تصل إلى الموظفين في دقائق معدودة.

7) علاقات الموظفين

علاقات الموظفين من المهام التي لا يدرك الكثيرين أهميتها، فمثلما تحتاج الشركة للتسويق الخارجي فإنها كذلك بحاجة للتسويق الداخلي. تحتاج الشركة دائماً أن تتوجه نحو الحوارات الداخلية مع الموظفين حتى تتمكن من معرفة مدى رضا الموظفين وحتى تتمكن من التواصل الفعال معهم مما يرفع من كفاءة الإنتاج.

كيف تدير المقابلة الشخصية؟

المقابلة الشخصية هي وسيلة لاتخاذ القرار بشأن المتقدم للوظيفة ومعرفة ما إذا كان صالحاً لها على المستويين الشخصي والفني.

تهدف المقابلة الشخصية إلى تحديد ذكاء المتقدم ودرجة حماسه وطموحه ونشاطه بالإضافة إلى المهارات الشخصية الأخرى مثل الاتصال والعمل مع الفريق وإدارة الوقت والضغوطات من خلال:

1) عندما لا يتم التخطيط والتنظيم الجيد للمقابلات تكون عرضة لما يلي:

2) الانحياز للمرشح ذو القيم المتوافقة مع المدير دون أخذ التوافق مع الشركة في الحسبان

3) منح وزن مفرط للنقاط السلبية أو الإيجابية، وبالتالي تصبح عملية الاختيار عملية غير منصفة

بالإضافة للنقاط التي ذكرت في الفقرة السابقة على المقابلة الشخصية أن تختبر صحة المعلومات وإمكانية الاعتماد عليها. من أبسط الطرق لاختبار صحة المعلومات، أو ردود الأفعال، هي إعادة طرح السؤال فيما بعد إما في نفس الصورة أو في صورة جديدة ومطابقة الإجابات. كذلك تختبر تلك الطريقة الثبات على المبدأ والتناغم بين ردود الأفعال. هذه الطريقة كثيراً ما يعتمد عليها كذلك في أبحاث التسويق، قد لا يمكن وصف المقابلة الشخصية بالصحة والاعتمادية إذا شابها أحد الأمور التالية:

1) المعرفة السابقة بين طرفي المقابلة.

2) نمطية الاختيار عند المدير أي أن يبحث فقط عن نمط معين في الشخصية.

3) تأثير ترتيب المرشحين على الاختيار.

4) الحكم من الانطباع الأول.

5) عدم تدوين الإجابات والملاحظات وبالتالي نسيانها.

مثل تلك الأخطاء تؤدي في النهاية إلى اختيار المرشح الأفضل في المقابلة وليس الأفضل للوظيفة. ولذلك فإن إحدى المفارقات المعتادة هي أن نرى الأشخاص غير الأكفاء والذين يغيرون بسرعة بين الوظائف أكثر قدرة على الظهور بالمظهر اللائق في المقابلات من المرشحين الأكفاء والذين قد لا يملكون الكثير من خبرة المقابلات. تلك هي المشكلة الرئيسية التي يجب أن تؤخذ في الاعتبار عند الاختيار.

يفضل للمقابلة الشخصية أن تعطي بعض الحرية للمرشح، وبالتالي إذا كان المدير هو الأكثر تحدثاً في المقابلة فلا بد أن هناك خطأ ما. كذلك يفضل أن يقوم بعملية الاختيار أكثر من شخص ليكون الحكم على المرشحين أكثر إنصافا وحيادية. يوجد نوعين من المقابلات الشخصية: الموجه وغير الموجه. الأول يكون باستخدام أسئلة محددة الإجابات وعادة تنتهي بسؤال عن موقف ما، إما من الخبرة الشخصية وإما بصيغة "كيف تتصرف إذا؟". النوع الثاني يكون غير موجهاً ويكون باستخدام أسئلة مفتوحة النهاية وقد يبدأ ذلك النوع بصيغة "كلمني عن خلفيتك التعليمية" أو "تحدث عن الخبرات التي حصلت عليها في العام الماضي". ذلك النوع من المقابلات يكون أصعب بعض الشيء وذلك لغياب النقطة المرجعية عند المقارنة بين المرشحين. كذلك قد تخرج المقابلة عن السيطرة والموضوعية إذا لم يكن المدير متمرساً وخبيراً بذلك النوع من المقابلات.

انعكاسات الفكر الإداري الجديد على إدارة الموارد البشرية

كان للتحولات الفكريـة الجذريـة في مفـاهيم وتقنيـات الإدارة المعـاصرة تأثيراتها الواضحة على مفاهيم إدارة الموارد البشرية بدرجة واضحة. وتتمثل أهم تلك التـأثيرات فيما يلي:

1) تغير النظرة إلى إدارة الموارد البشرية من كونها مجموعة أعمال إجرائيـة تتعلـق بتنفيذ سياسات ونظم العاملين، إلى اعتبارها وظيفة إستراتيجية تتعامل مع أهم موارد المنظمة وتتشابك مع الأهداف والاستراتيجيات العامة لها.

2) الانطلاق بفكـر إدارة المـوارد البشـرية مـن الانحصار في مشكلات الاستقطاب والتوظيـف للعاملين حسب احتياجـات الإدارات التنفيذيـة المختلفـة، إلى الانشغال بقضية أكثر أهميـة وحيوية وهي إدارة الأداء وتحقيق الإنتاجية الأعلى وتحسين الكفاءة والفعالية.

3) الارتفاع بمستوى القائمين على أعمال إدارة المـوارد البشـرية إلى مرتبـة الإدارة العليا، فقد أصبحت وظيفة إدارة الموارد البشرية في كثير مـن المنظمات تعـادل في مستواها التنظيمي إدارات الإنتاج والتسويق والتمويل.

4) إدماج أفكار وتقنيـات إدارة التنـوع في فلسـفة إدارة المـوارد البشـرية للتعامـل بكفاءة مع مختلف نوعيات العاملين في المنظمات ذات الاتجاه نحو العولمة.

5) الانتشار في عمليـات البحـث والاستقطاب إلى سـوق العمـل العـالمي وعـدم الانحصار في السوق المحلي بحثاً عن أفضل العناصر وأكثرها قـدرة علـى تحقيـق أهداف المنظمة بغض النظر عن اعتبارات الجنسية والمواطنة التقليدية.

6) النظر إلى مهام إدارة المـوارد البشـرية باعتبارها عمليات متكاملـة ومترابطـة، وليست إجراءات مستقلة ومنقطعة الصلة. وبهـذا يمكن استثمار المعلومات والخبرات الناشئة من بعض العمليات في تطوير وتحسين كفاءة عمليات أخرى.

7) اعتبار تكلفة المهام التي تتولاها إدارة الموارد البشرية [مثل نفقات التدريب والتنمية، ونفقات تطوير النظم، ونفقات بناء استراتيجيات الموارد البشرية، على أنها نفقات استثمارية تدر عائداً على الاستثمار وليست مجرد نفقات إيرادية بدون مردود.

8) إدماج تقنيات المعلومات والاتصالات في عمليات إدارة الموارد البشرية والتحول نحو نظم وتقنيات إدارة الموارد البشرية الإلكترونية.

9) تبني مفاهيم وتقنيات إدارة الجودة الشاملة في عمليات إدارة الموارد البشرية، واعتبار مختلف الإدارات التي تخدمها إدارة الموارد البشرية بمثابة العملاء الداخليين الذين يجب العمل على إرضائهم.

10) نشر فكر إدارة الموارد البشرية بين مختلف المديرين والمشرفين، واعتبار كل منهم مسؤولاً عن الموارد البشرية وليس فقط فريق المتخصصين العاملين في التقسيم التنظيمي المختص بشئون الموارد البشرية.

أن الموارد البشرية الفعالة هي ركيزة تكوين هذه القدرة وذلك وفقاً للمنطق التالي:

أ) إن النتيجة الأساسية لحركة المتغيرات في عالم اليوم هي بروز الانفتاح والتحرر والمرونة كعناصر رئيسية في حركة منظمات الأعمال وكلها تؤدي إلى إشعال قوى التنافس فيما بينها.

ب) يتحدد مصير منظمة الأعمال في عالم اليوم وما قد تحققه من أرباح ونتائج على ما يتوفر لها من قدرات تنافسية تصل بها إلى إرضاء العملاء والتفوق على المنافسين.

ج) تتكون القدرات التنافسية لمنظمة الأعمال بالتصميم والتخطيط والإعداد لتحويل المزايا والموارد المتاحة لها إلى منافع وقيم أعلى للعملاء، وتميز واختلاف عن المنافسين.

د) أن المصدر الحقيقي لتكوين القدرات التنافسية واستمرارها هو "المورد البشري" الفعال، حيث يبرز دوره في كل عنصر من عناصر القدرة التنافسية للمنظمة. إن ما يتاح لمنظمة العمال من موارد مادية ومالية وتقنية ومعلوماتية، وما قد تتميز به تلك الموارد من خصائص، وإن كانت شرطاً ضرورياً لإمكان الوصول إلى القدرة التنافسية، إلا أنها ليست شرطاً كافياً لتكون تلك القدرة. ذلك أنه لابد من توفر العمل البشري المتمثل في عمليات التصميم والإبداع الفكري، التخطيط والبرمجة، التنسيق والترتيب، الإعداد والتهيئة، التطوير والتحديث، التنفيذ والإنجاز، والتقويم والمحاسبة. تلك العمليات التي هي نتاج العمل الإنسان ومظاهره هي أساس النجاح في المنظمات وبدونها لا يتحقق أي نجاح مهما كانت الموارد الأخرى المتاحة للمنظمة.

وتعتبر تلك العمليات البشرية من منظور الفكر الإداري المعاصر هي الآلية الحقيقية لتحويل ما تملكه المنظمات من موارد [طاقات محتملة] إلى قدرات تنافسية [طاقات مستغلة فعلاً]. والحقيقة المهمة التي يركز عليها الفكر الإداري المعاصر أن هذا الجهد البشري لا يمكن أن يصل إلى تحقيق نتائج ذات قيمة بمجرد أن يتوافر، بل لابد من التخطيط والإعداد والتوجيه والتنمية المستمرة في إطار نظام متطور لإدارة الموارد البشرية بالتناسق مع استراتيجيات المنظمة.

الفلسفة الجديدة لإدارة الموارد البشرية

لعل أبرز ما أحدثته المتغيرات والتوجهات العالمية وروافدها الإقليمية والمحلية من تأثيرات جذرية في مفاهيم الإدارة الجديدة، هو ذلك الانشغال التام والعناية الفائقة بالموارد البشرية باعتبارها حجر الأساس والمورد الأهم الذي تعتمد عليه الإدارة في تحقيق أهدافها. وقد تبلور هذا الاقتناع الكامل بالدور الرئيسيـ للموارد البشرية في مجموعة الأسس التالية التي يتضمنها هيكل الفكر الإداري الجديد:

1) أن المورد البشري هو بالدرجة الأولى طاقة ذهنية وقدرة فكرية ومصدر للمعلومات والاقتراحات والابتكارات، وعنصر فاعل وقادر على المشاركة الإيجابية بالفكر والرأي.

2) أن الإنسان في منظمة الأعمال يرغب بطبيعته في المشاركة وتحمل المسؤولية، ولا يقتنع بمجرد الأداء السلبي لمجموعة من المهام تحددها له الإدارة، بل هو يريد المبادرة والسعي إلى التطوير والإنجاز.

3) أن الإنسان إذا أحسن اختياره وإعداده وتدريبه وإسناد العمل المتوافق مع مهاراته ورغباته، فإنه يكفي بعد ذلك توجيهه عن بعد وبشكل غير مباشر ولا يحتاج إلى التدخل التفصيلي من المشرف أو الرقابة اللصيقة لضمان أداءه لعمله.

4) أن الإنسان يزيد عطاؤه وترتفع كفاءته إذا عمل في مجموعة [فريق] من الزملاء يشتركون معاً في تحمل مسئوليات العمل وتحقيق نتائج محددة.

وقد تكاملت لذلك مفاهيم حديثة في إدارة الموارد البشرية تتناول قضايا استثمار الموارد البشرية من منظور شامل ومتكامل، يعكس كل الإسهامات والإضافات الإيجابية لتيارات فكرية متجددة مستمدة من النموذج الفكري الجديد للإدارة المواكب لحركة المتغيرات وظروف عالم العولمة والتنافسية.

الفصل السادس

الإدارة بالحوافز

الإدارة بالحوافز

مفهـوم الحوافـز :

تعتبر الحوافز بمثابة المقابل للأداء المتميز ، وهى بذلك لا تمثل جزءاً مكملاً للأجور والمرتبات ، فالأداء الذي يستحق الحافز هو أداء غير عادى .

أهميـة الحوافـز :

يحقق النظام الجيد للحوافز نتائج مفيدة أهمها :

1) زيادة نواتج العمل كما ونوعاً .
2) تخفيـض الفاقـد في العمـل .
3) إشـباع احتياجات العامليـن .
4) الشعور بروح العدالة التنظيمية .
5) رفع روح الـولاء والانتمـاء .
6) تنمية روح التعاون بين العاملين .
7) تحسين صورة المنظمة أمام المجتمع .

أسـس منـح الحوافـز :

إن أهم الأسـس لمنح الحـوافز هـو التميـز في الأداء . وهنـاك معـايير أخـرى مثـل المجهود والأقدمية ، وفيما يلي توضيح ذلـك :

1) التميز في الأداء بمعنى الأداء فوق العادي .
2) المجهود لقياس الأداء لوظائف الخدمات .
3) الأقدمية التي تعكس الولاء والانتماء .
4) المهارة المتمثلة في التميز الفكري والتعليمي .

أنـواع نظـم الحوافـز :

أولاً: علـى مستوى الفـرد :

1. على مستوى العمال : تنقسم الحوافز إلى :

أ) الحوافز بالقطعة :

تعنى هذه الطريقة أن الحافـز الذي يحصل عليـه العامـل يتحـدد بحسـاب كميـة الإنتاج أو القطع المنتجة بحيث يكافأة على الزيادة عن هذه الكمية ، ومن عيوب هـذه الطريقة صعوبة تحديد حجم الإنتاج النمطي ، كمـا تحتـاج هـذه الطريقـة إلى قيـاس مستمر للكمية المنتجة من العمل .

ب) حوافـز الوقت :

تعنى هذه الطريقة أن العامل يقوم بالإنتاج في وقت محدد ويكافأه عـلى مقدار الوفر في هذا الوقت أو على استغلال نفس الوقت في إنتاج أكثر .

2. على مستوى التخصصيين والإداريين : تنقسم الحوافز إلى :

1- العمولـة :

يرتبط هذا النظام مع الوظائف البيعية والمحصلين وأحياناً بعض المناصب الإدارية . وتعتبر العمولة جزءاً من العوائد المالية لشاغلي هـذه الوظائف ، ولا يتوقـف تحفيـز هذه الفئات على العمولات فقط حيث يمكن مكافآتهم عند قيامهم بأداء متميـز أو غـير عادى في نشاطهم . وفى بعض الحالات تحصـل هـذه الفئات عـلى مرتب ثابت بجـوار العمولة .

2- العـلاوة :

هناك عدة أنواع للعلاوات من أهمها :

- علاوة الكفـاءة .
- علاوة الأقدميـة .
- العلاوة الاستثنائية .

وتشير الأولى إلى زيادة في الأجر أو المرتب بناء على إنتاجية الفرد في عمله وتمنح بعد فترة عام تقريباً وحين يثبت الفرد أن إنتاجيته عالية . أما الثانية فهي تعويض كامل عن عضوية الفرد في المنظمة وتعبير عن إخلاصه لمدة عام . في حين أن الثالثة تمنح بسبب وجود أداء متميز يستحق التعويض الاستثنائي .

وتتميز كل العلاوات بأن تأثيرها تراكمي وتصبح حقاً مكتسباً للفرد وتضاف على عوائد المستقبل . وتمنح هذه العلاوات للعاملين وأن كانت أكثر قرباً للأعمال الإدارية والكتابية والتخصصية .

3- المكافأة :

تقدم هذه المكافآت لكبار التخصصيين أو الفئات الإدارية بناء على الأداء العام للمنظمة ككل أو لأداء إدارتهم ويقاس هذا الأداء العام بالأرباح عادة ، أو بكميات الإنتاج أو المبيعات . ويتدخل المستوى الإداري في تحديد حجم المكافأة وقد تترك الحرية لكل إدارة في توزيع هذه المكافأة على مديري الإدارة وذلك وفق مؤشرات معينة .

ثانياً: على مستوى جماعات العمل :

تقسم هذه الحوافز بالتساوي على كل أفراد المجموعة، بمعنى أن كل فرد يحصل على نصيبه من الحافز بناء على إنتاجيه الجماعة ككل . وتحسب هذه الإنتاجية على أساس الكمية أو الوقت أو على أي أساس آخر تراه المنظمة . وتشجيع المنظمة هذا النوع من الحوافز نتيجة لصعوبة قياس أداء العامل منفرداً ، كما أن هذا النوع من الحوافز يشجع على التعاون بين أفراد الجماعة . كما تشجع هذه الحوافز الأفراد ذوى المهارات العالية من نقل هذه المهارات إلى زملائهم وتزيد من فرص التنمية والتدريب أثناء العمل . ومن عيوبها أن حوافز الفرد لا ترتبط مباشرة بأداء أو مجهود قام به متضرراً وإنما ترتبط بمجهودات كل أفراد الجماعة .

ثالثاً: الحوافز على مستوى المنظمة ككل :

وهى حوافز مبنية لتحفيز العاملين بالمنظمة بناء على الأداء والكفاءة الكلية لها . وتنقسم هذه الحوافز إلى أنواع ثلاثة هي :

1) المشاركة في الأرباح : ويستفيد منها عادة غالبية العاملين في المنظمة لتوزيعها علـى العاملين نقداً مرة واحدة أو على عدة مرات في السنة .

2) خطط الاقتراحات : ويطلـق عليها خطط تـوفير التكـاليف، وتهـدف إلى تشجيع الأفراد على وضع اقتراحات بشأن تخفيض تكاليف العمل والإنتاج، وبـذلك فـإن حوافز الأفراد مربوطة بسعى هؤلاء الأفراد إلى تحقيق أهداف المنظمـة مـن خـلال بحثهم عن المشاكل في محيط العمل ومحاولـة إيجاد الحلـول لهـا . ويحتاج هـذا النظام إلى التعاون بين العاملين وإدارة المنظمـة وذلك لمحاولـة كشف المشكلات وحلها ، ويأخذ هذا التعاون أشكال متعددة منها : لجـان الإنتاج وحلقـات مراقبـة الجودة .

3) ملكية العاملين لأسهم الشركة : وهي من أكثر الطرق مثالية وقربـاً مـن المشاركة في الناتج والأداء النهـائي للمنظمـة، حيـث يكـون مـن حـق العـاملين امتـلاك شركتهم بنسب محدودة . ويمكن اعتبار ملكيـة العـاملين للأسـهم وسـيلة مبتكـرة لتمويـل المنظمة وحل مشاكلها المالية والإدارية .

رابعاً: الأنواع الأخرى من الحوافز :

هناك العديد من الحوافز الأخرى التي تشجعها المنظمات لتحفيز العاملين ومنها:

أ. المكافآت الاستثنائية .

ب. الرحـلات المجانيـة .

ج. الأجهـزة المنزليـة .

د. الأدوات الشخصية .

ه‍. خطابات الشــكر .

و. كؤوس الامتيــاز .

ز. السـيارة .

ح. العمـرة أو الحـج .

مراحل تصميم نظام الحوافـز :

1) تحديد هدف النظام وتقسيمه إلى أهداف فرعية بحسب وحدات التنظيـم .

2) دراسة الأداء ويتطلب ذلك ما يلي :

أ.   تصميـم سليم للوظائـف .

ب. عـدد سـليم للعامليـن .

ج.   طـرق عمـل سـليمة .

د.   ظـروف عمـل ملائـمة .

ه.   سيطرة كاملة للفرد على العمل .

و.   كميـة العمـل .

ز.   جـودة العمـل .

ح.   التدريج والترتيب للقيـاس .

3) تحديد ميزانية الحوافز مع مراعاة تغطية الجوانب التالية :

أ.   قيمـة الحوافـز والجوائـز .

ب. التكاليـف الإداريـة .

ج.   تكاليـف الترويـج .

ويتم تحديد حجم ميزانية الحوافز على شكلين هما :

أ. ميزانية ثابتة ذات مبلغ ثابت ومعروف مسبقاً . وتتحدد وفقاً للخبرة السـابقة للمنظمة وحجم ميزانية الأجور ومدى كفايتها وأهمية الحوافز لزيادة الإنتاج .

ب. ميزانية مرنة، بمعنى أن تكون الميزانية متغيرة وغير محددة سابقاً وذلك حسب أرقام الأرباح أو المبيعات أو الإنتاج . وهـذا النـوع مـن الميزانيـات لا يفـرض علـى الإدارة أي قيود مسبقة فهي لا تتعهد بدفع مبلغ معين .

4) وضع إجراءات النظام :

وتتمثل إجراءات نظام الحوافز فيما يلي :

أ.   تحديد الأدوار لكل رئيس من حيث ملاحظة سلوك المرؤوسين وتسجيل أنواع الأداء المتميز الذي يستحق الحافز .

ب.   الاجتماعات بشأن نظام الحوافز .

ج.   توقيت تقديم الحوافز (شهرية ، ربع سنوية ، نصف سنوية ، .. الخ) .

د.   نوع الحوافز لكل أنواع الأداء .

هـ. النماذج وتشمل سجلات قياس وتسجيل الأداء الفعلي ونماذج اقتراح صرف وتقديم الحوافز .

العائد والتكلفة لنظام حوافز العاملين :

تتمثل تكلفة نظام الحوافز للعاملين فيما يلي :

أ.   ميزانية الحوافز ذاتها .

ب.   أجور مرتبات المسؤولين عن نظام الحوافز .

ج.   تكلفة بحوث ودراسات الحوافز .

د.   أتعاب المستشارين في نظام الحوافز .

هـ. تكلفة برامج الكمبيوتر الخاصة بنظام الحوافز .

دور مدير الموارد البشرية والمديرين التنفيذيين في الحوافز :

❖ **بالنسبة لمدير الموارد البشرية :**

أ.   تصميم أنظمة الحوافز .

ب.   حسابات مستحقات العاملين من الحوافز .

ج.   الرد على تساؤلات العاملين فيما يختص بالحوافز .

د.   ضمان إدارة سليمة لأنظمة الحوافز .

❖ بالنسبة للمديرين التنفيذيين :

أ.   المساعدة في تصميم نظم الحوافز .

ب.   الاحتفاظ بسجلات أحقية العاملين في الحوافز .

ج.   دفع العاملين للحصول على مزيد من الحوافز .

د.   المساعدة في الرد على بعض التساؤلات بشأن الحوافز .

ه.   مساعدة إدارة الأفراد بالمعلومات اللازمة لإدارة نظام الحوافـز .

نموذج التوقعات للتحفيز والرضى الوظيفي

تمثل الصناديق السوداء المبادئ الأساسية في نظرية التوقعات، أما الصناديق المنقطة فتعبر عـن مساهمات النظريـات الأخرى في نموذج التوقعـات. تـرى نظريـة التوقعات أن درجة التحفيز للعمل تعتمد على عاملين أساسيين هـما: قيمة الحوافز أو أهميتها بالنسبة للموظف، و توقعاته حول الجهد والحوافز. الحوافز هي مـا يحصل عليه الرد عند نجاحه أو فشله في إنجاز مهمة معينة. قد تكون الحوافز إيجابية، بحيـث تشبع حاجات الفرد، كزيادة في الراتب أو قبـول أوسـع اجتماعيا. وقـد تكون الحوافز سلبية، وذلك لمنع الموقع من الوقوع في نفس الخطأ مرة أخرى، كخصم في الراتب. وبما أن الناس لديهم احتياجات مختلفة، فأهمية الحافز ستكون مختلفـة مـن شخص لآخر. مثلا قد يرى البعض أن المـال أهـم حافز لـه ليعمـل، بينـما يـرى آخرون أن الإنجاز أو القبول في المجتمع أهم.

العامل الثاني الذي يحدد مستوى التحفيز هو التوقعـات حـول الجهد والحوافز. هذا العامل يتشكل من أمرين. الأول: معتقدات الفرد حول مستوى الأداء الـذي يجب بذله، والثاني: توقعات الفرد حـول الحوافز التي سينالها. الجزء الأول يتعلق بقدرات الفرد وثقته في نفسه أي توقعاته حول أقصى ـ مسـتوى مـن الأداء بإمكانه تحقيقه. أمـا الجزء الآخر فيتعلق بالمنظمة وإن كانت ستعطيه الحوافز التي يستحقها أم لا. المثال التالي يوضح كيفية تفاعل هذه العوامل مع بعضها البعض: طلب من موظف المبيعـات بيع 2000 جهاز خلال سنة لترقيته، لـن يكون هـذا الأمر محفّـزا لموظف المبيعـات في الحالات التالية:

- إذا كان يعتقد أنه ليس بمقدوره بيع 2000 جهاز في سنة واحدة.
- إذا كان يعتقد أن الشركة لن تقوم بترقيته حتى لو حقق الهدف.
- إذا لم يكن يرغب في الترقية أصلا.

الجهد المبذول لإنجاز المهمة ليس العامل الوحيد لتحديد مستوى الأداء، حيث توجد عوامل أخرى مثل: وجود أهداف واضحة ومفهومة، توفر المعلومات والمهارات المطلوبة لتحقيق الأهداف، وتوفر المعدات والمواد الخام وكل الموارد الأخرى المطلوبة لتنفيذ المهمة.

يمكن الحصول على نوعين من المحفزات بعد تنفيذ المهمة: داخلية، وخارجية. يقصد بالمحفزات الداخلية، الأمور المشجعة التي يحصل عليها الفرد إثر إنجازه للمهمة مثل الشعور بالفخر. أما المحفزات الخارجية فهي التي تقدمها المنظمة أو الموظفين للشخص كزيادة في الراتب والقبول الاجتماعي. وبشكل عام يقوم الموظفون عادة بمكافأة أنفسهم (بالحوافز الداخلية) تلقائيا بعد إنجاز المهمة، وهذه المحفزات (الداخلية والخارجية) تحتد مستوى الرضى لدى العمال.

الخطوات السابقة توضح كيفية استجابة الأفراد للمحفزات عند قيامهم بالأعمال لأول مرة، أما عند القيام بنفس المهمة أو العمل لأكثر من مرة، فسيتوفر للموظف معلومات حول الحوافز التي تقدمها المنظمة، وهذه المعلومات ستؤثر على توقعات الأفراد حول الجهد والحوافز وحول قيمة الحوافز لديهم. لذلك يرى بعد الكتاب أهمية بناء نظام للتغذية الراجعة وذلك لتحسين العملية من خلال الاستماع لملاحظات وآراء الآخرين.

كيف تحفّز الموظفين

هل سبق لك أن تساءلت "لماذا لا يبدو موظفوك مندفعون للعمل مثلك؟" لست الوحيد الذي يتساءل هكذا. فمسألة الموظفين الغير مندفعين للعمل تعدّ مشكلة رئيسية في الشركات الأمريكية، تكلّف أرباب الأعمال الملايين من الدولارات من عوائد كل سنة. إنّ المشكلة واسعة الانتشار جدا بحيث يرى بعض الخبراء أنّ 70 بالمائة من عمّال اليوم

أقل اندفاعا مما كانوا عليه في السابق. لذا ما الواجب عليك عمله لتحفيز موظفيك للقيام بأفضل ما لديهم؟ تناول هذا الفصل لتتعلم كيف تحفّز موظفيك بفعالية.

هل تتوقّع الكثير من موظفيك؟

يصل الموظفون لمكاتبهم في الوقت المحدد للبدء بالعمل، ومن ثم يقومون بأعمالهم بشكل جيد، وهم موجودون عند الحاجة لهم، فهل يعد طلب تقديم خدمات إضافية بسيطة للزبائن أمرا شاقا عليهم هل الابتسامة في وجه الزبون بدلا من العبوس في وجهه والإقلال من التذمر أمرا صعبة مع العلم بأن الشركة تقدم خطة تقاعد وضمان اجتماعي جيدة، بالإضافة لأربعة أسابيع إجازة سنوية على الأقل. فلماذا لا زلنا نحصل على أداء أقل من المطلوب من موظفينا.

موظف عامل مقابل موظف متحمّس للعمل

المشكلة أنّ المزايا والعطلة والراتب هي مقابل لخدمة الموظف، وليست لتحفيزه. الشركة تقدم هذه المزايا لكي تجذب وتبقي العمّال الموهوبين. ألق نظرة على أيّ شركة وستجد أنّ هذا النوع من المقابل لخدمة الموظف أصبح قياسيا في الوقت الحاضر.

لذلك، فهي لا تحفّز الموظفين في الحقيقة حوالي 50 بالمائة من الموظفين يبذلون من الجهد ما يكفي فقط للحفاظ على وظائفهم. من الواضح أن "عمل ما يجب القيام به للنجاة فقط" ليس ما تريده من موظفيك. إذا، إن كانت هذه المزايا وأيام العطلات الممنوحة من الشركة لموظفيها لا تحفزهم! فما العمل؟

موظفون بتحفيز غير محدود

الفرص بالنسبة لمؤسستك هي أن يكون لديك أناس جيدون يعملون في مؤسستك. يريدون أن يدفع لهم بشكل عادل، ويعرفون ما تفكّر به بخصوص عملهم، ويعرفون موقعهم الحالي وما يمكنهم عمله للترقّي والوصول لمواقع أعلى. وما يهمك هو أن تراهم يعملون بأقصى ما يمكنهم. لكن قبل أن تتعلّم كيف تقوم بهذا، عليك أولا

الإجابة على هذا السؤال: لكي تحفّز موظفيك، هل تغيّر الموظف أو تغيّر التنظيم الذي يعمل فيه؟

الجواب الصحيح هو: تغيير التنظيم هو ما يجب القيام به، لأن تغيير الأفراد يأخذ الكثير من الوقت والجهد ولا يفيد الموظفين الآخرين في الواقع، إن تغيير الموظفين ليس الحل الأمثل لإحداث أيّ تأثيرات بعيدة مدى.

لذا من المحتمل أن تتساءل "كيف أقوم بتغيير منظمتي بالكامل؟" لا تقلق، إنه ليس بالصعوبة التي تتوقعها.

في هذا الفصل، ستعلّمك عدّة استراتيجيات لتحفيز موظفيك (بدون استعمال المال). ذلك صحيح يمكنك جعل موظفيك يقدمون أكثر للشركة بدون تقديم وجبات طعام مجانية أو تقديم أيام عطلة إضافية.

حدد حوافز موظفيك الطبيعية

إنّ الموظفين الذين يعملون لشركتك يحفّزون طبيعيا. قد يفاجئك هذا الأمر، لكنّه حقيقي كلّ ما عليك القيام به هو الاستفادة من قدرتهم الطبيعية، يمكنك ذلك من دون أن تنفق أي مبالغ تذكر. ذلك صحيح بلا أموال في الحقيقة الأموال قد تنقص حماس الموظف وأدائه وذلك:

- الخطوة الأولى في الاستفادة من قدرة موظفيك الطبيعية هي إزالة الممارسات السلبية التي تقلل من التحفيز الطبيعي لموظفيك.
- الخطوة الثانية على منظمتك أن توجد وتطور محفزات حقيقة يمكنها إثارة الموظفين وزيادة اندفاعهم.

بتقليل الممارسات السلبية وإضافة محفزات طبيعية، تكون قد وضعت نفسك على بداية طريق التحفيز الطبيعي للموظفين. التحفيز الطبيعي للموظفين يعتمد على أنّ كلّ الناس عندهم رغبات إنسانية للانتساب، والإنجاز، وللسيطرة والسلطة على عملهم. إضافة لذلك عندهم الرغبات للملكية، والكفاءة، والاعتراف، وأن يكون لعملهم معنى.

كيف تتعامل مع الموظفين الجدد

1) تأثير الموظف الجديد:

إن وظيفة المدير هي إبعاد المخاوف قدر الإمكان، وهذا يعني أن يُطمئن الموظفين القدامى، وأن يُساند الموظف الجديد.

2) الانطباعات الأولى:

ماذا تريد للموظف الجديد أن يتعلم خلال الأيام القليلة الأولى؟ ومن سيكون معلمه الرئيس؟ فالانطباعات الأولى تترسخ في النفس، خاصة إذا كانت سلبية، سيكون من الصعب تغييرها، علاوة على ذلك فإذا لم يكرس المدير وقتاً كافياً يساعد الموظف على أن يبدأ العمل بثقة فسوف يتبادر إلى ذهن الأخير بأن وجوده من عدمه لدى الإدارة.

3) برنامج التعريف الرسمي:

على كل موظف أن يختار برنامج التعريف الذي تعدّه المؤسسة، مثل هذا البرنامج يقدم معلومات أساسية وواضحة عن المؤسسة وسياستها العامة وأهدافها وهويتها وإجراءاتها الداخلية، كما يشير ضمناً إلى الصورة التي تودّ المؤسسة أن تبدو في نظر مجتمع العملاء والموردين والمنافسين المحيطين بها.

4) ما الذي على المؤسسة أن تقوله؟

يجب أن يتضمن برنامج التعريف الرسمي معلومات عن ما يلي:

- تاريخ المؤسسة.

- الهيكل التنظيمي.

- وظائف الإدارات المختلفة.

- سياسة الإدارة تجاه العملاء والموظفين.

- منتجات المؤسسة وخدماتها.

- ما تتوقعه المؤسسة من الموظفين.

- امتيازات الموظفين.

5) ما الذي تقوله أنت كمدير؟

برنامج التعريف الرسمي يقدم الموظف للمؤسسة، بينما يقدمه مديره المباشر لإدارته وعمله, وعليك أن تلاحظ في نهاية هذا اليوم الحافل أن الموظف الجديد سيشعر بالإرهاق الشديد وبعدم قدرته على الإلمام بكل التفاصيل، هنا يمكنك اطمأنانه بأنك تقدر موقفه تماماً، ولا داعي للقلق, فقد أثقل كاهله بكم هائل من الأسماء والتعليمات التي يسمع بعضها لأول مرة، ولا يمكنه أن يهضم كل ذلك في يوم واحد.

6) كيف تمهد الطريق أمام الموظف؟

- قابله ببساطة وبدون رسميات.

- لست بحاجة لأن تأسره بهيبتك وبأهمية منصبك.

- كرّس له كل وقتك ما دام في صحبتك.

- لا تنتقد المؤسسة أمامه، بل أعرب عن فخرك الشديد بها.

7) احذر من أن ترهقه بالمعلومات:

لا يمكن للموظف الجديد أن ينتظر أسبوعين أو ثلاثة لكي يتعرف على طبيعة عمله الجديد، فهو يريد أن يعرف كل شيء من أول يوم, لذلك بيّن له طبيعة عمله من منظور متكامل يعكس كافة أهداف المؤسسة.

8) الإجراءات والمعايير:

أفصحْ بوضوح عن كل ما تتوقع من الموظف الجديد, فإذا لم تخبره بالنظم واللوائح فسوف يتعلمها من الآخرين أو يكرر الأخطاء, وربما يرتكب أخطاء جديدة.

9) أعطه خارطة تفصيلية:

كل موظف جديد يحتاج إلى معرفة عدد من الأماكن الهامة:

- موقع مكتبه.
- موقع مكتبك.
- مكان تناول الغداء داخل المؤسسة أو خارجها.
- إدارة شؤون الموظفين للحصول على معلومات تخص امتيازاته وإجازاته وما إلى ذلك.

10) قدّمْه لزملائك:

أنت وحدك المسؤول عن تقديم الموظف الجديد لزملائه الذين سيعمل معهم, فلا تولّ هذه المهمة لسكرتيرك أو لأي زميل آخر يتصادف وجوده عندك لحظة وصول الموظف الجديد.

11) واجبات العمل:

أخيراً, قدّم الموظف الجديد إلى الشخص الذي سيتولى تدريبه, لا تعطه عملاً صعباً خلال اليوم الأول, بل ابدأ ببعض الأعمال السهلة التي تتلاءم تماماً مع قدراته وخبراته مما يعني زيادة ثقة الموظف بنفسه وبثّ روح الحماس فيه.

تفهم سلوك العاملين

أولا: تفهم سلوك العاملين

يعتبر السلوك الطبيعي والغريزي غير مناسب في مكان العمل, وينبغي علينا بذل الجهود لكي نحقق نماذج من السلوك الذي يؤدي إلى العمل الجماعي الإنتاجي الفعال بين العاملين.

ثانياً: السلوك الطبيعي

يميل الأفراد في العمل بطبيعتهم إلى أن يكون لتصرفاتهم طابع غريزي يتسم بالدفاعية عن النفس أكثر منه ميلاً إلى الانفتاحية والتعاون, ويفسر لنا هذا أسباب اعتبار العواطف كقوة مؤثرة في مكان العمل, كما يفسر لنا أسباب رد فعل الإدارة الغاضب غالباً تجاه الانتقادات, وكيف تنحو الإدارة تجاه السيطرة تجنباً للدخول في أية مخاطر. كما ينحو الأفراد للقفز إلى استنتاجات غير موضوعية والانقسام إلى مجموعات صغيرة, قد تكون في كثير من الأحيان أيضاً مجموعات متحاربة وغير متعاونة.

ثالثاً: السلوك السليم

يعتمد التصرف والسلوك الطبيعي على الاستجابات الشخصية, والتي عادة ما تقود إلى المشاعر السلبية (مثل الشعور بعدم الأمان), بل وربما تؤدي أيضاً إلى الإدراك الخاطئ لنوايا باقي العاملين في المؤسسة, وتشجيع صفات التصرف البناء الإيجابي على التعاون, والانفتاح, والثقة بالنفس. وتتضمن بعض الصفات المرموقة للأفراد الذين يتمتعون بمهارات التصرف المناسب, موهبة مؤكدة لسهولة الاتصال الإيجابي مع الزملاء, كما تتضمن الثقة على جميع المستويات, وكذلك التقدير المخلص والكريم لإنجازات الآخرين, والقدرة على التعلم من الأخطاء والفشل وتبني أسلوب عام يعتمد على التعاون مع الزملاء بدلاً من منافستهم.

الفصل السابع

إدارة المعرفة

إدارة المعرفة

تعريف المعرفة ومصادرها

"المعرفة" اسـم مشـتق مـن الفعـل " يعـرف" وتشـير إلى القـدرة عـلى التمييـز أو التلاؤم، وهي إذن كل ما هو معرف أو ما هو مفهوم. والمعنى أن الرصيد المعـرفي النـاتج مــن حصيلـة البحـث العلمـي والتفكـير الفلسـفي والدراسـات الميدانيـة والتطويـر والمشروعات الابتكارية وغيرها من أشكال الإنتاج الفكري للإنسان عـبر الزمان تتمثل جميعها في الرصيد المعرفي أو الكم المعلوم القابل للاستخدام في أي مجال من المجالات.

ونميز بين نوعين من المعرفة:

1) المعرفة المعلنة: وهي كل ما يمكن التعبـير عنـه باللغـة وأشـكال التعبـير الرياضية كالمعدلات والأدلة والكتابات المختلفة، وهذا النوع من المعرفـة قابـل للانتقال بسهولة بين الأفراد بشكل معلن.

2) المعرفة الذاتية أو الكامنة في الإنسان: وهـي المعتقـدات والاتجاهـات والمـدركات والقيم الذاتية النابعة من التجارب الشخصية للإنسان، والتي تمثـل جماع مفاهيمه وتجاربه وخبراته المختزنة داخله والتي لا يعبر عنهـا صراحة ولا يتم تناقلها بين الأفراد بشكل رسمي معلن.

المعرفة التنظيمية

إن تخلق المعرفة التنظيمية وهو سر نجـاح الإدارة اليابانيـة وتفوقهـا عـلى الإدارة الأمريكية والأوروبية، وهي تلك العملية التي تتضمن:

1) قدرة المنظمة كلها على تكوين رصيد معرفي جديـد نتيجـة للتفاعـل بـين المعرفـة الكامنـة لـدى أفرادهـا، والمعرفـة المعلنـة التـي تمثـل رصيد المنظمـة مـن خبراتهـا وتعاملاتها.

2) نشر هذه المعرفة التنظيمية في مختلف مستويات وقطاعات المنظمـة لتكـون هـي الأساس في توجيه الأنشطة المعرفية، ومن ثم العمل الإنتاجي في المنظمة.

3) تضمين هذه المعرفة التنظيمية في كل العمليات والأنظمة، المنتجات، والخدمات التي تتعامل فيها المنظمة. والفكرة المحورية هنا أن "عملية تخليق المعرفة" تعادل الابتكار أو الاختراع المستمر والمتصاعد بما يؤدي إلى تكوين الميزة التنافسية.

وللتأكيد، فإن التفاعل بين نوعي المعرفة الكامنة والمعلنة يمثل أحد أهم عناصر عملية تخليق المعرفة التنظيمية، حيث يتم تزاوج المعرفة الرسمية للمنظمة [الأهداف، السياسات، القرارات، الاستراتيجيات، المفاهيم والقواعد والمعايير]، والمعرفة الكامنة لكل فرد من أفرادها، وذلك من خلال فتح قنوات الاتصال بين عناصر المنظمة ومستوياتها وإزاحة الموانع بين نوعي المعرفة بما يؤدي إلى تكوين "معرفة مشتركة" تسود المنظم ومستوياتها وإزاحة الموانع بين نوعي المعرفة بما يؤدي إلى تكوين "معرفة مشتركة" تسود المنظمة وأفرادها. وبذلك يتم تكوين المعرفة التنظيمية عند مستوى الفرد، الجماعة والمنظمة على إطلاقها. وبذلك يمكن تصوير عملية تخليق المعرفة التنظيمية على أنها تفاعل مستمر على محورين:

المحور الأول: أنواع المعرفة ويشمل:

- تفاعل المعرفة الكامنة للفرد مع المعرفة الرسمية [المعلنة] للمنظمة.

- تفاعل بين المعرفة الداخلية للمنظمة والمعرفة الخارجية [مصادر المعرفة خارج المنظمة].

المحور الثاني، مستويات المعرفة ويشمل:

أ.   تفاعل بين معرفة الفرد ومعرفة المنظمة.

ب. تفاعل بين معرفة الفرد ومعرفة جماعة [جماعات] العمل.

ج.   تفاعل بين معرفة الجماعة ومعرفة المنظمة.

د.   تفاعل بني معرفة الجماعة ومعرفة جماعة [جماعات] أخرى.

إن النجاح في تخليق المعرفة التنظيمية يقوم على نجاح المنظمة في فتح قنوات الاتصال بين أفرادها، وإشاعة مناخ يحابي تحويل المعتقدات والمدركات والقيم التي يختزنونها بداخلهم إلى كلمات وتعبيرات معلنة يمكن تداولها فيما بينهم وانتشارها في أرجاء المنظمة حتى يمكن لها أن تجدد طريقها للاندماج فيما يتم من عمليات، منتجات، ونظم وخدمات.

وتبدأ المعرفة عادة لدى الفرد، ومن ثم تنتقل هذه المعرفة إلى المنظمة من خلال التفاعل بين مدركات ومعارف وقيم واتجاهات الفرد التي يريد طرحها على المنظمة، وبين النظم والقواعد والسياسات والهياكل والأساليب المقررة للسلوك التي تحددها المنظمة، وتبغي فرضها على الفرد وتستمر هذه العلاقة التبادلية معلقة بالقوة النسبية لكل من الطرفين، حيث تتمركز قوة الفرد في معرفته، وتتمركز قوة المنظمة في عناصر السلطة، وقد كانت الغلبة في النظم الماضية للسلطة، بينما تتحول القوة الآن لتكون في المعرفة. ومن ثم فإن عملية تخليق المعرفة التنظيمية يشارك فيها الجميع في المنظمة، الإدارة العليا والإدارة الوسطى والعاملون في مختلف المستويات، ولكن الكل يشارك بقدرته بحسب مصادر معرفته الكامنة أي بحسب قوته النسبية. وحيث يتمتع المهنيون والأخصائيون الذين يباشرون الأنشطة المعرفية، ومن يسميهم دركر عمال المعرفة بقدر من المعرفة أعمق وأوسع وأشد وضوحاً من غيرهم، لذا فإن تأثيرهم في تخليق المعرفة التنظيمية يكون أوضح وأقوى من غيرهم من فئات العاملين في المنظمة.

مجتمع المعرفة Knowledge Society

يقول دركر إن مجتمع ما بعد الرأسمالية وهو ما يصفه بأنه مجتمع المعرفة سوف يتميز بأن الموارد الرئيسي فيه هو المعرفة وليس رأس المال والخدمات وغيرها من عناصر الإنتاج، وهذا المجتمع الجديد يضم طبقات جديدة تختلف عما كان سائداً في المجتمع الرأسمالي. ففي ذلك المجتمع توجد طبقتان:

1) الرأسماليون، وهؤلاء حل محلهم في الأهمية المديرون.

2) العمال، الذين يتحول فئة منهم إلى طبقة وسطى نتيجة لارتفاع مستوى الإنتاجية والتقدم الصناعي.

أما في مجتمع المعرفة فيتكون من طبقتين أساسيتين هما: عمال المعرفة وعمال الخدمات، كما ستكون الأنشطة المعرفية هي أساس إنتاج الثروة وأهم أدواتها هما "الإنتاجية" والابتكار وستكون المهارة الإدارية الأساسية هي كيفية توظيف المعرفة في استخدامات مفيدة ومن هنا سيكون في مجتمع المعلومات:

1. المديرون ذو المعرفة   Knowledge Executives

2. المهنيون ذو المعرفة   Knowledge Professionals

3. الموظفون ذو المعرفة   Knowledge Employees

وتتميز المعرفة في عصرها الجديد بكونها "معرفة متخصصة" يمارسها المتخصصون على عكس النمط السابق "العمومية".

إنتاجية المعرفة

تتركز قيمة المعرفة في كونها أساس لأنشطة إنتاج الثروة من خلال تطبيق الأفكار والمعلومات والمفاهيم والأساليب واستخدامها لأي من الأغراض التالية:

1) التحسين المستمر وهو العمل على تطوير العمليات، المنتجات والخدمات الحالية بتطبيق المعرفة المتاحة.

2) استخدام المعرفة الحالية لإنتاج عمليات، منتجات وخدمات جديدة ومختلفة ولكن من نفس أنواع المنتجات الحالية.

3) ابتكار عمليات منتجات وخدمات لم تكن معروفة من قبل.

4) أن تهيئة المناخ المناسب لعملية تخليق المعرفة التنظيمية تتطلب بالضرورة التحول عن أشكال من الممارسات الإدارية المعتادة واستبدالها بممارسات أخرى أكثر توافقاً مع معطيات عصر المعرفة من نحو:

أ) التحـول مـن الهيكـل التنظيمـي هرمـي الشـكل متعـدد المسـتويات إلى الهياكـل التنظيمية الأكثر تفلطحاً والأبعد عـن الشـكل الهرمـي، بـل وحتـى الانتقـال إلى الهيكل الهرمي المعكوس.

ب) التحول من النظم المركزية التي تعتمد على احتكار المعرفة وتركزها في مستوى تنظيمي واحد، إلى النظم اللامركزية التي تستند على انتشار وتدفق معرفي يسود مناطق المنظمة كلها ويشارك الجميع في تخليقها. ومـن هنـا كـان تحـول بعـض إدارات الموارد البشرية في المنظمات المتقدمة إلى نظم الخدمة الذاتية التي يباشـر فيها الموظفون إنهاء معاملاتهم مع إدارة شئون الموارد البشرية مـن خـلال شـبكة الإنترنت أو الإنترنت.

ج) التحول من أنماط التنظيم القائمة على العمل الفردي المنعزل أو المتتابع إلى نمـط العمل الجماعي في فرق ذاتية الإدارة، ونتيجة لهذه التحولات يمكن الاطمئنـان إلى ترسيخ منهج إداري جديد هو الأداء من خلال فرق العمل ذاتية الإدارة.

مراحل تطبيق إدارة المعرفة

الأنشطة التي تتضمنها كل مرحلة مراحل إدارة المعرفة يكون التركيز على:

1) مرحلة المبادرة:

- بناء البنية التحتية.

- بناء العلاقات الإنسانية.

- نظم المكافآت.

- إدارة الثقافة التنظيمية.

- تكنولوجيا الاتصالات.

- بناء قواعد البيانات الحصول على الأفكار والآراء المقترحة.

2) مرحلة النشر: يكون التركيز على:

- تبرير الأفكار.
- وضع إجراءات وسياسات التبرير.
- استخدام تكنولوجيا المعلومات في معالجة وتحليل الأفكار لتبريرها.
- مراقبة المعرفة وأدوات التحكيم.
- الحصول على المعرفة التي تم تبريرها وتحكيمها.

3) مرحلة التكامل الداخلي: يكون التركيز على:

- التكامل والتمويل المعرفي طبقًا لمستوى متطلبات السوق.
- هيكلة المعرفة ورسم خريطتها.
- استخدام محركات البحث وإستراتيجياتها.
- اعتماد التكنولوجيا في نظم قياس الأداء.
- الحصول على المعرفة الممولة والمتكاملة.

4) مرحلة التكامل الخارجي: يكون التركيز على:

- كفاءة إدارة المعرفة.
- الشبكات المتداخلة.
- التمويل الخارجي.
- إدارة التعاون.
- المؤتمرات عن بعد والمؤتمرات الفيديوية.
- البريد الإلكتروني.
- نظم المشاركة بالمعرفة.
- موضوعات التوحيد.
- الحصول على معرفة أساسية وشبكية.

العلاقة بين إدارة المعلومات وإدارة المعرفة

بالنسبة للعديدين لا يبدو هناك أي اختلاف بين "إدارة المعرفة" و"إدارة المعلومات"، ويبدو ذلك منطقياً حين يخص الموضوع غير المعلوماتيين. فبالنسبة لمسوقي تكنولوجيا المعلومات، تعتبر الماسحة الضوئية (scanner) هي تكنولوجيا رئيسية لإدارة المعرفة لأنها ضرورية لتقاسم المعرفة. لذلك فمعظم الذي يشار إليه كإدارة معرفة ما هو في حقيقته إلا إدارة معلومات.

و في هذا المجال، يشير (دانهام غراي) أن التعامل مع الأشياء (البيانات أو المعلومات) هو إدارة معلومات، و العمل مع البشر- هو إدارة معرفة. و كما أشرنا سابقاً، فإن إدارة المعلومات تتعلق بالوثائق و رسومات التصميم المسند بالحاسوب، و الجداول الإلكترونية، و رموز البرامج. و هي تعني ضمان توفير المداخل، و الأمنية، و الانتقال، و الخزن. و هي تتعامل حصرياً مع التمثيل الواضح و الجلي.

في حين أن إدارة المعرفة، من الناحية الأخرى، تميز القيمة في الأصالة، و الابتكار، وسرعة الخاطر، و القدرة على التكيف، و الذكاء، و التعلم. و هي تسعى إلى تفعيل إمكانيات المنظمة في هذه الجوانب. و تهتم إدارة المعرفة بالتفكير النقدي، و الابتكار، و العلاقات، و الأنماط، و المهارات، و التعاون و المشاركة. و هي تدعم و تسند التعلم الفردي و تعلم المجموعات. و تقوي التعاضد بين أفراد المجموعات و تشجع مشاركتهم في الخبرات و النجاحات و حتى الفشل. و قد تستخدم إدارة المعرفة التكنولوجيا لزيادة الاتصال، و تشجيع المحادثة، و المشاركة في المحتوى، و التفاوض حول المعاني.

لكي نتفهم واقع إدارة المعرفة، فلابد لنا من أن ننظر بشكل أكثر واقعيةً إلى الماضي و الحاضر. في الماضي كانت هناك الكثير من المجتمعات التي تمارس إدارة المعرفة بصورة أو بأخرى من دون أن تطل على ممارساتها هذه التسمية. أما اليوم فإن العديد من المجتمعات اتخذت خطوات رسمية في هذا الجانب و استحدثت برامج إدارة المعرفة.

و لكن لا زالت هذه المجتمعات قاصرة عن إدماج "إدارة المعرفة" بشكل كامل في فعالياتها و قراراتها المجتمعية.

و خلف ذلك كله، الفرص الابتكارية ستخلق من خلال تكنولوجيا المعلومات الدائمة التطور و الحلول البرمجية. و ستتيح تطبيقات الذكاء الاصطناعي للحاسوب أن يعمل كشريك لعمال المعرفة، يكيف أفعالهم مع سلوكيات المستفيدين من خلال التنبؤ بالمعلومات التي قد يحتاجون إليها.

و بناءً على ذلك، فمن الواضح أن إدارة المعرفة تستطيع أن تسهم في إرساء أسس المجتمع المعلوماتي من خلال تبادل أفضل للأفكار مما يتيح استفادة أكبر من الموارد الذهنية المتاحة و إمكانية أحسن للابتكار و التطور. و أخيراً، فعلى الرغم من التشابه الكبير بين المصطلحين، إلا أنهما ليسا وجهين لعملة واحدة، فهما مصطلحان مختلفان. فإدارة المعرفة تعمل في المستوى التجريدي أكثر من إدارة المعلومات. و هذا يجعل ارتباطها الرسمي مع الفوائد و الممتلكات الملموسة صعب التحصيل و التوضيح، و لكن هذا لا يقلل من أهميتها الإستراتيجية بأي شكل من الأشكال.

الفصل الثامن

الإدارة بالأزمات

الإدارة بالأزمات

مفهوم الأزمة:

هي موقف محدد يهدد مصالح المنشأة وصورتها أمام الجماهير مما يستدعي اتخاذ القرارات السريعة لتصويب الأوضاع حتى تعود إلى مسارها الطبيعي. أو هي تعرض الفرد أو الجماعة أو المنظمات أو المجتمعات إلى مواقف حساسة حرجة ومؤلمة وتزداد حدة الألم تجاهلنا وأهملنا تلك الإنذارات والإشارات المصاحبة، وقد ينتج عن الإهمال خطر الموت وفقدان الحياة ويحتاج الأمر إلى اتخاذ قرار لمعالجة الموقف (الأزمة).

مبادئ وإرشادات عامة في الأزمة:

1) تخصيص غرفة أو قاعة مناسبة لوسائل الإعلام لعقد المؤتمرات الصحفية وغيرها أثناء الأزمة.

2) المحافظة على علاقات قوية مع وسائل الإعلام بشكل دائم.

3) تخفيض عدد الناطقين الرسميين باسم الشركة إلى أقل حد ممكن مع أنه يفضل تسمية ناطق رسمي واحد.

4) إبلاغ الإدارة العليا أولاً بأول عن آخر تطورات الأزمة.

5) عدم إعطاء إجابات سريعة أو ردود فعل عفوية وغير مدروسة، والتأكيد من دقة وصحة جميع المعلومات قبل التصريح بها.

6) إبلاغ الصحافة ووسائل الإعلام أولاً بأول عن آخر تطورات الأزمة.

7) ضرورة تفرغ فريق الأزمة وابتعاده عن مشاغل العمل حتى يستطيع التركيز على معالجة الأزمة.

8) تحديد المسؤوليات والمهام لكل فرد معين بالأزمة.

9) التيقظ والحذر من احتمال إعادة نشوب الأزمة مرة أخرى واتخاذ الاحتياطات اللازمة لمنع ذلك.

10) مراجعة وتحديث خطة الطوارئ وإجراءاتها والمعلومات الموجودة فيها بشكل مستمر.

شروط نجاح الإدارة بالأزمات

1) وجود تفاوت كبير في ميزان القوة لصالح مدير الأزمة، مما يضطر المستهدف بها إلى التسليم بمطالبة تجنباً للصراع.

2) في حالة عدم وجود فارق جوهري بين طرفي الأزمة فإن على مدير الأزمة أن يقنع الطرف المستهدف بقدرته على تكبيده خسائر فادحة في حالة الصراع، إن الإدارة بالأزمات لا تعتني بالضرورة قدرة مدرب الأزمة على السيطرة على تطورات الأزمة ففي كثير من الأحيان يفلت زمام السيطرة من مفتعل الأزمة.

الأزمة والقرار:

يمثل القرار القلب النابض لإدارة الأزمة، وهنا يتعلق بالعوامل المعنوية والتي يصعب قياسها من الإحساس والمشار الإنسانية، ويمثل القرار المشكلة وقت الأزمة نظراً لتعرض متخذ القرار لمجموعة من الضغوط لا تسمح بالتفكير بشكل طبيعي وأخذ رأي الآخرين، وعندما يفشل متخذ القرار وقت الأزمة في السيطرة على الأمور قد يجد نفسه مضطراً إلى الاستسلام أو الانهيار أو الهروب.

تميز القرار وقت الأزمة:

1) الرؤية الغير واضحة.

2) ترتيب الأولويات.

3) التفكير المتعجل غير المتأني.

4) الحسابات الدقيقة لعنصري التكلفة والعائد.

5) الإبداع السريع لكل أطراف الأزمة.

موقف الإدارة من الأزمات:

1) أن تقف الإدارة موقفاً سلبياً وتتجاهل الأزمة.

2) أن تدرك الإدارة حقيقة الأزمة ولكنها تفشل في مواجهتها بالأسلوب المناسب.

3) أن تدرك الإدارة حقيقة الأزمة وتقوم بمواجهتها بالأسلوب المناسب وبشكل سريع بما يمكن من الحد من الخسائر.

4) أن تدرك الإدارة حقيقة الأزمة ولكن قصور الإمكانيات المدية شهرية يؤديان إلى تفاقم الأزمة.

في حالة نشوب الأزمة تقوم الإدارة بما يلي:

1) نقل الصلاحيات والسلطات إلى هيئة مركزية تستطيع السيطرة على الموقف.

2) فتح خطوط اتصال بين مجموعات العمل وكافة المسؤولين بالمنظمة مع حشد كافة الإمكانيات المادية والبشرية لخدمة تلك المجموعات.

3) توزيع العمل على مجموعات عمل داخل تلك الهيئة المركزية، بدلاً من أن تعمل تلك الهيئة في جميع الاتجاهات في آن واحد حيث يتأثرا النجاح في إدارة الأزمات بمدى توافر فريق عمل متكامل يستطيع القيام بكافة خطوات ومراحل إدارة الأزمة.

4) إنشاء لجنة عمل ميدانية لبحث وتقصي الحقائق على الطبيعة ومتابعة تنفيذ الخطط حتى انتهاء الأزمة.

ما الآثار المترتبة على وقوع الأزمة لدى الإدارة:

1) شلل إستراتيجية وخططها الموضوعية.

2) عدم القدرة على اتخاذ القرارات الصحيحة لكثرة المعلومات التي ترد للإدارة وعدم دقتها.

3) انتشار الشائعات والتوتر لدى العاملين مما يمثل مزيداً من الضغط على الإدارة ويؤدي بالتالي إلى تضارب القرارات وتعارضها.

أنواع الأزمات التي تمر بها أي منظمة:

يمكن تصنيف الأزمات التي تمر بها منظمات الأعمال إلى ما يلي:

1) أزمات المسار الطبيعي:

هي أزمات طبيعية تمر بها المنظمة مثل الأشخاص الطبيعيين أثناء نموه وتطور حياتهم العادية، ويمكن الاستفادة من هذه الأزمات لتجاوز أزمات مستقبلية تحدث مع أي شخص ويجب التنبؤ دائماً لمثل هذه الأزمات والاستعداد يتم تجاوز تجارب الأزمات الماضية.

2) أزمات الأحداث الطارئة:

هي أزمات تحدث بشكل غير متوقع في مسيرة المنظمة العادية أو في نشاطاتها تسبب أحداث طارئة تمكن نشاط المنظمة، وهي بمثابة أحداث سريعة والمفاجأة تشكلان عنصرين أساسين بميزات هذا النوع من الأزمات.

متغيرات تؤثر على حل الأزمة:

هناك عدة متغيرات تؤثر على حل الأزمة وعلى مستقبلها منها:

1) تطور الأزمة:

حيث أنها تؤثر على وحدة الأزمة في سرعة حلها وتؤثر في تأخير حل الأزمة التي تؤدي إلى خلق تداعيات متواترة قد تعمق حدة الأزمة وتزيد في مستوياتها فتتطور وتتفرع ويصعب حلها.

2) حجم ونوعية المعلومات المتوفرة:

إن توفر المعلومات المبكرة والدقيقة والوافية عن مؤشرات الأزمة يساعد في رصد مؤشراتها وتحليل تلك المؤشرات وإيجاد الحلول المناسبة لها، كما توفر المعلومات لدى الفريق المتخصص برسم السياسات الخاصة بالأزمة يحدد مسبقاً قدرة وسرعة إدارة الأزمات في حل تلك الأزمة.

3) الإمكانات المتاحة لإدارة الأزمات:

توفر الموارد البشرية والمالية الضرورية يساعد على سرعة الحركة لاكتشاف الأزمة ومواجهتها.

مصادر الأزمات:

هناك مصدرين رئيسين بالنسبة لمنظمات الأعمال منها:

1) الاحتياجات الخاصة بالمنظمة والعاملين فيها: حيث قد تواجه المنظمة عوائق وعقبات تتعلق بعناصر الإنتاج التي تستخدمها وخاصة الموارد المالية والبشرية المتاحة لها.

2) بيئة منظمة الأعمال الخارجية: تشكل هذه البيئة مصدر أزمة يصعب رصد مؤشراته لحدة وتشابك التأثيرات الخارجية المتبادلة وأثرها على البيئة الداخلية للمنظمة، ويؤثر هذا المصدر على مدخلات ومخرجات العملية الإنتاجية لمنظمة الأعمال.

مهام إدارة الأزمات:

1) خلق وعي عام والالتزام لدى إدارة المنظمة بضرورة الاهتمام بهذا النهج الإداري الحديث التي يمكنها من مواجهة الأزمات عن طريق الاستجابات المرنة والمنظمة لظروف الأزمات.

2) أحداث جهاز إنذار مسبق لرصد مؤشرات الأزمة، ويتكون هذا الجهاز من قسم أبحاث خاص يعمل فيه فريق مختص لرصد المؤشرات التي تنذر بقدوم الأزمات وإطلاع الإدارة العليا أولاً بأول على نتائج تطور مؤشرات الأزمة.

3) تطبيق الأسلوب العلمي الحديث في رصد وتحليل ومعالجة الأزمة.

4) خلق توازن بين مبدأ المركزية واللامركزية، حيث أن المركزية لا تعطي حرية التصرف وإعطاء الأوامر إما اللامركزية التي تسمح بإعطاء الأوامر إما اللامركزية

التي تسمح بإعطاء الأوامر وحرية التصرف وصلاحيات واسعة، ومن هنا جاءت إدارة الأزمات في التوازن بينهما ويتكون فريق إدارة الأزمات من عدة نقاط منها:

أ. الفريق الإداري: وهو فريق يتبع إدارياً الفريق الرئيسي- الذي يضع السياسات، وهنا مهمة الفريق الإداري العمل من أجل حل الأزمة ويرأسه رئيس الأزمات ويمارس نوعاً من اللامركزية في مجال التنفيذ.

ب. الفريق المختص بوضع السياسات الخاصة بمواجهة الأزمات: ويتكون الفريق المختص عادة من المدير التنفيذية للمنظمة يساعده أخصائيون من داخل أو خارج المنظمة، ويتمتع هذا الفريق بسلطة لا مركزية في هذا المجال حيث يحق له صنع واتخاذ القرار المناسب لحل الأزمة.

ج. الفريق الارتباط: يعمل فريق الارتباط بين الفريق الإداري والأقسام المختلفة المعنية مباشرة بالأزمة، ومهمة هذا الفريق تزويد الفريق الإداري بالمعلومات المتعلقة بالأزمة وأية اقتراحات حول سبل حلها، وتكون سلطته مركزية نظراً لارتباطه بالفريق الإداري.

مجالات الأزمة:

1) مجال الصدمة: يعتبر هذا المجال من المجالات التي يلاحظ أو يدرك فيها المرء أو منظمة الأعمال حول الأزمة به، ويتميز هذا المجال بالارتباك في السلوك والتصرف والحيرة في اتخاذ القرار وصدور ردود فعل غير منتظمة، حيث أن المفاجأة في الأزمات للمرء أو منظمة الأعمال تخلق نوعاً من الذعر والإرباك في النفوس وتحتاج إلى فترة كبيرة لاستيعاب ما حدث.

2) مجال المراجعة: تبدأ حين تنتهي المجال الأول وهو الصدمة هي عملية تفحص الأزمة وإدراك أبعادها، وفي هذا المجال تجمد المنظمة المواقف والقرارات التي كانت قائمة خلال الأزمة.

3) المجال التسوية والتكييف: في هذا المجال تبرز مرحلة إدارة الأزمة حيث تحاول منظمة الأعمال إعادة توظيف طاقاتها في ضوء النتائج التي توصلت إليها لتجاوز الأزمة أو المد من نتائجها السلبية.

متطلبات إدارة الأزمات:

هناك عدة متطلبات لإدارة الأزمات منها:

1) عدم تعقيد الإجراءات أثناء الأزمة: فإن المنظمة تحتاج إلى السرعة في انجاز الأعمال ومعالجة المشاكل وبالتالي تعتبر الوقت عنصر حاسم في هذا المجال.

2) التنسيق الفعال: لا بد من وجود انسجام بين اعضاء فريق الأزمة وذلك من اجل توفر التنسيق الفعال فيما بينهم.

3) التخطيط الجيد: تمثل الخطة الإطار العام الذي يقود تفكير المرؤوسين إزاء أداء أعمالهم وتجاه التعامل مع الأزمات، فاستخدام التخطيط كإدارة منهجية لإدارة الأزمات يبعد عن الارتجالية والعشوائية في اتخاذ القرارات.

4) التواجد المستمر: من الصعب معالجة الأزمات الكبيرة إلا من خلال تواجد أعضاء الفريق بشكل مستمر في مكان الأزمة، فالتواجد يؤدي إلى اكتمال الصورة لدى أعضاء الفريق عن الأزمة.

5) تفويض السلطة: أن عملية تفويض السلطة تعتبر في غاية الأهمية أثناء معالجة الأزمة، فقد تظهر الأحداث إلى ضرورة اتخاذ القرارات المناسبة سريع وبدون الانتظار لحضور الشخص المسؤول والذي يقع هذا القرار ضمن اختصاصه.

أشهر الأزمات الصناعية العالمية:

1) إضافة مواد سامة من قبل مجهولين إلى دواء (Tylenol) الذي تنتجه شركة (Johnson) في الولايات المتحدة، حيث قامت الشركة بسحب الدواء من

الأسواق وعقدت المؤتمرات الصحفية وجهزت التغطيات الإعلامية اللازمة للتخفيف من آثار الأزمة والخروج منها بصورة جيدة أمام العملاء.

2) كارثة انفجار مكوك الفضاء (Challenger) التابع لوكالة الفضاء الأمريكية ناسا والذي اخترق في سبعة من رواد الفضاء.

3) تسرب المواد المشعة من المفاعل النووي بالولايات المتحدة عام (1979)، والذي أثبت أهمية الاعتماد على وسائل الإعلام وضرورة تجنب هجومها وانتقاداتها كأحد مخارج الأزمة.

4) كــارثة (Piper Alpha) في تموز (1988) إلى الشـمال الشـرقي مـــن Aberdeen في سكوتلاندا والتي راح ضحيتها (167) شخصاً.

دور العلاقات العامة في معالجة الأزمة

تعتبر معالجة وإدارة الأزمات من مسؤولية الإدارة العليا بالدرجة الأولى، لكن العلاقات العامة يبقى لها الدور الرئيسي- في عمليات التخطيط والتنظيم والتنفيذ والمتبعة لهذه الأزمات، هناك عدة إجراءات يجب اتباعها عند حدوث الأزمة التي يمكن سردها كما يلي:

1) عند وقوع أي حادث فإن على الموظفين المعنيين اتخاذ الإجراءات اللازمة لمحاصرته ومعالجته أولاً وقبل كل شيء.

2) الاتصال فوراً بمدير الأمن والسلامة بالإضافة إلى استدعاء الطبيب المناوب في عيادة الشركة.

3) الاتصال بمدير المصنع ومدير العلاقات العامة وإبلاغهما بما حدث بالتفاصيل الكاملة عن عدد الوفيات أو الإصابات وعن حجم الحادث ومسبباته.

4) عقد اجتماع فوري للجنة الطوارئ لبحث الأزمة وإقرار الحقائق المفروض التصريح بها.

5) قيام مدير العلاقات العام بالاتصال بأهالي المتضررين أو المصابين لإبلاغهم بالحادث.

6) قيام مدير العلاقات العامة بالاتصال بوسائل الإعلام لإبلاغهم بتفاصيل الحادث مع مراعاة عدم تحريف الحقائق أو المبالغة فيها.

مراحل الأزمة وأعباء معالجتها:

أولاً: مرحلة ما قبل اندلاع الأزمة:

تقوم العلاقات العامة بتسجيل الملاحظات والظواهر وإجراء البحوث، والاستقصاءات اللازمة لدراسة اتجاهات وآراء ومواقف الجماهير الداخلية والخارجية، والتي من خلالها يمكن التنبؤ بحدوث الأزمة، هناك ظواهر ارتفاع معدلات الغثيان والتظاهر بالمرض من قبل الموظفين قد ينذر بحدوث أزمة مع الموظفين وأيضاً زيادة شكاوي العملاء وتدمرهم قد ينذر بقرب حدوث المشكلة مع العملاء.

ثانياً: مرحلة حدوث الأزمة:

في هذه المرحلة يتولى فريق المعالجة للأزمة بمهامه ويقوم بدوره في معالجة الأزمة حيث يبادر إلى عقد اجتماع فوري حال وصول نبأ وقوع الأزمة لمناقشة التفاصيل واتخاذ القرارات التصحيحية والعلاجية لتصويب الأوضاع، كما قد يقرر الفريق إيقاف آلات

المصنع وعجلة الإنتاج في حال حدوث حريق كبير في المصنع أو قد يقرر سحب المنتج من الأسواق إذا كان هذا المنتج قد تعرف لإتلاف مقصود أو دس مواد غريبة فيه.

ثالثاً: مرحلة ما بعد انتهاء الأزمة

بعد انتهاء الأزمة والخروج منها تأتي المرحلة الأخيرة والتي تقوم على أساس معادلة الآثار السلبية الناتجة عنها، فدس مواد غريبة في منتجات الشركة سوف يؤدي إلى تشويه سمعة الشركة والأعراض عن شراء منتجاتها حتى لو قامت بسحب المنتجات المتلاعب بها التالفة من الأسواق، كما تقوم هذه المرحلة على عقد الندوات والمؤتمرات الصحفية وشرح الأسباب الحقيقية وراء الحادث وتطمئن الجماهير على أن الشركة قد اتخذت الاحتياطيات والإجراءات المناسبة لمنع تكرار هذه الحادثة مستقبلاً.

الفصل التاسع

إدارة أنظمة الأمن والسلامــة المهنية (المخاطر)

إدارة أنظمة الأمن
والسلامة المهنية (المخاطر)

تمهيد:

هـي الإدارة التـي تقـع عليها مسـئوليات وواجبـات الإدارة والتوجيـه والتخطيـط والتنفيذ والمتابعة لكل ما يتعلق بالأمن والسلامة المهنية في المؤسسـة أو المنشـأة ووضع القواعد والتعليمات الفنية لضمان سلامه العاملين والممتلكات والبيئة ووضع استراتيجيه سواء في برامج التدريب أو التثقيف والوعي التي يمكن من خلالها الارتقاء بمستوى أداء العاملين ومستوى وضع السلامة المهنية للوصول إلى المعايير الجودة في السلامة المهنية .
واجبات إدارة أنظمة الأمن والسلامة المهني

Occupational Safety Systems Dept. Duties

هناك العديد مـن الواجبـات والمسـؤوليات التـي يجـب عـلى إدارة أنظمـة الأمن والسلامة المهنية أن تقوم وتهتم بها وتعمل على وضع قواعد لها و لتتمكن مـن عمليـة تفعيل هذه الواجبات والانتقال إلى مرحلة حيز التطبيـق سـواء مـن قبلهـا أو مـن قبـل العمال، يجب أن تضع خطة عمل تتمكن من خلالها من تحديد إسـتراتيجيتها ومسـارها ومسؤولياتها في العمل لتتمكن من وضع الأساسيات ومن ثم تنظيمها داخل إطار يلبـي القوانين والتشريعات الموجودة وتوفير كل متطلبات نشر الـوعي الوقـائي ووضـع برنـامج عملي ضمن الخطة الأساسية يتضـمن التـدريب والتأهيل واليـة عمـل تشـمل الإشـراف والتوجيه والمتابعة ومن خلال كل هذه الخطوات تكون واجباتها ومسئولياتها بموضـع التنفيذ من الجميع.

ومن واجبات إدارة أنظمة الأمن والسلامة المهنية الآتي:

1)   تعتمد قواعد و إجراءات والتعليمات الفنية والإرشادات بشـأن تنفيـذ سياسـة الأمن والسلامة في العمل

2) العمل بأسس الأمن والسلامة والجودة والارتقاء بها إلى المعايير الموضوعة من قبل المؤسسة أو المنشأة.

3) وضع معايير للأمن والسلامة والصحة المهنية والسلامة.

4) تنفيذ معايير الجودة.

5) العمل على منع الأسباب والأفعال التي قد تؤدى إلى الإصابة أو حوادث إثناء العمل

6) عمل تقييم وتخمين وتحليل للمخاطر سواء لمقر العمل أو الآلات أو الواجبات.

7) الإشراف والمتابعة للتحقق من تطبيق تعليمات الأمن والسلامة المهنية.

8) التأكد من التزام العاملين بارتداء تجهيزات الوقاية الشخصية أثناء العمل

9) القيام بتفتيش دوري لمقرات العمل .

10) وضع برامج تدريب للعاملين الجدد لتعريفهم بأساسيات الأمن والسلامة المهنية في عملهم.

11) القيام بعمل دورات في السلامة المهنية سواء التخصصية والعامة للعاملين في المؤسسة.

12) نشر الوعي والتثقيف في الأمن والسلامة المهنية عن طريق اللوحات الإرشادية والمنشورات والكتيبات.

13) أجراء التحقيقات في حوادث السلامة المهنية وعمل دراسات ميدانيه عن أسباب الحوادث لوضع توصيات للحد منها

14) متابعة التقارير والأبحاث سواء المحلية أو الإقليمية أو العالمية المختصة في السلامة المهنية لمواكبة تطورها وبدورها تقوم بتحديث وتطوير عملها.

أهداف إدارة أنظمة الأمن والسلامة المهنية

Occupational Safety Systems Dept. Objectives

1) تحقيق بيئة آمنة للعمل خاليه من المخاطر ومحصنة من مصادر المخاطر

2) المحافظة على صحة وأرواح العاملين.

3) المحافظة على الممتلكات الخاصة بالمؤسسة أو المنشأة.

4) المحافظة على سلامة البيئة.

5) تطبيق نظام إدارة الجودة.

6) اعتماد المعايير الدولية في السلامة المهنية.

7) الوصول إلى ليس فقط نشر الوعي في السلامة بـل إلى مرحلـه أن يكون ثقافـة للفرد.

منظومة عمل أدارة أنظمة الأمن والسلامة المهنية

Occupational Safety Systems Dept. Framework

مهام عمل أدارة أنظمة الأمن والسلامة المهنية في المؤسسة أو المنشأة هي إدارة سياسة السلامة والصحة المهنة والتخطيط والتطوير والتنسيق وهمزة الوصل مابين الإدارات الأخرى في المنشأة أو المؤسسة والإشراف الكامل على أعمال السلامة المهنية في المنشأة بهدف إلى الارتقاء بأسـس السلامة بالمؤسسة إلى المعايير التي تضمن سلامة العاملين وتعمل على نشر الوعي والتثقيف فيما يخص السلامة المهنية ووضع معايير البيئة والصحة والسلامة المتكاملة بالهيئة وتطبيق نظام إدارة الجودة ومن مهامها ما يلي:

1) الإدارة *Management*

إن العمل الإداري لأنظمة الأمن والسلامة المهنية ينطـوي علـى ممارسـة مجموعـة من الأنشطة وهي:

أ- التخطيط.

ب- التنظيم.

ت- التوجيه والرقابة.

2) التخطيط Planning

ينطوي على محاولة التخطيط للمستقبل و تنفيذ متطلبات إدارة السلامة المهنية ويرتكز التخطيط على الآتي:

أ- تحديد الأهداف .

ب- وضع الاستراتيجيات .

ت- رسم سياسات السلامة والصحة المهنية.

ث- تحديد الإجراءات والقواعد و إعداد البرامج الزمنية لوضع الأهداف موضع التنفيذ.

3) التنظيم Organization

ينطوي على تحديد الأعمال المطلوب تنفيذها لتحقيق الأهداف في عملية التخطيط والقيام بالأعمال التالية:

أ. التحقق من نظام أدارة الصحة والسلامة المهنية.

ب. متابعه الأفعال.

ج. توثيق المعلومات والنتائج.

د. تمكين إدارة الصحة والسلامة المهنية من معرفة وتنفيذ نصوص وتشريعات السلامة والصحة المهنية.

4) التوجيه والرقابة Direction And Auditing

هي عملية إرشاد وإشراف للسلامة المهنية باستعمال طرق التدقيق في مقر العمل والعمال وتتضمن التحقق من الآتي:

أ. التأكد من تطبيق اشتراطات السلامة المهنية في مقر العمل.

ب. التأكد من التزام العمال بالتعليمات.

ج. التأكد من فعالية الإجراء.

إدارة الجودة والمعايير

And Quality Management Standards

هي نشاط يحدد سياسة الجودة وأهدافها والمسؤوليات والتنفيذ من خلال إنشاء والحفـاظ عـلى نظـام لإدارة السـلامة والصـحة المهنيـة ومتطلباتـه التـي تشـمل النقـاط الرئيسية التالية:

1) سياسة السلامة والصحة المهنية

Health Policy & Occupational Safety

أ. تكون مناسبة لطبيعة ونطاق أخطار المنشأة بالنسبة لسلامة والصحة المهنية.

ب. تتضمن الالتزام بالتحسن المستمر.

ج. تتضمن الالتزام على الأقل بالتشريعات المطبقة في هذا المجال وأي متطلبات جهات أخرى تشارك في عضويتها.

د. إن تكون موثقة ومطبقة ومحافظ عليها.

هـ. معلنة ومعروفة لكل العاملين حتى يتعرفوا على واجباتهم.

و. تكون متاحة لأصحاب المصالح.

ز. يتم مراجعتها بصورة دورية للتأكد مـن أنهـا مـا زالـت مرتبطـة ومناسبة للمنظمة.

2) التخطيط Planning

أ. التخطيط لتحديد مصادر الخطر وتقييم الخطر الناتج والتحكم فيه.

ب. منهجية المنظمة لتحديد مصادر الخطر وتقيم الخطر الناتج.

ج. متطلبات قانونية ومتطلبات أخرى

د. الأهـــــداف.

ه‍. برامج دارة السلامة والصحة المهنية.

3) التطبيق والتشغيل Implementation and Operation

أ. الهيكل والمسؤولية.

ب. التدريب والوعي والكفاءة .

ج. الاستشارات والاتصال.

د. التوثيق.

ه‍. التحكم في الوثائق والبيانات.

و. الرقابة على العمليات (التشغيل).

ز. الاستعداد والاستجابة للطوارئ.

4) المراجعة والإجراء التصحيحي Review and Corrective Action

أ. الرصد وقياس الأداء.

ب. الحوادث والحوادث المحتملة وعدم المطابقة والإجراءات التصحيحية والوقائية.

ج. السجلات وإدارة السجلات.

د. المراجعـــــة.

5) مراجعـة الإدارة Management Review

على الإدارة عمل مراجعة دوريه وعمل تقييم يشمل خطوات إدارة الجودة ومتابعة الالتزام بكل خطوه والعمل على تصحيح أي خلل يتم اكتشافه من خلال خطوات العمل.

إدارة السلامة المهنية

Management Occupational Safety

هي حماية العامل من المخاطر والإصابات والحوادث التي قد يتعرض لها بسبب أداء العمل أو أثناء تواجده في العمل سواء كان ذلك بفعل أي نوع من المعدات أو الآلات مباشره أو بسبب استمرار التعرض لذلك الخطر المحتمل أو بسبب تصرف خطأ من آخرين أو بسبب تقصير وإهمال من إدارة المؤسسة أو المشرفين على العمل أو بسبب عدم تطبيق القوانين واللوائح أو بسبب نتيجة خطأ بشري من قبل نفسه أو من الآخرين .

وتم تعريفها من قبل المعهد العربي للصحة والسلامة المهنية (مجال يهدف إلى حماية العاملين من مختلف المخاطر المرتبطة بالعمل أو شروطه من خلال معالجة العوامل التقنية أو الشخصية المؤدية إلى هذه المخاطر وتحسين بيئة العمل وشروطه ، بشكل يوفر تمتع العمال الدائم بصحة بدنية وعقلية واجتماعية مناسبة .)

مهام إدارة السلامة Safety Dept. Responsibilities

أ)   توفير معدات وتجهيزات السلامة في العمل.

ب)   توفير كافة التجهيزات الحماية الشخصية في العمل.

ج)   التأكد من تطبيق كافة القوانين والتشريعات السلامة في العمل.

د)   إجراء تقييم وتخمين وتحليل للمخاطر لكافة مقرات العمل.

ه)   إجراء تقييم وتخمين لكل الأجهزة والآلات والمعدات.

و)   إجراء تفتيش دوري لإجراءات السلامة في مقر العمل.

ز)   التأكد من تنفيذ سياسة السلامة الموضوعة من قبل المنشأة أو المؤسسة.

ح)   تدريب العمال الجدد على أساسيات السلامة للأعمال المخصصة لهم

ط)   عمل برامج تدريبيه اختصاصيه في السلامة المهنية.

ي)   إعداد سجلات حوادث العمل ومتابعتها.

ك) إعداد سجلات للتدريب.

ل) إعداد خطط الطوارئ والإخلاء.

م) التأكد من التزام العمال بإجراءات السلامة في العمل.

ن) دراسة شكاوى العمال بما يخص السلامة المهنية.

س) التحقيق في الحوادث ومعرفة الأسباب وتدوينها.

إدارة الصحة المهنية Occupational Health Dept.

تعرف الصحة المهنية بأنها العلم الذي يهتم بالحفاظ على سلامة وصحة الإنسان, ومنع الخسائر في الأرواح كلما أمكن ذلك وذلك بتوفير بيئات عمل آمنة خالية من مسببات الحوادث أو الأمراض المهنية بمعنى هي توفير الحماية والتثقيف الصحي للعاملين وذلك بالتحكم في مسببات الحوادث والأمراض المهنية ومنعها عن طريق إزالة العوامل والظروف المهنية الخطرة التي تؤثر على صحة وسلامة العاملين في موقع العمل.

الأمراض المهنية Diseases Occupational

المرض المهني هو المرض الذي ينشأ بسبب التعرض لعوامل البيئة المصاحبة للعمل مثل العوامل الفيزيائية أو الكيميائية أو الفيزيولوجية الخطرة أو المضرة بالصحة وبمستويات ولفترات تعرض تزيد عن الحدود المسموح بها، مما قد يؤدى إلى الوفاة أو الإصابة بمرض مزمن . وتم تعريفها من قبل المعهد العربي للصحة والسلامة المهنية (الإصابة بأحد الأمراض المهنية الموصوفة المنصوص عنها في الجداول الوطنية المعتمدة والتي تنجم عن التعرض المديد لعوامل فيزيائية أو كيميائية أو فيزيولوجية خطرة أو مضرة بالصحة وبمستويات ولفترات تعرض تزيد عن الحدود الوطنية المعيارية مما قد يؤدي إلى الوفاة أو الإصابة بمرض مزمن).

نتائج وانعكاسات الأمراض المهنية على العمل

Results and Impact of Occupational Diseases on work

أ) تأثر التزامات المؤسسة ونقص في الأيدي العاملة.

ب) زيادة التكلفة الطبية.

ج) تعويضات الإصابة والإجازات المرضية.

د) انخفاض الإنتاج و الجودة.

ه) توقف العامل عن العمل.

و) عامل جديد لا يملك المهارة.

ز) انعكاسات على العلاقات بين المؤسسة و العمال.

ح) الصورة السلبية للمؤسسة.

أهداف الصحة المهنية Occupational Health Objectives

حددت منظمة الصحة العالمية ومكتب العمل الدولي عام 1950 أهداف الصحة المهنية بأنها :

1) العمل على تحقيق أعلى درجات اللياقة البدنية والنفسية والاجتماعية للعاملين في كل قطاعات العمل والمحافظة عليها .

2) ضمان عدم حرمان العمال من أسباب الصحة بسبب ظروف عملهم .

3) حماية العمال في عملهم من الأخطار الناتجة عن وجود عوامل تضر بصحتهم.

4) إلحاق العامل بالعمل الذي يتلاءم مع استعداده البدني والنفسي ـ لتحقيق الانسجام بين العامل وعملة .

وتحقيقا لهذا الهدف ينبغي أن تضمن إمكانية الوصول إلى خدمات الصحة المهنية دون اعتبار للعمر ، الجنس ، الجنسية ، المهنة ، نوع الاستخدام ، حجم ، موقع ومكان العمل .

واجبات إدارة الصحية المهنية Occupational Health Dept. Duties

1) إجراء الدراسات الميدانية لدراسة المخاطر الصحية المهنية للمعرضين من العمال.

2) تأثير الملوثات على البيئة الخارجية وصحة السكان المجاورين وتحديد طرق التدخل لحل هذه المشكلات وطرق الوقاية والتحكم (الإجراءات الوقائية والعلاجية).

3) وضع البرامج التدريبية الخاصة بخدمات الصحة المهنية بالاستعانة مع أطباء الصحة المهنية.

4) وضع برامج تدريبية وتثقيف للسلامة والصحة المهنية للعاملين بالاستعانة مع أطباء الصحة المهنية.

5) الاتصال الدائم والتعاون والتنسيق مع الإدارات الحكومية للصحة المهنية والصناعية المختصة وحضور الدورات التدريبية في هذا المجال .

مهام إدارة الصحة المهنية

Responsibilities .Occupational Health Dept

1) توفير بيئة عمل صحية وآمنة.

2) التدريب والتثقيف الصحي بتوعية العاملين بالمخاطر المهنية وكيفية الحد منها ومن أضرارها عن طريق الندوات والملصقات والدورات تدريبية.

3) إعداد ملف طبي لكل عامل يشمل الكشف الطبي الابتدائي ونتائج الكشف الطبي الدوري وما تم بعد ذلك من كشوف طبية والأمراض والإصابات التي تعرض لها.

4) إعداد سجل الأمراض المهنية وسجل للإصابات المهنية وإبلاغ بياناته بصفة دورية للجهات المختصة .

5) إعداد إحصائيات الحوادث الصحية المهنية .

6) المشاركة في عمليات تخطيط وإقامة المنشآت، وذلك بوضع قواعد أساسية بالاشتراطات الواجب توافرها .
7) توفير أدوات ووسائل عمل وإنتاج آمنة وسليمة تضمن سلامة وصحة العاملين .
8) معاينة ودراسة الحوادث لتحديد مسبباتها ووضع التوصيات والاشتراطات الوقائية للحد من هذه المسببات.
9) تدريب العامل على الاستخدام الآمن للأدوات واستعمال أدوات الوقاية الشخصية.

أدارة المخاطر Risk Management

إدارة المخاطر هي في الأساس أداة تخطيط إلى توفير الأمن والسلامة والصحة المهنية بطريقه تسمح في مواجهة الخطر , وتعنى في كيفية إدارة الخطر والاستعداد لمواجهته والتخفيف من نتائجه وهي من أقسام الأمن والسلامة التي يعتمد عليها على إدارة المخاطر بشكل عملي وعلمي على أسس مبنية على الإمكانيات والقدرات المتاحة يمكن من خلالها القيام بمواجهة المخاطر وتحيدها والتقليل من نتائجها السلبية:

وتشمل إدارة المخاطر عدد من النقاط هي:

- ما هو الخطر ومتى يقع وأين.
- ما هي نتائج الخطر والأضرار التي قد يسببها.
- ما هي الإجراءات التي يمكن بها مواجهة الخطر.

وعلى ضوء نتائج هذه النقاط يتم العمل ووضع منهجية وسياسة سلامه سواء بزيادة الإجراءات في السلامة أو بعمل عملية الضبط والمراقبة أو كلاهما معا وتعتمد العملية على نتيجة التحليل والتقييم .

إدارة أزمات الأمن والسلامة والصحة والبيئية

HSE Crisis Management

من قواعد نظم إدارة الصحة والسلامة والبيئة وجود عمليّة قائمة لتحديد وتوثيق ومعالجة سيناريوهات حوادث الأمن والسلامة الصحة والبيئة المحتملة. وهذا يتضمّن تطوير الخطط المناسبة والإجراءات للرّدّ على كلّ من سيناريوهات الحوادث التي تم تحديدها ولمنع و تخفيف تأثيرات الصحة والسلامة والبيئة التي قد تكون مرتبطة بها. الغرض هو تحديد قواعد إرشاديّة للمؤسسة أو المنشأة والتّوقّعات التي تتعلق بالرد على الأزمات والطّوارئ.

القواعد الإرشاديّة في إدارة الأزمة

Guiding Rules of Crisis Management

1) يجب أن تكون خطط إدارة الطّوارئ جاهزة لكلّ الأخطار التي تم تحديدها والتي ربما تأثر على سير العمل.

2) يجب الإبلاغ عن الحوادث فور وقوعها إلى أعلى مستوى ذو علاقة .

3) الاهتمام والعمل وسرعة رد الفعل في الطّوارئ .

4) التعامل مع الطوارئ يخضع للأولويات التالية:

أ. الحياة البشريّة.

ب. البيئة.

ج. حماية المرافق.

د. تواصل العمل.

أدارة اللجان الفرعية لإدارة أنظمة الأمن و السلامة والصحة المهنية

HSE Management Sub Committees

لجنة الصحة والسلامة والصحة المهنية والبيئة يتم إنشاؤها وفق لحجم وتوزيع مراكز العمل للمنشأة، ويجب أن تكون هناك لجان تعمل كمجموعه فرعيه لإدارة الأمن

والسلامة المهنية والصحية في هذه الفروع منوطة بالعَمَلِ على توجيه أنشطة الصحة والسلامة والبيئة في الفروع. متصلة مباشره مع إدارة أنظمة الأمن والسلامة في المركز الرئيسي للمنشأة .

1) تنفيذ إجراءات السلامة في الفروع وتطبيق إرشادات والقوانين المعمول بها في المؤسسة أو المنشأة.
2) تقيم تأثيرات الصحة والسلامة والبيئة في المشاريع الخاصة بالفروع.
3) تراقب بشكل حثيث أداء الصحة والسلامة والبيئة المقاولين ومدى التزامهم.
4) المشاركة في تطوير برامج الأمن والسلامة وتقديم الاقتراحات .
5) لجنة الصحة والسلامة والبيئة تطبيق وحلقة وصل لتطبيق كافة المعايير والتطوّرات الجديدة الخاصة بالصحة والسلامة والبيئة في الشركة.

إدارة التدقيق Management reification

حتى يمكن الوصول إلى مستوى من الـمن والسلامة في العمل وخلق بيئة آمنه للعمال تقوم إدارة التدقيق بمتابعة العمل والتدقيق على مستوى الأداء والالتزام، وتشمل أعمال التدقيق وفقا لتوجيهات نظام إدارة الصحة والسلامة والبيئة والتي يتوقع تطبيقها في كافة الإدارات للمنشأة وهي كالآتي :

1) عملية تدقيق التابعة للمنشأة والتي تقوم فيها بالتدقيق على الإدارات والفروع للمنشأة أو المؤسسة.
2) عمليات تدقيق داخلية على الصحة والسلامة والبيئة والتي تدقق المنشأة فيها على نفسها.
3) عمليات تدقيق معتمدة والتي تقوم فيه المنشأة أو المؤسسة أن تكون معتمدة خارجيًا (على سبيل المثال EMAS, ISM Code14000/9000ISO ,) بالخضوع لتدقيق من قبل الشركات المسؤولة عن اعتمادهم .

4) عملية تدقيق الصحة والسلامة والبيئة للمقاولين والتي تقوم المنشأة من خلالها بالتدقيق على مقاوليها.

5) وتعتبر عملية التدقيق جـزء لا يتجـزأ مـن نظـام أدارة أنظمـة الأمـن والسـلامة والصحة المهنية والبيئية والذي يضمن التّحسّن المستمرّ لأداء الصحة والسلامة والبيئة.

إدارة الطوارئ emergency Management

لابد من إيجاد إدارة تقوم بعمل خطط للطوارئ بحيث تكون مستعدة لمواجهة احتمال أي حادث وتطويق تبعاته والحد من الخسائر سـواء في الأرواح أو الممتلكـات أو البيئة واحتواء نتائجه السلبية، لذا وجـد قسـم الطوارئ ليقـوم بعمـل الخطط اللازمـة وتدريب العمال عليها لرفع مستوى الاستعداد وتشمل واجبات الطوارئ:

1. بناء خطة للطوارئ تناسب المخاطر الموجودة في المنشأة.

2. عمل بروفايل خاص لكل ماده خطره يتضمن مخاطرها وأساليب مكافحتها.

3. عمل التفتيش الدوري لأماكن التخزين.

4. بناء شبكه معلومات واتصالات تلبي متطلبات العمل.

5. وضع برامج للتوعية.

6. عمل المراجعة والتقييم الدوري للمنشأة والمواد.

أدارة التحقيق في حوادث العمل

هو مجموعة الإجراءات التـي يقـوم بهـا محقـق الأمـن والسـلامة في المؤسسـة أو المنشأة لضبط وتوثيق الحوادث وحصر الخسائر البشرية والمادية الناتجة عنها والتعـرف على المتضررين وتحديد سبب وقوع الحادث، مستعيناً بمـن يلـزم مـن ذوي الاختصـاص وبيان المخالفين لأنظمة السلامة والخروج بالتوصيات والـدروس المسـتفادة لمنع تكـرار وقوع حوادث مماثله.

أهداف التحقيق في حوادث العمل

Objectives of Work Accidents Investigation

أ-   معرفة مسببات الحادث والظروف المحيطة به.

ب- جمع المعلومات عن موقع العمل وأداة الإصابة والمصاب والوقت.

ت- تحليل الحقائق المحيطة بالحادث .

ث- كتابة التقرير عن الحادث.

خطوات التحقيق في الحوادث Procedure Accidents Investigation

أ-   على مسؤول التحقيق مراعاة سلامته وسلامة العاملين معه من المخاطر المحتملة بموقع الحادث.

ب- تأمين موقع الحادث واتخاذ الإجراءات اللازمة لمنع اقتراب أو دخول أحد إلى موقع الحادث غير المعنيين بأعمال المكافحة في هذه المرحلة .

ج- جمع الحقائق عن ما حدث بدقة واتخاذ الإجراءات اللازمة لرفع وتحريز الآثار التي يخشى تلفها أو ضياعها.

د-   كتابة وترتيب الأحداث وتسلسلها حتى وقوع الأحداث.

ه-   تحديد الأسباب للحادث وكيفية وقوع الحادث والمتسبب والمتأثرين به.

و-   اقتراح الحلول المناسبة وتقديم توصيات.

ز-   كتابة التقرير وتقديمه للجهات المختصة.

إدارة التدريب raining Management

إن التدريب هو أحد المكونات الرئيسية للأمن والسلامة المهنية، وهو من الأسباب المساعدة في منع حدوث الإصابة والحوادث في العمل، وكلما كان التدريب فعالا كلما زادت فرص جعل بيئة العمل بيئة آمنه وتنوع التدريب وتوفير كل متطلباته للعمال يكون له مردود إيجابي على العامل والعمل .

أنواع التدريب raining Types

أ-   تدريب الالتحاق بالعمل.

ب- تدريب تحديد العمل.

ت- تدريب التحديث.

ث- تدريب التخصص.

سجلات التدريب raining Records

توفير سجلات للتدريب تبين أنواع التدريب الذي حصل عليه العامل وتاريخه بحيث يمكن الرجوع دائمًا للسجلات والاستفادة منها في التحقيق في الحوادث و معرفة مهارات الأفراد وحاجاتهم للتدريب من عدمه .

الفصل العاشر

الإدارة الإلكترونية

الإدارة الإلكترونية

ما هي الإدارة الكترونية

إدارة بلا ورق فهي تشمل مجموعة من الأساسيات حيث يوجد الـورق، ولكـن لانستخدمه بكثافة ولكن يوجد الأرشيف الإلكتروني ، والبريد الإلكتروني ، والأدلـة والمفكرات الإلكترونية والرسائل الصوتية ونظم تطبيقات المتابعة الآلية.

عناصر الإدارة الإلكترونية

1) إدارة بلا أوراق : حيث تتكون من الأرشيف الإلكتروني والبريد الإلكتروني والأدلة والمفكرات الإلكترونية والرسائل الصوتية ونظم تطبيقات المتابعة الآلية.

2) إدارة بـلا مكـان : وتتمثـل في التليفـون المحمـول والتليفـون الـدولي الجديـد (التليديسك) والمؤتمرات الإلكترونية والعمـل عـن بعـد مـن خـلال المؤسسـات التخيلية.

3) إدارة بلا زمان : تستمر 24 ساعة متواصلة ففكرة الليل والنهار والصيف والشتاء هي أفكار لم يعد لها مكان في العالم الجديد، فنحن ننام وشعوب أخـري تصحو لذلك لابد من العمل المتواصل لمدة 24 ساعة حتـى نتمكن مـن الاتصـال بهـم وقضاء مصالحنا.

4) إدارة بـلا تنظيمات جامـدة . فهـي تعمـل مـن خـلال المؤسسـات الشبكية والمؤسسات الذكية التي تعتمد على صناعة المعرفة.

وهناك العديد من الأنظمة الإلكترونية اللازمة للإدارة الإلكترونية كما يلي:

أ. أنظمة المتابعة الفورية وأنظمة الشراء الإلكتروني .

ب. أنظمة الخدمة المتكاملة.

ج. النظم غير التقليدية الأخرى وتشمل:

1) التنظيم غير التقليدية ومنها :

أ.   نظم التعامل مع البيانات كبيرة الحجم.

ب. النظم الخبيرة والذكية .

2) نظم تطوير العملية الإنتاجية وتشمل:

أ.   نظم التصميم والإنتاج .

ب. نظم تتبع العملية الإنتاجية .

ج.   نظم الجودة الشاملة.

د.   نظم تطويع المنتجات.

ه.   نظم أكفاء شبكة الموردين.

3) نظم تطوير عمليات التسويق والتوزيع وتشمل:

أ.   نقاط البيع الإلكتروني.

ب. نقطة التجارة الإلكترونية .

ج.   نظم إدارة علاقة العملاء.

4) نظم تطوير العلاقة مع مؤسسات التمويل ومنها:

أ.   البنوك الدولية.

ب. البورصات العالمية.

ج.   بورصات السلع.

د.   مواصفات المدير الإلكتروني.

ه.   الإبتكارية ، (القدرة على الابتكار).

و.   المعلوماتية ، أن تكون لدية المعلومة حاضرة.

ز.   التعددية ، الحيوية ، يجب أن يتصف بالحيوية دائماً.

5) نظام الذاكرة المؤسسية: حيث يعتبر نظام الذاكرة المؤسسية مـن الـبرامج الرائـدة في مجال إدارة موارد المؤسسة ويقوم النظام بربط العاملين الموجودين بالمؤسسة

ببغضهم البعض ، بغض النظر عن موقفهم الجغرافي بما يمكنهم من الإطلاع على أنشطة الإدارات الأخرى من خلال هذا النظام وبعتمد نظام الذاكرة المؤسسية على بنية الإنترنت حيث لا يحتاج المستخدم إلى عمل تحميل أي برامج مساعدة .

مميزات نظام الذاكرة المؤسسية وهي :

- إدارة موارد المؤسسة إلكترونياً.
- إدارة الأعمال عن بعد.
- حفظ كافة الوثائق والأعمال بشكل إلكتروني.
- وسيلة سريعة لنشر المعلومات والتعليمات على كافة المستويات الإدارية على اختلاف مكانها في أقل وقت ممكن وبأقل التكاليف.
- التحول إلى المجتمع اللاورقي.
- حماية وسرية تداول البيانات والمعلومات .

ويشمل نظام الذاكرة المؤسسية على خطط العمل ، وتقييم الأداء ، ونظام إدارة التكليفات ، الحضور ، والانصراف ، والموارد المالية ، والاجتماعات، واجندة أحداث العالم بالكامل ، التعلم الذاتي ، البحوث ، الصادر والوارد ، كما يشمل النظام على دليل الاتصال الداخلي الذي يسمح لأي فرد بالمؤسسة بالاتصال بغيره في جو من الحب والتآلف .

أهداف الإدارة الإلكترونية

1) محاولة إعادة هيكلة المؤسسات التقليدية الحالية لتحسين الأداء الإداري التقليدي المتمثل في كسب الوقت وتقليل التكلفة اللازمين لإنجاز المعاملات وفق تطور مفهوم الإدارة الإلكترونية.
2) إعادة النظر في الموارد البشرية المتاحة والعمل على رفع كفاءتها ومهاراتها تكنولوجياً لربط الأهداف المنشودة للإدارة الإلكترونية بالأداء والتطبيق.

3) تقييم البنية التحتية لتكنولوجيا المعلومات والاتصالات وتحريرها لكي تستجيب ومتطلبات الخدمات اللازمة بالحجم والنوعية لتحقيق الخدمات للإدارة الالكترونية.

4) مناقشة التشريعات والأنظمة القانونية ومحاولة وضع معايير لضمان بيئة إلكترونية متوافقة.

5) الخروج برؤية وإستراتيجية واضحة من أجل الإنطلاق بخطى ثابتة نحو تطبيق الإدارة الإلكترونية.

سمات الإدارة الإلكترونية

1) عدم وجود علاقة مباشرة بين طرفي المعاملة .

2) عدم وجود وثائق ورقية ووجود وثائق إلكترونية .

3) التفاعل الجمعي أو المتوازي .

4) إمكانية تنفيذ كافة المعاملات إلكترونياً .

5) الاستخدام المكثف لتكنولوجيا المعلومات والإتصالات وتحويلها لتكون الوسط الأساسي للعمل.

إسهامات الإدارة الإلكترونية

1) عدم وجود علاقة مباشرة بين طرفي المعاملة.

2) التفاعل الجمعي أو المتوازي.

3) إمكانية تنفيذ كافة المعاملات اليكترونياً.

4) الاستخدام المكثف لتكنولوجيا المعلومات والاتصالات وتحويلها لتكون الوسط الأساسي للعمل.

5) هي عملية إنشاء حلول تقنية لتنظيم وجدولة ترتيب العديد من مجالات الأعمال والسكرتارية والاستشارات بأنواعها، وهي عملية لا تقضي أن يكون

هناك عملية دفع نقدي بقدر ما تركز على عملية تحويل الأعمال إلى شكل إلكتروني منظم وسهل الاستخدام.

توجهات الإدارة الإلكترونية:

1) إدارة الملفات بدلاً من حفظها.

2) استعراض المحتويات بدلاً من القراءة.

3) مراجعة محتوي الوثيقة بدلاً من كتابتها.

4) البريد الإلكتروني بدلاً من الصادر والوارد.

5) الإجراءات التنفيذية بدلاً من محاضر الاجتماعات.

6) الإنجازات بدلاً من المتابعة.

7) اكتشاف المشاكل بدلاً من المتابعة.

8) التجهيز الناجح للاجتماعات .

المشاكل المرتبطة بالإدارة الإلكترونية

1) غش الكمبيوتر (إدخال البيانات/ تخزين البيانات/ تشغيل البيانات).

2) التزوير المعلوماتي.

3) الإضرار بالبرامج والبيانات.

4) تخريب الحاسبات.

5) سرقة المعلومات وبرامج الحاسب.

6) النسخ غير المشروع للبرامج.

7) التجسس المعلوماتي.

8) جرائم الإنترنت.

معوقات الإدارة الالكترونية في العالم العربي

1) الخوف من التغيير.

2) تداخل المسؤوليات و ضعف التنسيق.

3) غياب التشريعات المناسبة.

4) نقص الاعتمادات المالية.

5) قلة وعي الجمهور بالميزات المرجوة.

6) غياب الشفافية و نفوذ مجموعات المصالح الخاصة .

7) توفر وسائل الاتصالات المناسبة.

8) معوقات انتشار الانترنت مثل التكلفة العالية و اللغة الانجليزية.

الفصل الحادي عشر

إدارة المفاوضات

إدارة المفاوضات

تعريف المفاوضات:

تقتضي عملية التفاوض بذل مجهودات من قبل الفاعلين بغرض الحصول على نتيجة جيدة ومقبولة لهم. انطلاقا من مواقف أولية متعارضة. ويعود الفضل في التوصل لأية صيغة اتفاقية إلى استخدام القوة طالما أن تغيير أحد الأطراف أو كليهما لموقفه خلال التفاوض إنما يعود إلى سلوكات الطرف الآخر.

أطراف المفاوضات:

1) الإستراتيجية:

تحدد الإستراتيجية رسم التوجهات والقيام بالأعمال الكبرى ووضع الهدف المرغوب تحقيقه.

2) التقنيـات:

تحدد الكيفية التي يتعامل بها المفاوض مع الموضوع.

3) التكتيكات:

هي مبادرات ظرفية يستغل فيها المفاوض الفرص العارضة أو الظرفية لتجاوز العقبات.

الاستراتيجيات التفاوضية

تعرف الإستراتيجية التفاوضية بأنها الخطط المرشدة للقرارات والتصرفات الصادرة عن المفاوض أثناء المباريات التفاوضية لتحقيق أهدافه، أما تكتيكات التفاوض فهي العناصر الجزئية التي تتكون منها الإستراتيجية التفاوضية وتتنوع الاستراتيجيات التفاوضية بحسب سلوك المفاوضين فهناك:

الإستراتيجية الهجومية، وإستراتيجية الفتى المتشدد - الطيب، والإستراتيجية الدفاعية، وإستراتيجية الربط، وإستراتيجية الاختراق، وإستراتيجية تفادي النزاع، وإستراتيجية التعاون المشترك.

وهناك استراتيجيات الإنهاك وتقوم على استنزاف وقت وجهد ومال الطرف الآخر، وإستراتيجية إحكام السيطرة، وإستراتيجية الغزو المنظم، وإستراتيجية التشتيت، وإستراتيجية التدمير الذاتي (الانتحار)، واستراتيجيات التوقيت.

سياسات التفاوض

هذه السياسات متنوعة منها سياسة الاختراق التفاوضية، وسياسة الجدار الحديدية، وسياسة التعميق التفاوضية (التأكيد)، وسياسة التعتيم التفاوضية (التشكيك)، وسياسة التوسع والانتشار، وسياسة التضييق والحصار، وسياسة أحداث التوتر التفاوضي، وسياسة الاسترخاء التفاوضي، وسياسة الهجوم التفاوضي، وسياسة الدفاع التفاوضي، وسياسة التدرج، وسياسة الصفقة الواحدة، وسياسة المواجهة المباشرة، وسياسة المراوغة، والالتفاف، وسياسة التطوير، وسياسة التجميد.

مهارات المفاوض الناجح

هناك عدد من الخصائص والمواصفات التي يجب أن تتوفر في المفاوض حتى يستطيع القيام بمهمته التفاوضية بالشكل المناسب، وكل عملية تفاوضية تحتاج إلى خصائص ومهارات معينة لا بد من توفرها لدى المفاوض، وهذا ما يفسر احتياج كل موقف تفاوضي إلى طريقة خاصة لمعالجته، وبشكل عام هناك مهارات يجب أن تتوفر في المفاوض لكي ينجح بعمله أهمها: الصفات الشخصية والقدرة على الاتصال الفعال والبراعة في طرح الأسئلة المناسبة ومهارة الاستمتاع المتعاطف والمقدرة على تحفيز الطرف الآخر ومهارة التقييم والإدراك والتأثير واكتشاف، ومن أهم المهارات:

(1) الإعـــداد

وهو يتضمن دراسة وتقييم موقف الخصم والحدود التي يمكن التنازل عنها ومعرفة نقاط القوة والضعف في موقفنا ونقاط القوة والضعف في موقف الخصم، وكذلك يتضمن دراسة نفسية للخصم والتصور عن إدارة معطيات جلسة التفاوض والإستراتيجية المدخل للتفاوض والتكتيكات والعروض والوثائق والحجج الداعمة لموقفنا والبدائل التي يمكن طرحها عند تأزم التفاوض.

(2) قوة الموقف

وتقاس قوة الموقف التفاوضي من خلال توفر الوقت الكافي للتفاوض واضطرار الطرف الآخر للتوصل لاتفاق ووجود مصادر بديلة للسلع المطلوبة والطاقة الكافية للتغلب على تكتيكات الخصم والخبرة الكافية في معرفة الشأن المفاوض حوله، والقدرة إلى إجبار الطرف الآخر للالتزام وعدم المماطلة والاتزان العاطفي تجاه اتفاق مقبول والقدرة على الرفض والقدرة على اتخاذ قرار ما وتنفيذه.

(3) تكتيكات تفاوضية

وهي جزء من الإستراتيجية التفاوضية ومنها مثلاً استخدام الوثائق لدعم الحجج المقدمة والاستعانة ببعض الخبراء أو الاستشاريين والابتعاد عن المبالغات أو الإدعاءات، واستخدام جوانب الضعف في موقفك أحياناً إذا تطلب الأمر والتأكد من تحقيق الانسجام بين القول والفعل واستغلال الوقت بشكل مناسب وهناك تكتيكات أخرى، تكتيكات التملص والمراوغة وتكتيكات مواجهة الاعتراضات والاستفزازات وتكتيكات الهجوم المضاد على سلوكيات التخويف وأخرى للاحتفاظ بالسيطرة على المفاوضات وأخرى تستخدم عند تعثر المفاوضات.

عناصر التفاوض الرئيسية

أولا: الموقف التفاوضي:

يعد التفاوض موقف ديناميكي أي حركي يقوم على الحركة والفعل ورد الفعل إيجابا وسلبا وتأثير أو تأثرا. والتفاوض موقف مرن يتطلب قدرات هائلة للتكيف السريع والمستمر وللمواءمة الكاملة مع المتغيرات المحيطة بالعملية التفاوضية.

وبصفة عامة فان الموقف التفاوضي يتضمن مجموعة عناصر يجب:

1) الترابـــــط:

وهذا يستدعي أن يكون هناك ترابط على المستوى الكلي لعناصر القضية التي يتم التفاوض بشأنها أي أن يصبح للموقف التفاوضي (كل) عام مترابط وإن كان يسهل الوصول إلى عناصره وجزئياته.

2) التركيب:

حيث يجب أن يتركب الموقف التفاوضي من جزيئات وعناصر ينقسم إليها ويسهل تناولها في إطارها الجزئي، وكما يسهل تناولها في إطارها الكلي.

3) إمكانية التعرف والتمييز:

يجب أن يتصف الموقف التفاوضي بصفة إمكانية التعرف عليه، وتمييزه دون أي غموض أو لبس أو دون فقد لأي من أجزائه أو بعد من أبعاده أو معالمه.

4) الاتساع المكاني والزماني:

ويقصد به المرحلة التاريخية التي يتم التفاوض فيها والمكان الجغرافي الذي تشمله القضية عند التفاوض عليها.

5) التعقيد:

الموقف التفاوضي هو موقف معقد حيث تتفاعل داخله مجموعة من العوامل، وله العديد من الأبعاد والجوانب التي يتشكل منها هذا الموقف ومن ثم يجب الإلمام بهذا كله حتى يتسنى التعامل مع هذا الموقف ببراعة ونجاح.

6) الغموض:

ويطلق البعض على هذا الموقف (الشك) حيث يجب أن يحيط بالموقف التفاوضي ظلال من الشك والغموض النسبي الذي يدفع المفاوض إلى تقليل دائرة عدم التأكد عن طريق جمع كافة المعلومات والبيانات التي تكفل توضيح التفاوضي خاصة وإن الشك دائما يرتبط بنوايا ودوافع واتجاهات ومعتقدات وراء الطرف المفاوض الآخر.

ثانيا: أطراف التفاوض:

يتم التفاوض في العادة بين طرفين، وقد يتسع نطاقه ليشمل أكثر من طرفين نظرا لتشابك المصالح وتعارضها بين الأطراف المتفاوضة. ومن هنا فإن أطراف التفاوض يمكن تقسيمها أيضا إلى أطراف مباشرة، وهي الأطراف التي تجلس فعلا إلى مائدة المفاوضات وتباشر عملية التفاوض. وإلى أطراف غير مباشرة وهي الأطراف التي تشكل قوى ضاغطة لاعتبارات المصلحة أو التي لها علاقة قريبة أو بعيدة بعملية التفاوض.

ثالثا: القضية التفاوضية:

لابد أن يدور حول (قضية معينة) أو (موضوع معين) يمثل محور العملية التفاوضية وميدانها الذي يتبارز فيه المتفاوضون، وقد تكون القضية، قضية إنسانية عامة، أو قضية شخصية خاصة وتكون قضية اجتماعية، أو اقتصادية أو سياسية، أو أخلاقية... الخ. ومن خلال القضية المتفاوض بشأنها يتحدد الهدف التفاوضي، وكذا غرض كل مرحلة من مراحل التفاوض، بل والنقاط والأجزاء والعناصر التي يتعين

تناولها في كل مرحلة من المراحل والتكتيكات والأدوات والاستراتيجيات المتعين استخدامها في كل مرحلة من المراحل.

رابعا: الهدف التفاوضي:

لا تتم أي عملية تفاوض بدون هدف أساسي تسعى إلى تحقيقه أو الوصول إليه وتوضع من أجله الخطط والسياسيات. فبناء على الهدف التفاوضي يتم قياس مدى تقدم الجهود التفاوضية في جلسات التفاوض وتعمل الحسابات الدقيقة، وتجري التحليلات العميقة لكل خطوة.

ويتم تقسيم الهدف التفاوضي العام أو النهائي إلى أهداف مرحلية وجزئية وفقا لمدى أهمية كل منها ومدى اتصالها بتحقيق الهدف الإجمالي أو العام أو النهائي.

ومن ناحية أخرى فان الهدف التفاوضي ، يدور في الغالب حول تحقيق أي من الآتي:

1-   القيام بعمل محدد يتفق عليه الأطراف.

2-   الامتناع عن القيام بعمل معين يتفق على عدم القيام به بين أطراف التفاوض.

3-   تحقيق مزيجا من الهدفين السابقين معا.

خطوات التفاوض

للتفاوض العملي خطوات عملية يتعين القيام بها والسير على هداها، وهذه الخطوات تمثل سلسلة تراكمية منطقية تتم كل منها بهدف تقديم نتائج محددة تستخدم في إعداد وتنفيذ الخطوة التالية. وإن تراكمات كل مرحلة تبنى على ما تم الحصول عليه من ناتج المرحلة السابقة، وما تم تشغيله بالتفاوض عليه واكتسابه خلال المرحلة الحالية ذاتها قبل الانتقال إلى المرحلة التالية الجديدة، وبهذا الشكل تصبح العملية التفاوضية تأخذ شكل جهد تفاوضي تشغيلي متراكم النتائج بحيث تصبح مخرجات كل مرحلة تابعة لها وهكذا.

الخطوة الأولى: تحديد وتشخيص القضية التفاوضية:

وهي أولى خطوات العملية التفاوضية، حيث يتعين معرفة وتحديد وتشخيص القضية المتفاوض بشأنها ومعرفة كافة عناصرها وعواملها المتغيرة ومرتكزاتها الثابتة. وتحديد كل طرف من أطراف القضية والذين سيتم التفاوض معهم. وتحديد الموقف التفاوضي بدقة لكل طرف من أطراف التفاوض ومعرفة ماذا يرغب أو يهدف من التفاوض.

ويتعين إجراء مفاوضات أو مباحثات تمهيدية لاستكشاف نوايا واتجاهات هذا الطرف وتحديد موقفه التفاوضي بدقة وبعد هذا التحديد يتم التوصل إلى نقطة أو نقاط التقاء أو فهم مشترك.

كما يتعين تحديد نقاط الاتفاق بين الطرفين المتفاوضين لتصبح الأرضية المشتركة أو الأساس المشترك لبدء العملية التفاوضية، ويساعد في تحديد نقاط معرفة المصالح المشتركة التي تربط بين الطرفين المتفاوضين.

ومن ثم يتم تحديد مركز دائرة المصلحة المشتركة أو الاتفاق بين الأطراف ليمثل نقطة الارتكاز في التعامل مع، وبهذه الدائرة حيث يتم في التفاوض نقل ذا المركز تدريجيا لتوسيع نقاط الاتفاق التي يوافق عليه الطرف الآخر وتصبح حقا مكتسبا.

وتستخدم في هذا المجال المفاوضات التمهيدية بهدف تحديد المواقف التفاوضية ومعرفة حقيقة ونوايا الطرف الآخر بالإضافة إلى:

أ) تغيير اتجاهات وراء الطرف الآخر.

ب) كسب تأييد ودعم الطرف الآخر والقوى المؤثرة عليه.

ج) دفع الطرف الآخر إلى القيام بسلوك معين وفقا لخطة محددة.

د) الاستفادة من رد فعل الطرف الآخر.

وبصفة عامة يتم في المفاوضات التمهيدية تحديد نقاط الالتقاء ونقاط الاختلاف بين الأطراف وتوضيح أبعاد كل منهما. ومن ثم يمكن تحديد النقاط الأشد تطرفا بالنسبة لكل طرف من الأطراف التي لا يمكن التأثير عليها والتي لن يتنازل عنها في الفترة الحالية على الأقل. وأكثر النقاط قبولا منه أو نقطة الالتقاء المشتركة التي يوافق عليها دون تردد. ومن ثم يقوم بالابتعاد عن أشد نقاط الاختلاف والتعامل فقط مع تلك النقاط التي تقع في منطقة التأرجح بين الموافقة والاعتراض والتي يمكن عن طريق التفاوض كسب النقاط التفاوضية بنجاح ويسر.

الخطوة الثانية: تهيئة المناخ للتفاوض:

إن هذه الخطوة هي خطوة مستمرة وممتدة تشمل وتغطى كافة الفترات الأخرى التي يتم الاتفاق النهائي عليها وجنى المكاسب النجمة عن عملية التفاوض.

وفي هذه المرحلة يحاول كل من الطرفين المتفاوضين خلق جو من التجاوب والتفاهم مع الطرف الآخر بهدف تكوين انطباع مبدئي عنه واكتشاف استراتيجيته التي سوف يسير على هداها في المفاوضات وردود أفعاله أمام مبادراتنا وجهودنا التفاوضية.

وتكون هذه المرحلة عادة قصيرة وبعيدة عن الرسميات وتقتصر عادة على لقاءات النادي أو على حفلات التعارف يتم فيها التبادل فيها من خلال عبارات المجاملة والترحيب.

الخطوة الثالثة: قبول الخصم للتفاوض:

وهي عملية أساسية من عمليات وخطوات التفاوض لقبول الطرف الآخر وقبول الجلوس إلى مائدة المفاوضات. ومن ثم تنجح المفاوضات أو تكون أكثر يسرا خاصة مع اقتناع الطرف الآخر بأن التفاوض هو الطريق الوحيد ، بل والممكن لحل النزاع القائم أو للحصول على المنفعة المطلوبة أو لجنى المكاسب والمزايا التي يسعى إلى الوصول إليها. ويجب علينا أن نتأكد من صدق رغبة وحقيقة نوايا الطرف الأخر، وان

قبوله للتفاوض ليس من قبيل المناورات أو لكسب الوقت أو لتحجيمها عن استخدام الوسائل الأخرى.

الخطوة الرابعة: التمهيد لعملية التفاوض الفعلية والإعداد لها تنفيذيا:

أ) اختيار أعضاء فريق التفاوض وإعدادهم وتدريبهم على القيام بعملية التفاوض المطلوبة وإعطائهم خطاب التفويض الذي يحدد صلاحياتهم للتفاوض.

ب) وضع الاستراتيجيات التفاوضية واختيار السياسات التفاوضية المناسبة لكل مرحلة من مراحل التفاوض.

ج) الاتفاق على أجندة المفاوضات ، وما تتضمنه من موضوعات أو نقاط أو عناصر سيتم التفاوض بشأنها وأولويات تناول كل منها بالتفاوض.

د) اختيار مكان التفاوض وتجهيزه وإعداده وجعله صالحا ومناسبا للجلسات التفاوضية ، وتوفير كافة التسهيلات الخاصة به.

الخطوة الخامسة: بدء جلسات التفاوض الفعلية:

حيث تشمل هذه الخطوة من العمليات الأساسية التي لا يتم التفاوض إلا بها:

أ) اختيار التكتيكات التفاوضية المناسبة من حيث تناول كل عنصر من عناصر القضية التفاوضية أثناء التفاوض على القضية وداخل كل جلسة من جلسات التفاوض.

ب) الاستعانة بالأدوات التفاوضية المناسبة وبصفة خاصة تجهيز المستندات والبيانات والحجج والأسانيد المؤيدة لوجهات نظرنا والمعارضة لوجهات نظر الطرف الآخر.

ج) ممارسة الضغوط التفاوضية على الطرف الآخر سواء داخل جلسة التفاوض أو خارجها. وتشمل هذه الضغوط عوامل:

- الوقت.
- التكلفة.
- الجهد.
- عدم الوصول إلى نتيجة.
- الضغط الإعلامي.
- الضغط النفسي.

1) تبادل الاقتراحات وعرض وجهات النظر في إطار الخطوط العريضة لعملية التفاوض وفي الوقت نفسه دراسة الخيارات المعروضة والانتقاء التفضيلي منها.

2) استخدام كافة العوامل الأخرى المؤثرة على الطرف الآخر لإجباره إلى اتخاذ موقف معين أو القيام بسلوك معين يتطلبه كسبنا للقضية التفاوضية أو إحراز نصر أو الوصول إلى اتفاق بشأنها أو بشان أحد عناصرها أو جزيئاتها.

الخطوة السادسة: الوصول إلى الاتفاق الختامي وتوقيعه:

لا قيمة لأي اتفاق من الناحية القانونية إذا لم يتم توقيعه في شكل اتفاقية موقعة وملزمة للطرفين المتفاوضين. ويجب الاهتمام بأن تكون الاتفاقية شاملة وتفصيلية تحتوي على كل الجوانب ومراعي فيها اعتبارات الشكل والمضمون ومن حيث جودة وصحة ودقة اختيار الألفاظ والتعبيرات لا تنشأ أي عقبات أثناء التنفيذ الفعلي للاتفاق التفاوضي.

مناهج واستراتيجيات التفاوض

أولا: استراتيجيات منهج المصلحة المشتركة:

يقوم هذا المنهج على علاقة تعاون بين طرفين أو أكثر يعمل كل طرف منهم على تعميق وزيادة هذا التعاون وإثماره لمصلحة كافة الأطراف. **واستراتيجيات هذا المنهج هي** :

1) إستراتيجية التكامل:

هو تطوير العلاقة بين طرفي التفاوض إلى درجة أن يصبح كل منهما مكملا للآخر في كل شيء، بل قد يصل الأمر إلى أنهما يصبحان شخصا واحدا مندمج المصالح والفوائد والكيان القانوني أحياناً، وذلك بهدف تعظيم الاستفادة من الفرص المتاحة أمام كل منهما. ويمكن تنفيذ هذه الإستراتيجية من خلال:

أ. التكامل الخلفي.

ب. التكامل الأمامي.

ج. التكامل الأفقي.

2) إستراتيجية تطوير التعاون الحالي:

وتقوم هذه الإستراتيجية التفاوضية على الوصول إلى تحقيق مجموعة من الأهداف العليا التي تعمل على تطوير المصلحة المشتركة بين طرفي التفاوض وتوثيق أوجه التعاون بينهما. ويمكن تنفيذ هذه الإستراتيجية من خلال:

- توسيع مجالات التعاون: وتتم هذه الإستراتيجية عن طريق إقناع الطرفين المتفاوضين يد مجال التعاون إلى مجالات جديدة لم يكن التعاون بينهما قد وصل إليها من قبل.
- الارتقاء بدرجة التعاون: وتقوم هذه الإستراتيجية على الارتقاء بالمرحلة التعاونية التي يعيشها طرفي التفاوض خاصة أن التعاون يمر بعدة مراحل، **أهمها المراحل الآتية:**

أ. مرحلة التفهم المشترك أو التعرف على مصالح كل الأطراف.

ب. مرحلة الاتفاق في الرأي أو لقضاء المصالح.

ج. مرحلة العمل على تنفيذه أو مرحلة تنفيذ المنفعة المشتركة.

د. مرحلة اقتسام عائده أو دخله أو مرحلة تنفيذ المنفعة المشتركة.

وفي كل هذه المراحل يقوم العمل التفاوضي بدور هام في تطوير التعاون بين الأطراف المتفاوضة والارتقاء بالمرحلة التي يمر بها من خلال:

أ) إستراتيجية تعميق العلاقة القائمة:

تقوم هذه الإستراتيجية على الوصول لمدى اكبر من التعاون بي طرفين أو أكثر تجمعهم مصلحة ما.

ب) إستراتيجية توسيع نطاق التعاون بمده إلى مجالات جديدة:

تعتمد هذه الإستراتيجية أساسا على الواقع التاريخي الطويل الممتد بين طرفي التفاوض من حيث التعاون القائم بينهما وتعدد وسائله وتعدد مراحله وفقا للظرف والمتغيرات التي مر بها وفقا لقدرات وطاقات كل منهما .

وهناك أسلوبين لهذه الإستراتيجية هما:

1) توسيع نطاق التعاون بمده إلى مجال زمني جديد: ويقوم هذا الأسلوب على الاتفاق بين الأطراف المتفاوضة على فترة زمنية جديدة مستقبلة ،أو تكثيف وزيادة التعاون وجني التعاون خلال هذه الفترة المقبلة.

2) توسيع نطاق التعاون بمده إلى مجال مكاني جديد: ويتم هذا الأسلوب عن طريق الاتفاق على الانتقال بالتعاون إلى مكان جغرافي آخر جديد.

ثانيا:استراتيجيات منهج الصراع :

على الرغم من أن جميع من يمارسون استراتيجيات الصراع في مفاوضاتهم سواء على المستوى الفردي للأشخاص أو على المستوى الجماعي، وتبنيهم لها واعتمادهم عليها إلا أنهم يمارسونها دائما سرا وفي الخفاء، بل أنهم في ممارستهم للتفاوض بمنهج الصراع يعلنون أنهم يرغبون في تعميق المصالح المشتركة. إذ أن جزء كبير من مكونات هذه الاستراتيجيات يعتمد على الخداع والتمويه.

الفصل الثاني عشر
التنظيم الإداري

التنظيم الإداري

تعريف التنظيم الإداري:

من الممكن الحصول على العديد من التعريفات بالنسبة للتنظيم، حيث يتوقف كل تعريف على المدخل أو الاتجاه الذي يتخذه الباحث في دراسته للبحث، وعلى ذلك فإننا سنكتفي هنا بالإشارة إلى ثلاث اتجاهات فكرية رئيسية تقوم بتعريف التنظيم وهي كالتالي:

(1) الفكر الكلاسيكي الحديث في التنظيم أو النظرية الكلاسيكية في التنظيم

ومن أنصارها برويك، كونتز، أودونيل، نيومان، دركر، وغيرهم فنجد تعريف التنظيم الإداري فيها على أنه عملية تصميم أساسها تقسيم العمل الواجب تنفيذه وفي وظائف مفردة ثم تحديد المسؤوليات والسلطات والعلاقات بين الأجزاء لتحقيق التنسيق اللازم لبلوغ هدف مشترك.

(2) الفكر السلوكي الحديث أو النظرية السلوكية للتنظيم

ومن أنصارها مارش، سايمون، بارنارد وغيرهم فإنها تعرف التنظيم على أنها عبارة عن منظمة أي شيء ديناميكي يتحرك لوجود الإنسان فيه فإنهم يركزون على السلوك التنظيمي سلوك الأفراد داخل المنظمة ودوافعهم وصراعاتهم وردود أفعالهم التنظيمية للصراعات.

(3) الفكر النظمي أو نظرية النظم

ومن أنصارها وليام سكوت، ورئيس ليكرت وغيرها وقد نجدهم ينظرون إلى التنظيم، بمعنى منظمة وأنها نظام عن عبارة عن مجموعة أجزاء مرتبطة ببعضها البعض ويجب التعامل مع النظام دفعة واحدة.

ومما سبق فإننا نرى أن هذه الاتجاهات لا تتعارض مع بعضها البعض وأنها يمكن أن تكمل بعضها فتكون نموذجاً متكاملاً للتنظيم يضم تلك الاتجاهات الثلاثة، لذا فإنه

يمكن التعامل مع التنظيم كهيكل أو بناء يمكن من خلاله فهم أجزاء ووحدات وفروع المنظمة المعينة كما يمكن التعامل معه كوظيفة تبرز كأحد وظائف العملية الإدارية وتعتمد نجاحها وفشلها على مجموعة من الأساليب والإجراءات الفنية التي يتم اتباعها أثناء إنجاز هذه الوظيفة كما يمكن التعامل معه كسلوك يأتي من مجموعة العلاقات الرأسية والأفقية التي تقوم بين مختلف أفراد المنظمة، ثم يجب التعامل مع التنظيم من خلال منهج النظم على اعتبار أن التنظيم الفعال لا يمكن أن يتم بمعزل عن أنماط الأفراد ودوافعهم أو أن يتم بمعزل عن نمط رئيس المنظمة.

مبادئ التنظيم الإداري Priciples of Organization

أن علماء الإدارة الأوائل قد تمكنوا من التوصل إلى وضع مبادئ يمكن الاستناد إليها في عملية التنظيم هؤلاء العلماء رواد المدرسة الكلاسيكية (فايول – موني – ورايلي- جوليك – أرويك – تايلور) وهي كالتالي:

1) مبدأ ضرورة التنظيم   Organization : يجب تقسيم العمل على أفراد التنظيم وتحديد المسؤولية عن كل جزء من إعطاء كل فرد السلطات الملائمة للقيام بما أسند إليه من أعمال.

2) مبدأ الهدف Goals: يجب أن يكون للمنظمة هدف أو أهداف واضحة تسعى إلى تحقيقها وإلا لا حاجة إلى وجود التنظيم.

3) مبدأ التخصص Specialization: يجب أن يقتصر عمل كل فرد على القيام بأعباء وظيفة واحدة، فإن ذلك يؤدي إلى زيادة مهارات وقدرات الفرد في أدائها وبالتالي تزداد الكفاية الإدارية.

4) مبدأ التنسيق Coordination: أي تسوية الأمور بانتظام أو توحيد الجهود المشتركة أو الترتيب المنظم للجهد الجماعي.

5) مبدأ السلطة Authority: أي أن السلطة تعني القدرة الشرعية التي تناط بشخص ما أو وظيفة ما والتي يجب قبولها ليس فقط من الممارس للقدرة ولكن من قبل الذي تمارس عليهم أو الأعضاء المتأثرين بها.

6) مبدأ المسؤولية Accountability: المسؤولية هي المحاسبة على أداء الواجبات الناتجة عن السلطة المفوضة للموظف بحكم كونه عضو في المنظمة بصرف النظر عن رغباته الشخصية، ولكي يستطيع الموظف أو الفرد القيام بهذه الواجبات يجب إعطائه السلطان الملائمة.

7) مبدأ وحدة الأمر Unity of Command : ويقصد بوحدة الأمر حصر ـ سلطة إصدار الأوامر في كل مستوى في مصدر واحد، بحيث يكون الفرد مسؤولاً أمام رئيس واحد ويتلقى منه الأوامر والتعليمات، ويكون مسؤولاً عن توجيه العمل لمن يعملون تحت رئاسته (مرؤوسيه).

8) مبدأ تفويض السلطة Delegation of Authority: ويعني تفويض السلطة إعطاء الغير حق التصرف واتخاذ القرارات في نطاق محدد وبالقدر اللازم لإنجاز مهام معينة.

9) مبدأ نطاق الإشراف Span of Control: يقصد بنطاق الإشراف عدد المرؤوسين الذين يستطيع المشرف أن يشرف على أعمالهم بكفاية، والمعروف أن من واجبات المشرف أن يشرف على موظفيه ويوجه العمل.

10) مبدأ أنقاص عدد درجات سلم الأمر أو مستويات السلطة أو مبدأ قصر ـ خطة السلطة: ويعني اختصار المراحل التي تمر بها الأوامر والتعليمات إلى أقل عدد ممكن، وبمعنى آخر تقليل عدد المستويات الإدارية بين قمة التنظيم وقاعدته أي بين الرئيس الإداري وبين أصغر موظف في المنظمة.

أنـــواع التنظيـــم

1. التنظيم الرسمي.

2. التنظيم الغير رسمي.

أولاً: التنظيم الرسمي Formal

يعرف بارنارد التنظيم الرسمي بأنه " نظام يقوم عـلى أسـاس التنسـيق الإداري الواعي بين مجهودات شخصين أو أكثر" ويعتقد بانارد أن هناك ثلاثة أسـاس للتنظيمـات الرسمية وهذه هي الصفات المميزة للتنظيمات الرسمية ومنها:

1) القدرة على الاتصال بين الأفراد الواقعين على شتى خطـوط التنفيـذ أيـا كانت مراكز السلطة والمسؤولية التي يحتلونها داخل الجهاز الإداري.

2) وجود الرغبة في المشاركة لإنجاز العمل عند هـؤلاء الأفراد دون ضغط أو إكراه.

3) أن يكون هدف الرغبة في المشاركة لإنجاز العمل مـن أجـل تحقيـق هدف أو أهداف مشتركة.

ثانياً: التنظيم الغير رسمي In Formal

وهو عبارة عن شبكة مـن العلاقـات الشخصية والاجتماعيـة التـي تنشأ وتنمـو وتستمر بين افراد التنظيم نتيجـة وجـودهم في مكـان واحـد هـو مكـان العمـل (مثل وجودهم في غرفة واحدة أو قسم واحد أو وحدة واحدة... الخ) والتنظيم غـير الرسـمي كما عرفه بيتر بـلاو Peter Blau هـو ذلك التنظيم الاجتماعـي الـذي يهـتم بتحليـل العلاقات والتفاعلات والتناقضات التـي تحـدث بـين أعضـاء الجهاز الاجتماعـي "أفـراد التنظيم" من ناحية، وبينهم وبين الإدارة "قيادة التنظيم الرسمية" من ناحية أخرى وأمـا شتربارنارد Chester Barnard فقد عرف التنظيم غير الرسمي بأنه تعبـير عـن مجمـوع الاتصالات والاحتكاكات والتفاعلات الشخصية كما يعبـر عـن المجموعـات المترابطـة مـن الأشخاص.

170

طبيعة التنظيم الغير رسمي Natural Organizing In Formal

لقد أكد برنارد بأن المنظمات الرسمية تولد دائماً منظمات غير رسمية والسبب الأساسي في ذلك هو أن المنظمة دائماً تولد عندما يقوم المسؤولين بتصميم الخريطة التنظيمية Organization Cart وعند ذلك تكون تعاملاتهم بتشكيل من إدارة تلك المنظمة، وتحتوي المنظمات العير رسمية على مجموعة من البشر في إدارة ما والمكون الرئيسي لهذه الإدارة هو نظام لتقييم العاملين من حيث عاداتهم وتقاليدهم وأخلاقهم وطبيعتهم والسلطة التي تنتج عن المكونات التنظيمية السابقة، ونجد أن التنظيمات الغير رسمية تختلف عن التنظيمات الرسمية لأنها تشكل الحكومة الغير مرئية والتي تعتمد القوة إلى تراقب النشاطات جميعها.

أهمية التنظيم الغير رسمي Importance Organizing In Formal

أن أهمية هذا التنظيم تكمن في معرفة وتحديد أنواع الجماعات السائدة بين أعضاء إدارة ما، فيمكن التمييز بين جماعة المصلحة وهي جماعة الأفراد الذين يتحدون فيما بينهم في سبيل تحقيق أغراض أو أهداف مشتركة، وبين جماعة الصداقة التي تتكون نتيجة لعوامل جذب شخصية بين الأفراد والعاملين في تلك الإدارة وذلك لإشباع حاجاتهم النفسية والاجتماعية، ويعود هذا الاهتمام بالتنظيم الغير رسمي إلى كتابات كل من التون مايو وماري باركر فوليت وآخرون غيرهم من المدرسة السلوكية الذين ركزوا اهتمامهم الفكري على نوعي السلوك في المنظمة، السلوك الرسمي الذي يستند إلى السلطة داخل المنظمة والسلوك الغير رسمي الذي يستند إلى أسباب أخرى شخصية منها واجتماعية.

من أهم فوائد التنظيم الغير رسمي كالتالي:

1) يعمل على تجميد مطالب أعضائه ورفعها للإدارة، كما يقاوم أي أضرار بحقوقهم المادية أو المعنوية.

2) يعتبر متنفساً لأفراد المجموعة، فيعبرون فيها عما يواجهون المنظمة من متاعب ومشاكل ومشاعر إحباط ويتبادلون فيه الأفكار والآراء حول الأمور التي تهمهم.

3) يمارس مهمة الرقابة الذاتية على أعضائه، فإذا انحرف أحد أعضاءه المجموعة عن القيم والأنماط السلوكية الرشيدة فإن التنظيم غير الرسمي يوجهه توجيهاً ذاتياً بالإضافة إلى رقابة التنظيم غير الرسمي للأجهزة الخارجية عندما تحاول أن تضع قيوداً غير قانونية على مسلكه وتصرفاته الإنسانية.

4) يحق لأعضائه مهمة الارتقاء بالذات عن طريق المحافظة على "اتساق الذات" Self Consistency.

5) يحاول تطوير سلوك أعضائه بعدة وسائل سلوكية حميدة كالنقد الذاتي البناء الذي يباشره التنظيم على العضو الذي ينحرف عن القيم السليمة.

6) يعتبر أحدى قنوات الاتصال بالنسبة للعاملين، والحقيقة أن الإدارة كثيراً ما تعتمد على هذه الطريقة غير الرسمية لنقل أنواع معينة من المعلومات.

7) يعتبر أحد ديناميكيات العمل، لأنه مرتبط بالتنظيم الرسمي بما يؤدي إلى وجود نسق فعال يؤدي بدوره إلى إنجاز العمل.

خصائص التنظيم الغير رسمي:

1) ينشأ بصورة تلقائية عقوبة نتيجة لالتقاء مجموعة من الأفراد في مكان ما في المنظمة، وقد يتم بينهم تناول الأحاديث والأفكار ويجد بعضهم تشابهاً في الأفكار أو الآراء أو المصالح، مما قد يؤدي إلى استمرار تلك العلاقة حتى خارج مكان العمل.

2) العلاقات الشخصية هي الأساس في التنظيم الغير رسمي، بعكس التنظيم الرسمي الذي تتحدد علاقات أعضائه من خلال قواعد مكتوبة.

3) يكون لتلك العلاقات الشخصية قوة أو تأثير على الأفراد العاملين بالمنظمة، وقد يتطور نمط محدود من المواقف والاتجاهات يلتزم به أعضاء التنظيم الغير رسمي.

أسباب تكوين التنظيمات الغير رسمية:

1) الرغبة في الانتماء إلى جماعات.

2) الرغبة في تأمين الأمن والحماية.

3) الرغبة في الحصول على بعض المزايا النسبية سواء كانت مادية أو معنوية للتحفيز.

4) الرغبة في الحصول على المساعدة والنصح والإرشاد.

5) الرغبة في التقرب إلى أصحاب مراكز النفوذ أو كبار الموظفين.

6) يتكون التنظيم الغير رسمي لسد الفراغ في الأمور التي يعجز التنظيم الرسمي على مثلها.

مقارنة بين التنظيم الرسمي والتنظيم الغير رسمي:

1) ينطلق التنظيم الرسمي من مبدأ تقسيم العمل والنشاطات، ويؤدي لظهور الشكل الرسمي والخرائط التنظيمية. أما التنظيم غير الرسمي فيتمثل بالطريقة أو الأسلوب الذي ستقوم فيه الإدارة بربط وجمع هذه النشاطات معاً.

2) حجم التنظيم الرسمي أكبر من حجم التنظيم غير الرسمي، والسبب في ذلك يعود إلى أن العضوية في التنظيم الرسمي مفروضة على الأعضاء أما في التنظيم الغير رسمي فإنها غير مفروضة.

3) يساهم التنظيم الرسمي في وصف قنوات الاتصال التي تربط بين المستويات التنظيمية من القمة إلى القاعدة أما التنظيم الغير رسمي يعني بأنه من خلال التنظيم الرسمي تتكون علاقات شخصية بين أفراد التنظيم رأسياً وأفقياً تؤدي إلى ظهور هذا التنظيم.

4) يتصف التنظيم الرسمي بالاستقرار، بينما يتصف التنظيم الغير رسمي بعدم الاستقرار النسبي.

5) تتركز السلطة في التنظيم الرسمي في القمة ويتم تفويضها أسفل التنظيم، في حين أنها تنبع من القاعدة. في التنظيم الغير رسمي وهذا ما يسمى بنظرية قبول السلطة.

6) يركز التنظيم الرسمي على الوظائف، والسلطة تتدفق من أعلى إلى أسفل والاعتبارات تمليها المنظمة فإن الوصف الرسمي للوظيفة يحدد دور الفرد،

173

والتنظيم الغير رسمي يتمثل بتركزه على الأفراد أولاً والسلطة تدفق من أسفل إلى أعلى أي يقوم الأفراد التابعون بإعطائها للقائد.

كيفية دمج التنظيم الرسمي مع التنظيم الغير رسمي في إدارة واحدة:

إن مسؤولية هذا الدمج على تلك الإدارة التي تبحث عن هذا المبدأ فإنه يجب عليها أن تفهم طبيعة التنظيم الغير رسمي وسلوك الجماعة فيه وتحقيق الانسجام والتعاون بينه وبين التنظيم الرسمي، حيث أنه بإمكان التنظيم الغير رسمي التي يرى في عدة نواحي منها: السرعة في الاتصال وتحسين نوعية الاتصال وإمكانيات تبادل المعلومات المفيدة للعمل وتسهيل التنسيق بين الأعمال والأفراد، وكذلك خلق روح الفريق بين الافراد والعاملين وتسهيل عملية تكيف الأفراد في المنظمة وكذلك في إيجاد رقابة جماعية على الفرد العامل تدفعه وتحفوه لزيادة إنتاجه. وإذا لم تفهم الإدارة طبيعة التنظيم الغير رسمي ولم تحسن توجيهه فإن بإمكان التنظيم الغير الرسمي عرقلة مساعي هذه الإدارة ومهماتها، وذلك عن طريق العديد من الرسائل مثل بث الإشاعات ومعارضة أي تغيير أو تطوير، وتشويه عملية الاتصال وتخفيض الروح المعنوية العاملين مما يؤثر على أداء المنظمة وفشلها في تحقيق أهدافها. وقد قال تيلور بأن التنظيم الغير رسمي شر لا بد من القضاء عليه لأن العاملين في رأيه يسخرونه لمقاومة الإدارة، بينما ترى المدارس الأخرى أنه يجب اكتساب هذا التنظيم إلى جانب الإدارة والاستفادة منه في دعم فروع التنظيم الرسمي.

تصميم الخرائط التنظيمية Organization Chart

الخريطة التنظيمية هي صورة لهيكل المنظمة أو شكل يوضح بالرسم كافة الوظائف الرئيسية والوحدات الإدارية والعلاقات التي تربط بين تلك الوحدات بعضها البعض وخطوط السلطة والمسؤولية التي تربط بين أجزاء المنظمة والأبعاد الأفقية لنطاق الإشراف.

الأغراض التي تحققها الخرائط التنظيمية

1) توضيح كيفية تقسيم الأعمال بين الموظفين في المنظمة.
2) توضح خطوط السلطة والمسؤولية والاتصال الرسمي في المنظمة.
3) توضح العلاقات والتنسيق بين مختلف الوحدات الإدارية.
4) تبين عدد المستويات الإدارية في المنظمة وحجم كل منها ونوعية النشاط الذي تمارس الوحدات المختلفة ومقارنة نطاق الإشراف فيها.
5) توضح نطاق الإشراف لكل رئيس، مما يساعد المنظم على دراسة مدى اتفاق ذلك مع الأصول السليمة من خلال معرفته لعدد المرؤوسين التابعين لكل رئيس ومدى التباين أو التوافق في أعمالها وبعد المسافة بينهم وبين الرئيس.
6) تظهر اللجان في المنظمة وسلطاتها وعلاقتها بأجزاء المنظمة ومستوياتها في الهيكل التنظيمي سواء كانت في المستويات العليا مثل لجنة المديرين ولجنة التخطيط ولجنة السياسات العامة واللجنة المالية......وغيرها، أو في المستويات الأخرى من الهيكل التنظيمي.
7) تفيد في مجال تدريب الموظفين الجدد فتستخدم في البرامج التدريبية التوجيهية لتعريف الموظفين بأقسام المنظمة وبمواقعهم في التنظيم ورؤسائهم ومرؤوسيهم والأشخاص الذين سيكونون على اتصال بهم أثناء عليهم.
8) تعتبر الخريطة التنظيمية بمثابة وثيقة توضيحية يمكن الاستعانة بها لدراسة التطور التاريخي والوظيفي للمنظمات الإدارية خلال فترة معينة من الزمن.
9) تستخدم لأغراض إعلامية، فتساعد الأفراد من خارج المنظمة التعرف على أقسام المنظمة وأعمالها والأشخاص الموجودين فيها بصورة سهلة وسريعة.
10) تساعد الخريطة التنظيمية في اكتشاف ومعالجة الانحرافات والأخطاء الموجودة في التنظيم من خلال عملية تحليل الخريطة التنظيمية.

11) تفيد الخريطة التنظيمية باعتبارها وسيلة في توضيح ما إذا كانت المنظمة تتبع الأسس والقواعد التنظيمية السليمة، كنطاق الأشراف ووحدة القيادة والأمر وتوزيع العمل توزيعاً منطقياً سليماً.

مراحل إعداد الهيكل التنظيمي:

يمر إعداد الهيكل التنظيمي بعدة مراحل أهمها ما يلي:

1) تحديد الأهداف الأساسية للمنظمة التي ستتوجه الجهود كافة لتحقيقها وكذلك تحديد الأهداف الفرعية.
2) تحديد أوجه النشاط اللازمة للوصول إلى الأهداف الأساسية والثانوية.
3) تقسيم أوجه النشاطات إلى أنشطة رئيسية وأخرى منها فرعية وتجميع كل من هذه النشاطات في وحدات تنظيمية مناسبة لموارد المنظمة وإمكاناتها وظروفها.
4) تحديد اختصاص كل وحدة تنظيمية والقيام بإعداد وصف وظيفي لكل وظيفة في الوحدة التنظيمية يوضح واجباتها ومسؤولياتها وصلاحيتها والشروط اللازم توافرها في الفرد لإشغالها.
5) تحديد علاقة السلطة والمسؤولية بين مختلف الوحدات التنظيمية، وذلك بهدف خلق المناخ الملائم لتحقيق التنسيق والتعاون في تركيز الجهود والقضاء على التداخل والازدواجية في عمل الوحدات التنظيمية.
6) تحديد الوظائف الإشرافية ولتنفيذيه داخل كل وحدة تنظيمية بالمنظمة.

إعادة التنظيم Re- Organizing

إن إعادة التنظيم تكاد تجري بصورة دورية في الوقت الحاضر وتكاد تصبح نوعاً من العادات الإدارية السيئة التي يتبناها البعض، وأن إعادة التنظيم الإداري لا يقوم بها إلا أجهزة متخصصة بهذا المجال كالمنشآت الاستشارية أو لجان مختصة من داخل المنظمة وخارجها أحياناً وقد تمنح اللجنة سلطة اتخاذ القرار ووضع دراستها موضع التنفيذ أو قد تقوم الإدارة العليا في المنظمة بالتنفيذ.

ومن الأسباب التي تدعوا إلى إعادة التنظيم الإداري ما يلي:

1) حدوث تغير في أهداف المنظمة حيث أن التنظيم هو الوسيلة التي يتم تحقيق الأهداف، فإذا تغيرت الأهداف فإنه من الضروري تغيير التنظيم.
2) حدوث تغيير في حجم أعمال المنظمة، فالتوسع والنمو يتطلب وحدات تنظيمية وتقسيم للعمل تقسيماً موضوعياً يراعي أهمية التخصص.
3) حدوث نقص في وظائف الإدارة العليا نتيجة ترك بعض المديرين أو نقلهم أو إعفائهم من العمل وغير ذلك.
4) مواجهة التغيرات في الظروف التي تواجه المنظمة مثل التغيرات في شكلها القانوني (هل هو مشروع فردي أم شركة؟ وهل هو شركة أشخاص أم شركة أموال) أو في التكنولوجيا المستخدمة.
5) قصور العمليات أو نقصها في داخل المنظمة ومن أهم مظاهر القصور البطء في اتخاذ القرارات واختناقات في عمليات الإنتاج والتسويق والتداخل بين وظائف الوحدات التنظيمية أو انخفاض مستوى الرقابة وغيرها.
6) رغبة الإدارة الجديدة في إدخال أفكار تنظيمية جديدة.
7) لزيادة تفاعل العاملين بالمنظمة عن طريق وضع الشخص المناسب في المكان المناسب حسب الاحتياجات والقدرات.
8) مع العلم بأنه مهما تعددت الأسباب لا بد من دراسة التغيرات ومعرفة حجمها وآثارها المتوقعة وإدخالها بالطريقة المناسبة.

الفصل الثالث عشر

إدارة الجودة الشاملة

إدارة الجودة الشاملة

تعاريف (إدارة الجودة الشاملة)

هناك تعاريف عديدة لمفهوم (إدارة الجودة الشاملة) ويختلف الباحثون في تعريفها ولا غرابة في ذلك فقد سئل رائد الجودة الدكتور ديمنع عنها فأجاب، بأنه لا يعرف وذلك دليلاً على شمول معناها ولذا فكل واحد منا له رأيه في فهمها وبحصاد نتائجها وكما قيل (لكل شيخ طريقة) .

وهنا عزيزي القاري أجمل لك مجموعة من التعاريف التي تساعد في إدراك هذا المفهوم وبالتالي تطبيقه لتحقيق الفائدة المرجوة منه لتحسين نوعية الخدمات والإنتاج ورفع مستوى الأداء وتقليل التكاليف وبالتالي كسب رضاء العميل .

التعريف الأول : (هي أداء العمل بشكل صحيح من المرة الأولى ، مع الاعتماد على تقييم المستفيد في المعرفة على مدى تحسن الأداء).

تعريف معهد الجودة الفيدرالي: (هي شكل تعاوني لأداء الأعمال يعتمد على القدرات المشتركة لكل من الإدارة والعاملين ، بهدف التحسين المستمر في الجودة والانتاجية وذلك من خلال فرق العمل).

تعريف جوزيف جابلونسك : (عمل الأشياء الصحيحة بالطريقة الصحيحة من المحاولة الأولى) .

قام ستيفن كوهن ورونالد براند (1993) بتعريفها على النحو التالي :

الإدارة : تعني التطوير والمحافظة على إمكانية المنظمة من أجل تحسين الجودة بشكل مستمر .

الجودة : تعني الوفاء بمطلبات المستفيد .

مفاهيم الجودة:

المفهوم القديم ويركز إهتمامه حول الخلو من العيوب. أي أنه ينظر إلى الجودة من منظور مقدم الخدمة، فإذا قدمت خدمة تكون في نظر مقدم الخدمة خالية من العيوب فإنها حسب هذا المفهوم تكون عندئذ خدمة ذات جودة.

المفهوم الحديث ينطلق من مفهوم الوفاء بمتطلبات المستفيد. وهذا المفهوم هو ما انبعث من النظريات الحديثة للجودة والتي نوجزها فيما يلي:

أولاً: إدارة الجودة الكلية:

لتقريب مفهوم إدارة الجودة الكلية إلى الأذهان يلزم معرفة دلالة كل من كلماتها الثلاث (إدارة- جودة- كلية):

1) الإدارة: تشمل محاور الإدارة الأربعة التي تبدأ بالتخطيط ثم التنظيم ثم التوجيه ثم المتابعة وتطبيق هذه المفاهيم على برامج الجودة.

2) الجودة: كما نص على ذلك المفهوم الحديث بكونها الوفاء بمتطلبات المستفيد.

3) الكلية: لأنها تهتم بمراجعة جميع جزئيات العمل مهما كانت دقيقة.

ثانياً: المعادلة الصعبة:

لإدارة الجودة ثلاثة محاور أساسية (تحسين الجودة وتخفيض التكلفة وزيادة الإنتاجية) ولكل من هذه المحاور أساليب يلزم التعرف بها وهي كما يلي:

أ) تحسين الجودة وتتم بإتباع ما يلي:

1. إلتزام الإدارة العليا بتطبيق مفاهيم الجودة.
2. التخطيط الاستراتيجي للجودة.
3. تقبل مفاهيم الجودة.
4. المشاركة والتمكين.
5. التدريب.

6. تحفيز المستفيدين لإبداء مرئياتهم.

7. منع الأخطاء قبل وقوعها.

8. التحسين المستمر.

9. التركيز على المستفيدين.

10. القياس والتحليل.

ب)   تخفيض التكلفة:

لتكلفة الجودة محوران أساسيان:

1) تكلفة إيجابية وتستحوذ على ما يصل إلى 50% من ميزانية الجـودة، وتنقسـم إلى قسمين:

أ.   تكلفة وقائية وتتمثل في تعيين مستشارين وموظفين لتنسيق برامج الجودة.

ب. تكلفة التقويم وتنصب على برامج التقويم الداخلي التي تتم مـن داخـل الجهة أو التقويم الخارجي الذي يتم من خارج الجهة عـن طريـق هيئـات متخصصة لمراجعة وتقويم الجودة.

2) تكلفة سلبية وتستنزف ما يصل إلى 50% من ميزانية الجودة وتنقسم إلى قسمين:

أ.   تكلفة العيوب والأخطاء الداخلية التي تحدث أثناء تأدية العمل.

ب. تكلفة العيوب والأخطاء الخارجية التي تكتشف بعد الانتهاء من الأعطال المطلوب إنجازها.

ج) زيادة الانتاجية:

حتى يتسنى لنا رفع الإنتاجية يتعين علينا القيام بما يلي:

1. حسن اختيار الموظفين لكل وظيفة مهما كان موقعها في الهيكل التنظيمي للجهة.

2. الدقة في وضع الموظف المناسب في المكان المناسب.

3. تحديد مستوى الإنتاجية المستهدف من كـل عمليـة وذلك بالتنسـيق بـين العاملين ورؤسائهم المباشرين.

4. متابعة تنفيذ الأعمال ومقارنة نتائجها بالأهداف الموضوعة سلفآ.

أركان إدارة ا لجودة الكلية:

1. ضرورة تبني الإدارة العليا لمفاهيم الجودة وإعطائها الأولوية المناسبة.

2. البحث عن السبل الكفيلة بالتحسين المستمر لأداء الأعمال.

3. تقصي رغبات المستفيدين وتطلعاتهم.

4. التركيز في تطبيق مفاهيم الجودة على مراحل العمل، وليس فقط على الخدمة النهائية.

5. تطبيق مبدأ فريق العمل.

6. إشراك الموظفين في الجهود الخاصة بتحسين الجودة ابتداء من المراحل الأولية.

7. تطبيق المنهج العلمي في تحليل المشكلات واتخاذ القرارات.

8. التأكيد على وجوب التمييز بين جهود الفرد وجهود الجماعة.

أ) أولاً: إرضاء العاملين ويتم تحقيق ذلك بإتباع مايلي:

1. إسناد المهام المناسبة لهم.

2. إشراكهم في المراحل الأولى لبرامج الجودة.

3. تدريبهم على كيفية تحسين أعمالهم.

4. زرع الثقة فيهم لحل مشكلات العمل واتخاذ القرارات المناسبة لها.

5. تشجيعهم على طرح آرائهم أمام الإدارة للبت فيها.

ثالثاً: إرضاء المستفيدين ويتم تحقيقها بإتباع ما يلي:

1. تحديد النطاق الجغرافي للجهة.
2. تحديد الفئة المستهدفة لخدمات الجهة.
3. وضع معاير دقيقة للحالات المستحقة
4. التعاون مع جميع الجهات المانحة.
5. إيضاح نظام المساعدات لجميع المستحقين.
6. تحديث معلومات المستفيدين باستمرار.
7. حصر آراء المستفيدين باستمرار عن خدمات الجهة ومعالجة السلبيات قبل تفاقمها.
8. رصد احتياجات المستفيدين بدقة وبصورة دائمة.

فوائد تطبيق مفاهيم الجودة:

1. الإقلال من الأخطاء.
2. الإقلال من الوقت اللازم لإنهاء المهام.
3. الاستفادة المثلى من الموارد المتاحة.
4. الإقلال من عمليات المراقبة.
5. زيادة رضا المستفيدين.
6. زيادة رضا العاملين.
7. الإقلال من الاجتماعات غير الضرورية.
8. لتحديد المسؤولية وعدم إلقاء التبعات على الآخرين.

عوائق تطبيق مفاهيم الجودة:

1. ضعف المتابعة الإدارية على الإدارات والأقسام.
2. نقص الخبرة الإدارية لدى المسؤولين.
3. عدم قدرة بعض الرؤساء على اتخاذ القرار.
4. ضعف التنسيق بين الأجهزة ذات العلاقة.
5. عدم وجود الموظف المناسب في المكان المناسب.
6. عدم فهم المسؤولين للمتغيرات الداخلية والخارجية.

أهداف الجودة الشاملة وفوائدها

إن الهدف الأساسي من تطبيق برنامج إدارة الجودة الشاملة في الشركات هو:

(تطوير الجودة للمنتجات والخدمات، مع إحراز تخفيض في التكاليف، والإقلال من الوقت والجهد الضائع لتحسين الخدمة المقدمة للعملاء وكسب رضاءهم) .

هذا الهدف الرئيسي للجودة يشمل ثلاث فوائد رئيسية مهمة وهي :

1) خفض التكاليف : إن الجودة تتطلب عمل الأشياء الصحيحة بالطريقة الصحيحة من أول مرة، وهذا يعني تقليل الأشياء التالفة أو إعادة إنجازها وبالتالي تقليل التكاليف .

2) تقليل الوقت اللازم لإنجاز المهمات للعميل : فالإجراءات التي وضعت من قبل المؤسسة لإنجاز الخدمات للعميل قد ركزت على تحقيق الأهداف ومراقبتها، وبالتالي جاءت هذه الإجراءات طويلة وجامدة في كثير من الأحيان مما أثر تأثيراً سلبياً على العميل .

3) تحقيق الجودة : وذلك بتطوير المنتجات والخدمات حسب رغبة العملاء ، إن عدم الإهتمام بالجودة يؤدي لزيادة الوقت لأداء وإنجاز المهام وزيادة أعمال المراقبة وبالتالي زيادة شكوى المستفيدين من هذه الخدمات

جملة من أهداف وفوائد تطبيق برنامج إدارة الجودة الشاملة:

1) خلق بيئة تدعم وتحافظ على التطوير المستمر .
2) إشراك جميع العاملين في التطوير .
3) متابعة وتطوير أدوات قياس أداء العمليات .
4) تقليل المهام والنشاطات اللازمة لتحويل المدخلات (المواد الأولية) إلى منتجات أو خدمات ذات قيمة للعملاء .
5) إيجاد ثقافة تركز بقوة على العملاء .
6) تحسين نوعية المخرجات .
7) زيادة الكفاءة بزيادة التعاون بين الإدارات وتشجيع العمل الجماعي .
8) تحسين الربحية والإنتاجية .
9) تعليم الإدارة والعاملين كيفية تحديد وترتيب وتحليل المشاكل وتجزئتها إلى أصغر حتى يمكن السيطرة عليها.
10) تعلم إتخاذ القرارات إستناداً على الحقائق لا على المشاعر .
11) تدريب الموظفين على أسلوب تطوير العمليات .
12) تقليل المهام عديمة الفائدة زمن العمل المتكرر .
13) زيادة القدرة على جذب العملاء والإقلال من شكاويهم .
14) تحسين الثقة وأداء العمل للعاملين .
15) زيادة نسبة تحقيق الأهداف الرئيسية للشركة .

الثقافة المشتركة والجودة الشاملة

تمثِّل الثقافة المشتركة مجموعة من القيم والمعتقدات والأنماط السلوكية التي تشكِّل جوهر هويَّة المؤسسة ، مركز الجودة الشاملة .

وتعتبر كل مؤسسة حالة فريدة بحيث لا يمكن إعتبار مؤسستين أنهما متشابهتان حتى ولو كانتا تمارسان نفس النشاط (كالإتصالات مثلاً) سواء كانت هذه المؤسسة عامة أو خاصة ، صناعية أو خدمات ، تعمل على أساس الربح أم لا.

وَتمثِّل كل شركة ثقافة مشتركة والتي تعتبر حالة فريدة ومنفصلة ومختلفة عن الآخرين .

وما يجب عمله هو بناء ثقافة مؤسسية تكون فيها الجودة بشكل عام هي القيمة الموجهة لنشاطات الأفراد . ويتحقق هذا عندما تتخذ الإدارة الخطوات الضرورية لتحسين أداء المديرين والإداريين والموظفين داخل المؤسسة .

ويُعتبر كلّ من التدريس والتدريب ضرورياً في هذه العملية، حيث أن المناخ المستمر للتعلُّم يساعد الناس على فهم أهمية تطبيق مفاهيم الجودة الشاملة وتفسير هذا التطبيق .

وإن كان الإعلان عن ثقافة جودة شاملة جديدة لا يستغرق وقتاً طويلاً ، إلا أننا نحتاج لسنوات لنجعل مئات أو آلاف الموظفين يتصرفون بطريقة مختلفة .

وإن لم تكن الإدارة مستعدة لإظهار الصبر وبذل الجهد في التخطيط وقيادة عملية التغيير والإستمرار في أسلوبها تجاه الجودة الشاملة ، فلن تتحقق نتائج هامة على المدى البعيد ، وبالتالي فإن التغيير سينتهي كما انتهت التجارب السابقة .

المتطلبات الرئيسية للتطبيق إدارة الجودة الشاملة

إن تطبيق مفهوم إدارة الجودة الشاملة في المؤسسة يستلزم بعض المتطلبات التي تسبق البدء بتطبيق هذا البرنامج في المؤسسة حتى يمكن إعداد العاملين على قبول الفكرة ومن ثم السعي نحو تحقيقها بفعالية وحصر نتائجها المرغوبة . وإليك بعضاً من هذه المتطلبات الرئيسية المطلوبة للتطبيق:

أولا : إعادة تشكيل ثقافة المؤسسة

إن إدخال أي مبدأ جديد في المؤسسة يتطلب إعادة تشكيل لثقافة تلك المؤسسة، حيث أن قبول أو رفض أي مبدأ يعتمد على ثقافة ومعتقدات الموظفين في المؤسسة. إن
)

ثقافة الجودة) تختلف إختلافاً جذرياً عن (الثقافة الإدارية التقليدية)، وبالتالي يلزم إيجاد هذه الثقافة الملائمة لتطبيق مفهوم إدارة الجودة الشاملة.

وعلى العموم يجب تهيئة البيئة الملائمة لتطبيق هذا المفهوم الجديد بما فيه من ثقافات جديدة .

ثانياً : الترويج وتسويق البرنامج

إن نشر مفاهيم ومبادئ إدارة الجودة الشاملة لجميع العاملين في المؤسسة أمر ضروري قبل اتخاذ قرار التطبيق . إن تسويق البرنامج يساعد كثيراً في القليل من المعارضة للتغيير والتعرف على المخاطر المتوقعة يسبب التطبيق حتى يمكن مراجعتها .

ويتم الترويج للبرنامج عن طريق تنظيم المحاضرات أو المؤتمرات أو الدورات التدريبية للتعريف بمفهوم الجودة وفوائدها على المؤسسة .

ثالثاً : التعليم والتدريب

حتى يتم تطبيق مفهوم إدارة الجودة الشاملة بالشكل الصحيح فإنه يجب تدريب وتعليم المشاركين بأساليب وأدوات هذا المفهوم الجديد حتى يمكن أن يقوم على أساس سليم وصلب، وبالتالي يؤدي إلى النتائج المرغوبة من تطبيقه . حيث أن تطبيق هذا البرنامج بدون وعي أو فهم لمبادئه ومتطلباته قد يؤدي إلى الفشل الذريع . فالوعي الكامل يمكن تحقيقه عن طريق برامج التدريب الفعالة .

إن الهدف من التدريب هو نشر الوعي وتمكين المشاركين من التعرف على أساليب التطوير . وهذا التدريب يجب أن يكون موجهاً لجميع فئات ومستويات الإدارة (الهيئة التنفيذية ، المدراء ، المشرفين ، العاملين)، ويجب أن تلبى متطلبات كل فئة حسب التحديات التي يواجهونها . فالتدريب الخاص بالهيئة التنفيذية يجب أن يشمل إستراتيجية التطبيق بينما التدريب الفرق العمل يجب أن يشمل الطرق والأساليب الفنية لتطوير العمليات .

وعلى العموم فإن التدريب يجب أن يتناول أهمية الجودة وأدواتها وأساليبها والمهارات اللازمة وأساليب حل المشكلات ووضع القرارات ومباديء القيادة الفعالة والأدوات الإحصائية وطرق قياس الأداء .

رابعاً : الاستعانة بالاستشاريين

الهدف من الاستعانة بالخبرات الخارجية من مستشارين ومؤسسات متخصصة عند تطبيق البرنامج هو تدعيم خبرة المؤسسة ومساعدتها في حل المشاكل التي ستنشأ وخاصة في المراحل الأولى .

خامساً : تشكيل فرق العمل

يتم تأليف فرق العمل بحيث تضم كل واحدة منها ما بين خمسة إلى ثمانية أعضاء من الأقسام المعنية مباشرة أو ممن يؤدون فعلاً العمل المراد تطويره والذي سيتأثر بنتائج المشروع .

وحيث أن هذا الفرق ستقوم بالتحسين فيجب أن يكونوا من الأشخاص الموثوق بهم ، ولديهم الاستعداد للعمل والتطوير وكذا يجب أن يعطوا الصلاحية المراجعة وتقييم المهام التي تتضمنها العملية وتقديم المقترحات لتحسينها .

سادساً : التشجيع والحفز

إن تقدير الأفراد نظير قيامهم بعمل عظيم سيؤدي حتماً إلى تشجيعهم ، وزرع الثقة ، وتدعيم هذا الأداء المرغوب . وهذا التشجيع والتحفيز له دور كبير في تطوير برنامج إدارة الجودة الشاملة في المؤسسة واستمراريته . وحيث أن استمرارية البرنامج في المؤسسة يعتمد اعتماداً كلياً على حماس المشاركين في التحسين ، لذا ينبغي تعزيز هذا الحماس من خلال الحوافز المناسبة وهذا يتفاوت من المكافأة المالية إلى التشجيع المعنوي .

سابعاً : الإشراف والمتابعة

من ضروريات تطبيق برنامج الجودة هو الإشراف على فرق العمل بتعديل أي مسار خاطئ ومتابعة إنجازاتهم وتقويمها إذا تطلب الأمر . وكذلك فإن من مستلزمات

الجنة الإشراف والمتابعة هو التنسيق بين مختلف الأفراد والإدارات في المؤسسة وتذليل الصعوبات التي تعترض فرق العمل مع الأخذ في الاعتبار المصلحة العامة .

ثامناً : إستراتيجية التطبيق

إن إستراتيجية تطوير وإدخال برنامج إدارة الجودة الشاملة إلى حيز التطبيق يمر بعدة خطوات أو مراحل بدء من الإعداد لهذا البرنامج حتى تحقيق النتائج وتقييمها ومن ذلك:

1) الإعداد : هي مرحلة تبادل المعرفة ونشر الخبرات وتحديد مدى الحاجة للتحسن بإجراء مراجعة شاملة لنتائج تطبيق هذا المفهوم في المؤسسات الأخرى، ويتم في هذه المرحلة وضع الأهداف المرغوبة .

2) التخطيط : ويتم فيها وضع خطة وكيفية التطبيق وتحديد الموارد اللازمة لخطة التطبيق.

3) التقييم : وذلك باستخدام الطرق الإحصائية للتطوير المستمر وقياس مستوى الأداء وتحسينها .

خامسا : مراحل مشاريع التحسين

تمر مشاريع التحسين للعمليات بعدة مراحل بدءً من اختيار العملية وحتى تنفيذ مقترحات التطوير ، وفي كل مرحلة يتم استخدام أدوات وأساليب إدارة الجودة الشاملة لإنجاز الهدف المطلوب ، وأهم هذه المراحل ما يلي:

المرحلة الأولى : اختيار المشروع / العملية

هنا يتم تحديد مجال الدراسة حيث يتم التركيز على عملية رئيسية واحدة من أعمال الإدارة أو القسم في المؤسسة والمعيار في إختيار المشروع يتم بناء على الأسس الآتية :

1) أن تكون العملية الأهم بالنسبة للقسم وأكثر المهام تكراراً وتستهلك معظم الوقت داخل القسم .

2) أن تكون العملية تستهلك أغلب موارد القسم من حيث العمالة ، المواد ، السيارات ، العدد ، أجهزة الحاسب الآلي .. إلخ .

3) أن تكون الأهم للعملاء .

إن سوء اختيار المشروع أو العملية سيؤدي حتماً إلى إضاعة الفرص لتطوير العمليات الحساسة للعميل أو للمؤسسة، وكذلك فإنه يعتبر عاملاً من عوامل فشل برنامج الجودة في المؤسسة.

ومن الأدوات والتقنيات التي تستخدم لاختيار المشروع نذكر مايلي :

1) تعصيف الأفكار .

2) تحليل المنتجات والخدمات .

3) استبيان العملاء .

المرحلة الثانية : تحليل العملية .

وذلك بتحديد إجراءاتها ومهامها التفصيلية من البداية إلى النهاية لتقديم الخدمة أو المنتج ويتم تحليل جميع المهام من حيث أهميتها وفائدتها للعميل أو للعملية وحساب الوقت لكل مهمة في العملية . وأيضاً يجرى هنا تحديد الأسباب الداعية للقيام بهذه المهام وكيفية أدائها .

إن هذه المرحلة تساعد كثيراً في كشف التحسينات الممكنة ومن الأدوات التي تستخدم في هذه المرحلة ما يلي :

1) تخطيط العملية .

2) تحليل العملية .

3) تحليل السبب والنتيجة .

المرحلة الثالثة : جميع المعلومات وتحليلها .

ويتم هنا تحديد المعلومات المطلوب جمعها وكميتها والطريقة المناسبة لجمعها . وبعد ذلك يتم تحليلها واتخاذ القرار المناسب .

وهذا يستلزم الاتصال بالعملاء والتعرف على متطلباتهم من خلال المسح الميداني أو توزيع الاستبيانات أو دعوتهم للاجتماع بهم ، والأدوات التي تستخدم في هذه المرحلة:

1) اختيار العينة .

2) الأدوات الإحصائية .

3) الرسومات البيانية .

4) استبيانات العملاء .

المرحلة الرابعة : ابتكار التحسينات .

بناءً على المعلومات المتوفرة والتي تم جنيها من المرحلتين السابقتين ، يتم هنا تقديم مقترحات وأفكار التحسين . ومن الأدوات المستخدمة في هذه المرحلة ما يلي :

1) تعصيف الأفكار .

2) استبيانات العملاء .

المرحلة الخامسة : تحليل الفرص .

وهي المرحلة الحاسمة حيث يتم تحليل ايجابيات وسلبيات فرص التحسينات التي تم التقدم بها، وذلك لمعرفة مدى إمكانية تطبيقها . إن التحليل الجيد للتحسينات ومعرفة مالها وما عليها يساعد كثيراً الإدارة العليا بالموافقة عليها أو رفضها .

ومن التقنيات المستخدمة ما يلي :

1) تقييم الأفكار .

2) تحليل التكاليف والفوائد .

3) تحليل مجالات القوى .

4) مخطط الطوارىء .

5) تعصيف الأفكار .

ومن الأدوات المستخدمة في عالم الجودة الشاملــة ما يلي:

1) مخطط ايشيكاوا (Ishikawa Diagram) أو مخطط الأسباب، لتحليل المشكلات. ويرسم بعد جلسة عصف فكري لتحديد الأسباب المحتملة للمشكلة وتصنيف هذه الأسباب.
2) ورقه المراقبة (Control Sheet)، وهو نموذج لجمع المعلومات.
3) مخطط المراقبة (Control Graph)، ويحتوي على ثلاثة خطوط أساسية: واحد للمتوسط الحسابي واثنان للقيم العظمى والدنيا. ويمكن برسم هذا المخطط الحكم على العملية إذا كانت تحت السيطرة أم لا ؟
4) مخطط التدفق (Flow Chart)، مخطط يمثل خطوات العملية ونقـاط اتخـاذ القرار، وتوضيح المسار بعد كل خطوة.
5) رسم المستطيلات البيانية (Histogram)، ويستخدم لتنظيم ورسم المعلومـات في مجموعات، ويساعد ذلك في تفسير المعلومات عند وجود أنـواع كثـيرة مـن المعلومات.
6) مخطـط بـاريتو (Pareto Graph)، رسـم بيـاني يمثـل المشـكلات والأسـباب المحتملة منظمة حسب تكرار حدوثها.
7) مخطـط التشـتت (Dispersion Diagram)، ويسـتخدم لدراسـة العلاقـة المحتملة بين متغيرين، مثل الطول والوزن. بحيث يمثـل أحـد المحـاور الطـول ويمثل المحور الآخر الوزن. وبرسم النقاط التي تمثل الطـول والـوزن لمجموعـة من الأهداف نحصل على فكرة واضحة عن العلاقة بين الطول والوزن.

ويمكن التخلص من بعض هـذه الأدوات أو إضافة بعـض الأدوات الأخـرى مثـل: قائمـة المراقبـة، المخططـات الصـندوقية، مخططـات "الفطـيرة"، مخططـات النسـبة، ومصفوفات المراقبـة. أمـا بالنسـبة للعمليـات المسـتخدمة في الجـودة الشـاملة Total Quality ، فإن

معظمها يستخدم لحل المشكلات أو توليد الأفكار. ولتبسيط هذه المفاهيم وجعلها اسهل للفهم، ونذكر فيما يلي بعض هذه العمليات:

أ. عملية ديمنج (Deming Process): التخطيط، العمل، المراجعة، التصحيح، وهي عملية لتحليل وحل المشكلات.

ب. عملية العصف الفكري (Brainstorming Process): وهو أسلوب يستخدم في إدارة الجودة الشاملة لمساعدة المجموعة لإنتاج أفكار حول الأسباب المحتملة و/أو الحلول للمشكلات، وهي عملية ذات قواعد محددة. والمطلوب طرح أية أفكار تخطر بالبال وعدم تقويم أية أفكار أخرى تطرح، ثم تجميع الأفكار معا.

ج. أسلوب المجموعة الاسمية (Nominal Group Technique): وهي عملية التوليد الأفكار، بحيث يقوم كل عضو في المجموعة بالمشاركة دون السماح لبعض الأفراد بالسيطرة على العملية. وهي من الطرق التي تسمى أيضا الكتابة الذهنية.

د. تحليل القوى (Force Analysis): وهو أسلوب قديم جدا يعتمد على تحديد نقاط القوة والضعف.

الفصل الرابع عشر

الإدارة الإستراتيجية

ما هو المنهج الاستراتيجي في الإدارة؟

كثيرة هي التعاريف التي أطلقت إلى النهج الاستراتيجي في الإدارة ولعل أهمها: ما قاله الدكتور (إبـراهيم منيـف) في كتابـه تطور الفكـر الإداري المعـاصر :(هـي أسـلوب تفكير إبداعي وابتكاري يدخل فيه عامل التخطيط والتنفيذ معاً، في سبيل تحسين نوعية وجودة المنتج أو في أسلوب خدمة المستهلك).

وحسب (معهد ستانفورد) : (هـي الطريقـة التـي تخصص بهـا الشركة مواردهـا وتنظم جهودها الرئيسة لتحقيق أغراضها). وحسب تعريف (كبنر): هـي صـورة التوجـه إلى ما يجب أن تكون عليه المنظمة مستقبلاً. وحسب (أومايا): فإن جـوهر الإسـتراتيجية في الإتيان بالأساليب والإجراءات الهادفة بشكل مباشر إلى تغيير نقـاط القـوة للمنظمـة مقارنة نسبياً بمنافسيها. والهدف النهائي للإستراتيجية هو المحاولة الجادة لإحداث حالـة من التحكم في الظروف المحيطة لصالح متخذ القرار .

إذ من خلالها نستطيع أن نحدد الوقت الملائم للتحرك أو التريـث أو إلغـاء القـرار أو تجميد الإجراء.

مميزات المنهج الاستراتيجي في الإدارة

1) منهج حيوي من أجل تقييم الأهداف والخطط theme يزود المنظمات بـالفكر الرئيس لها والسياسات.

2) يساعد على توقع بعض القضايا الاستراتيجية: حيث يساعد على توقع أي تتغيـر محتمل في البيئة التي تعمل فيها المنظمة ووضع الاستراتيجيات اللازمة للتعامل معه.

3) يساعد على تخصيص الفائض من المـوارد: حيـث يسـاعد عـلى تحديـد أولويـات تلك الأهداف ذات الأهمية الأكبر للمنظمة.

4) يساعد على توجيه وتكامل الأنشطة الإدارية والتنفيذية حيث يؤدي التخطيط الاستراتيجي إلى تكامل الأهداف ومنه ظهور التعارض بين أهداف الوحدات الفرعية للمنظمة والتركيز عليها بدلاً من الأهداف العام للمنظمة ككل.

5) يفيد في إعداد كوادر للإدارة العليا: من خلال تبصير مدراء الإدارات لنوع التفكير والمشاكل التي يمكن أن تواجههم عندما يتم ترقيتهم إلى مناصب الإدارة العليا في المنظمة، ويساعد مشاركة هؤلاء المدراء في التخطيط على تنمية الفكر الشمولي لديهم من خلال رؤيتهم لكيفية خلق التكامل بين وحداتهم الفرعية مع أهداف المنظمة ككل.

6) يمكن هذا التخطيط من زيادة قدرة المنظمة على الاتصال بالمجموعات المختلفة داخل بيئة المنظمة، ويساعد على وضوح صورة العقبات التي تواجه استخدام التخطيط الاستراتيجي للمنظمة أمام مجموعات المصالح والمخاطر المختلفة التي تعمل مع المنظمة.

العقبات التي تواجه استخدام التخطيط الاستراتيجي

رغم تعدد المزايا التي تحققها المنظمات المعتمدة لمفهوم التخطيط الاستراتيجي، إلا أن ثمة عدداً من المنظمات لا تستطيع استخدامه لأسباب تتعلق بـ:

1) وجود بيئة تتصف بالتعقيد والتغير المستمرين بحيث يصبح التخطيط متقادماً قبل أن يكتمل: امتناع بعض المدراء عن وضع أهداف لوحداتهم بسبب اعتقادهم بأن لا وقت لديهم من أجل ذلك.

2) ظهور المشاكل أمام التخطيط الاستراتيجي يعطي انطباعاً سيئاً عن هذا التخطيط في أذهان المدراء.

3) قصور الموارد المتاحة للمنظمة ربما كانت عقبة أمام استخدام مفهوم التخطيط الاستراتيجي.

4) التخطيط الفعال يحتاج إلى وقت وتكلفة.

الخطة الإستراتيجية

بعد الانتهاء من عملية تحديد ووضع الأهداف اللازم إنجازها تبـدأ عمليـة ترتيب النشاطات والمهام حسب أهميتها وأولوياتها وطرق تنفيذ هذه الأهداف ويجب أن تتضمن عملية التخطيط وتشمل جميع النشاطات المحددة لتنفيذ الأهداف وكيفية تسخير الموارد والمصادر اللازمة لتنفيذ هذه الأهداف وإنجازها.

يقترح Bryson لتطوير 5 خطط إستراتيجية بحيث تتضمن هذه الطرق خمـس أسئلة رئيسية وهي:

1) ما هي البدائل الممارسة التي يجب اتباعها لإنجاز الهدف المحدد؟

2) ما هي العوائق والحواجز التي تحول دون إنجاز وتحقيق هذه البدائل؟

3) الوسيلة اللازم اتباعها لإنجاز وتحقيق البدائل أو العوائق والحواجز التي تحول دون إنجاز وتنفيذ البدائل المحددة؟

4) ما هي الأعمال الرئيسية اللازم تنفيذها خلال السنة القادمة والتي تساعد عـلى إنجاز وتحقيق البدائل المحددة مسبقاً؟

5) ما هي الإجراءات الخاصـة اللازم عملها خـلال الـ 6 أشـهر القادمـة لتحقيق وتطبيق البدائل المحددة مسبقاً، ومن هو المسؤول عن هذه الإجراءات؟

تطبيق وتنفيذ الخطة الإستراتيجية

ويوجد هناك عوامل أخرى تؤثر على قدرة تطبيق خطة إستراتيجية وهي:

1) نطاق وموقع التطبيق (موقع الزبائن).

2) الحجم (من هم الزبائن المحتملون لهذه العملية).

3) درجة التعقيد (مدى وضوح وخصوصية الأهداف).

4) المدة والفترة الزمنية.

5) مكونات وعناصر العملية.

6) درجة التجديد في الخطة الإستراتيجية.

يسهم كل عامل من هذه العوامل في جعل تخطيط وتطبيق الخطة الإستراتيجية أكثر تعقيداً وصعوبة.

تقييم الخطة الإستراتيجية

وهي الخطوة الأخيرة في عملية الإدارة الإستراتيجية بشكل رئيسي لتحديد ما تم تحقيقه وإنجازه خلال وبعد مرحلة التطبيق، وتستخدم في هذه العملية بعض الطرق ووسائل علم الاجتماع، وينتج عن هذه العملية 3 أمور وهي:

1) الإجابة على عدد الأهداف التي تم إنجازها.

2) الإجابة على العوامل الأخرى التي أثرت وحالت دون إنجاز الخطة الإستراتيجية.

3) تحديد الموقع الجديد الذي تستطيع فيه الشركة أن تبدأ في خطة إستراتيجية أخرى جديدة.

ويوجد هناك اختلاف بين عملية التقييم التي تهدف إلى بيان (نقاط الضعف والخلل في البرامج التنظيمية المستمرة) (والتقييم الذي يهدف إلى تقييم الخطة الإستراتيجية) ويمكن تلخيص هذه العملية بما يلي:

الخطوة الأولى: تحديد موقع المشاكل

1) يتشارك الاستشاري مع المسؤولين عن الأقسام حول سلسلة المشاكل التي تواجهها المنظمة بقصد تحديد هوية وموقع هذه المشاكل.

2) يقدم بقصد تحديد هوية وموقع هذه المشاكل.

الخطوة الثانية: تطوير الحلول

1) يقوم رؤساء الأقسام والمستشار باختيار سلسلة من الأعمال لحل المشاكل التي تواجهها المنظمة.

الخطوة الرابعة: تزويد تغذية راجعة من خلال التقييم

- يقوم الاستشاري أو المسؤول بإجراء تقيم حول آثار التغيير على المنظمة وعلى تطبيق البرنامج وهنا يعتبر عامل المرونة مهما جداً لنجاح عملية التقييم، وبالتالي

حل المشكلة التي تواجهها المنظمة وتساعد عملية التقيمي على نجاح تطبيق وتنفيذ البرنامج والخطة الاستراتيجية.

أين تمارس الإدارة الإستراتيجية؟

عندما تتعدد الصناعات وتكثر أنواع المنتجات المترابطة منه وغير المترابطة في منظمة من منظمات يصبح العمل الإداري في هذه المنظمة من التعقيد بحيث لا يمكن أن يتم بالأسلوب ذاته الذي تدار فيه المنظمات ذات المنتجات والأسواق المحدودة، لهذا اتفق على تقسيم هذه المنظمات Unit إلى عدد من الوحدات بحيث يطلق على كل وحدة اسم (وحدة العمل الإستراتيجية) وتعرف بالآتي: أي جزء من المنظمة التي يتم معاملتها بصورة منفصلة Strategic Business لأغراض الإدارة الإستراتيجية.

وبشكل عام فإن كل وحدة من وحدات العمل الاستراتيجي تتعامل في خط واحد من خطوط الأعمال، ولكن في بعض الأحيان قد يتم جميع العمليات في وحدة أعمال إستراتيجية واحدة. وتعامل كل وحدة على أنها مركز للربح مستقل عن الأجزاء الأخرى للمنظمة. ويترتب على ذلك في الغالب إعطاء مثل هذه الوحدات الحرية والاستقلال الكامل عن المنظمة الأم، وقد تمارس المنظمة الرقابة والسيطرة الكاملة على وحدات العمل الإستراتيجية التابعة لها من خلال إلزام هذه الوحدات بالسياسات والقواعد التي تضعها للممارسات اليومية.

المستويات المختلفة للإدارة الإستراتيجية:

ثمة ثلاث مستويات للإدارة الإستراتيجية وهي:

أولاً- الإدارة الإستراتيجية على مستوى المنظمة

ويعرف على أنه إدارة الأنشطة التي تحدد الخصائص المميزة للمنظمة والتي تميزها عن المنظمات الأخرى، والرسالة الأساسية لهذه المنظمة والمنتج والسوق الذي سوف تتعامل معه وعملية تخصيص الموارد وإدارة مفهوم المشاركة بين وحدات الأعمال

الإستراتيجية التي تتبعه. والأهداف الخاصة بالإدارة والاستراتيجية على مستوى المنظمة وهي:

1) تحديد الخصائص التي تميزها عن غيرها.
2) تحديد الرسالة الأساسية للمنظمة في المجتمع.
3) تحديد المنتج والسوق.
4) تخصيص الموارد المتاحة على الاستخدامات البديلة.
5) خلق درجة عالية من المشاركة بين وحدات الأعمال الإستراتيجية للمنظمة.

والإدارة الإستراتيجية على مستوى المنظمة تحاول أن تجيب عن الأسئلة التالية:

- ما هو الغرض الأساس للمنظمة؟

- ما هي الصورة التي ترغب المنظمة في تركها بأذهان أفراد المجتمع عنها؟

- ما هي الفلسفات والمثاليات التي ترغب المنظمة في أن يؤمن بها الأفراد الذين يعملون لديها؟

- ما هو ميدان العمل الذي تهتم به المنظمة؟

- كيف يمكن تخصيص الموارد المتاحة بطريقة تؤدي إلى تحقيق أغراضها؟

ثانياً: الإدارة الإستراتيجية على مستوى وحدات الأعمال الإستراتيجية:

وهي إدارة أنشطة وحدات العمل الاستراتيجي حتى نتمكن من المنافسة بفعالية في مجال معين من مجالات الأعمال وتشارك في أغراض المنظمة ككل. هذا المستوى من الإدارة يحاول أن يضع إجابات عن الأسئلة التالية:

- ما هو المنتج أو الخدمة التي تسوف تقوم (الوحدة) بتقديمها إلى الأسواق؟

- من هم المستهلكون المحتملون (للوحدة)؟

- كيف (للوحدة) أن تنافس منافسيها في ذات القطاع التسويقي؟

- كيف يمكن للوحدة أن تلتزم بفلسفة ومثاليات المنظمة وتساهم في تحقيق أغراضها؟

وتقع مسؤولية الإدارة الإستراتيجية على مستوى وحدات الأعمال على عاتق النسق الثاني من رجال الإدارة في المنظمة والمتمثل في نائب رئيس المنظمة.

ثالثاً: الإدارة الإستراتيجية على المستوى الوظيفي.

تقسم عادة وحدة العمل الاستراتيجي إلى عدد من الأقسام الفرعية والتي يمثل كل منها جانباً وظيفياً محدداً، ومعظم المنظمات تميل إلى وجود وحدات تنظيمية مستقلة لكل من (الإنتاج، التسويق، التمويل، الأفراد) وكل وحدة تنظيمية من هذه الوحدات تمثل أهمية بالغة سواء للوحدات أو للمنظمة ككل. وعلى مستوى هذه الوحدات الوظيفية، تظهر الإدارة الإستراتيجية الوظيفية والمستوى الإداري يمثل عملية إدارة مجال معين من مجالات النشاط الخاص بالمنظمة، والذي يعد نشاطاً هاماً وحيوياً وضرورياً لاستمرار المنظمة. فعلى سبيل المثال تهتم الإدارة الإستراتيجية على مستوى وظيفة التمويل بعملية وضع الموازنات والنظام المحاسبي وسياسات الاستثمار وبعمليات تخصيص التدفقات النقدية.

وفي مجال الإدارة الإستراتيجية المتعلقة بالأفراد نجد أن هذه الإدارة تهتم بسياسات الأجور والمكافآت وسياسات الاختيار والتعيين والفصل وإنهاء الخدمة والتدريب.

إن الإدارة الإستراتيجية على المستوى الوظيفي لا تهتم بالعمليات اليومية التي تحدث داخل المنظمة ولكنها تضع إطاراً عاماً لتوجيه هذه العمليات، كما تحدد أفكاراً أساسية يلتزم بها من يشرف على هذه العمليات وذلك من خلال وضع والتزام الإداري بمجموعة من السياسات العامة.

من المسؤول عن الإدارة الإستراتيجية؟

يمكن حصر هذه المسؤولية ضمن ثلاث جهات رئيسية هـي: الإدارة العليا 1/2 الصف الثاني لها 1/2 الخبراء الـذي يعملون بصفة دائمـة والاستشاريين الـذين يمكن الاستعانة بخـدماتهم خـارج المنظمة. وفي الغالب تكون الإدارة العليـا هـي المسؤولة مسؤولية كاملة عن القيام بالإدارة الإستراتيجية، وغالباً مـا يتمثل ذلك في مجلس إدارة الشركة ورئيسها أو في المدير العام أو في العضو المنتدب وعندما يكون للمنظمة عدد من وحدات الأعمال الإستراتيجية فإن نواب الرئيس كرجال الصف الثاني للإدارة العليـا عـادة ما يقومون بهذه الإدارة.

وتعين الإدارة عدداً من الخبراء في الإدارة الإستراتيجية وذلك كاستشاريين يساعدون الإدارة العليا في القيام بوظيفة التخطيط الاستراتيجي وكثيراً ما تستعين المنظمات بعدد من الاستشاريين المختصين في تقديم الخدمات المتعلقة بالإدارة الإستراتيجية والفرق بين الخبراء والمستشارين أن الأخير يشاركون في عملية الإدارة الإستراتيجية ككل: أي التخطيط والتنفيذ أما الخبراء فهم يخدمون في مرحلة واحدة فقط من مراحل الإدارة الإستراتيجية هي التخطيط.

مكونات الإدارة الإستراتيجية

تتمثل المكونات الأساسية للعملية الإدارية الإستراتيجية في تحديد: غرض ورسالة المنظمة ثم دراسة وتقويم البيئة الخارجية التي تعمل فيها المنظمة ثم القيام بتقييم البيئة التنظيمية الداخلية، ثم قيام الإدارة العليا بتحديد البدائل الإستراتيجية المتاحة، ثم دراسة هذه البدائل واختيار أحدها أو بعضها ويعقب ذلك تهيئة الظروف أو المنـاخ لوضع الاختيار الاستراتيجي موضع التنفيذ الفعلي وتنتهي بعملية التقييم.

الرقابة التقويمية كأداة أساسية في عمل الإدارة الإستراتيجية

تبدأ الرقابة التقويمية قبل اختيار المنظمة إستراتيجيتها وأثناءه وبعـده، ذلـك أن هذه الرقابة التقويمية تتولى:

1) إجراء المسح التقويمي لكل من البيئة الخارجية والداخلية لبيئة العمل تمهيداً لاختيار.

2) استخدام الوسائل العلمية في التحليل وصولاً إلى اختيار وصياغة الاستراتيجية.

3) اعتماد التقويم والمتابعة من خلال وضع معايير قياسية مسبقة وتطبيقها في إجراء قياس الأداء للتعرف فيما إذا كان الأداء الفعلي يتطابق مع التنظيمي.

4) تقييم محتويات الاستراتيجية.

5) تقييم النتائج التي تحققت للمنظمة جراء استخدام اختياراتها الاستراتيجية.

6) تقييم درجة جودة نظام التحليل الذي تستخدمه المنظمة في الوصول إلى الاستراتيجيات التي تستخدمها.

تتطلب نجاح عملية الرقابة أن يكون النظام الرقابي المعتمد من الجودة بحيث يكون قادراً على اكتشاف الانحرافات الهامة بسرعة حتى تتمكن المنظمة من اعتماد إجراءات التصحيح، وأن يكون اقتصادياً وقادراً على تزويد الأفراد بالمعلومات اللازمة لتصحيح الأداء. وأن يكون شاملاً بحيث يغطي كافة جوانب الأنشطة الحيوية الهامة وأن يتسم بالتوازن وفي الوقت ذاته أن يكون اقتصادياً.

المراجعة الإستراتيجية:

إحدى وسائل قياس أداء المنظمة ككل أو أداء بعض وحداتها وتمارسها الإدارة العليا أو لجان المراجعة أو المديرين وغالباً ما يتم الاستعانة بالاستشاريين في هذا المجال.

تستهدف المراجعة الإستراتيجية تدقيق:

1) درجة فعالية المنظمة في علاقاتها بالمجتمع من حيث استجابتها لحاجات المستهلكين والانطباع السائد لدى الجماهير حالياً.

2) فعاليات العلاقات بين الوحدات التنظيمية الوظيفية.

3) درجة مساهمة الأنشطة الوظيفية المختلفة في تحقيق رسالة المنظمة وأهدافها.

4) تحديد جوانب القوة وجوانب الضعف لدى المنظمة مقارنة بالمنظمات الأخرى وتحديد الاستراتيجيات اللازمة للاستفادة من هذه الجوانب.

اتخاذ الإجراءات التصحيحية

الخطوة الأخيرة في عملية الرقابة هي قيام الإدارة ببعض التصرفات التي تؤدي إلى تصحيح الانحرافات المؤثرة بين الأداء الفعلي والمعايير الموضوعة، بحيث يتم تغيير بعض المعايير أو تعديل الاستراتيجيات وتتم هذه العملية بمرحلتين:

1) تحديد أسباب الانحرافات: هل تتعلق هذه الأسباب بأخطاء في تنفيذ الإستراتيجية أم أمور طارئة وغير متوقعة في البيئة الخارجية؟ وينبغي لتحديد هذه الأسباب الإجابة عن سلسلة من الأسئلة لعل أهمها: الاستيضاح عن مدى ملائمة الإستراتيجية في ظل قيام الانحرافات.

2) الإجراءات التصحيحية وذلك من خلال: إما تعديل الإستراتيجية التي لا تحقق المعايير المطلوبة أو تعديل المعايير بعد إجراء تقييم العلاقة بين المعايير المستخدمة والنظام الرقابي المستخدم.

وأخيرا فإن عملية التقويم والرقابة على الاختيارات الإستراتيجية تؤدي تلقائياً إلى قيام سلطة رقابية مستمرة وفاعلة، تستهدف فحص الرسالة الأساسية للمنظمة وعلاقتها أي المنظمة بالبيئتين الداخلية والخارجية وتحديد جوانب الضعف والقوة والفرص والمخاطر التي تواجهها وفي المحصلة فحص الاختيار الاستراتيجي.

الإدارة الإستراتيجية في القطاع العام:

Public Sector Strategic Management

قامت الحكومات والولايات الفدرالية منذ حوالي أكثر من قرنين باستخدام الإدارة الإستراتيجية لتخطيط وتطبيق البرامج والسياسات الحكومية العامة ومن هذه الفكرة زود وضح الدارسون بأن الإدارة الإستراتيجية تعتبر أداة فعالة لتكوين وتعريف وتطبيق التغير في القطاع العام. وبالتالي تتكون الإدارة الإستراتيجية من نشاطين رئيسيين هما:

1) تحليل أهداف المنظمة طويلة الأجل.

2) تحليل شامل لقدرة المؤسسة على الاستجابة لهذه الأهداف.

وبالتالي فإن الإدارة الإستراتيجية تهتم وتدرس المستقبل القريب والبعيد وتحاول دائماً التحكم بالظروف المستقبلية ودراستها وضبطها والسيطرة عليها، أما فيما يتعلق بالإدارة الإستراتيجية للقطاع العام والتي تعكس عملية تكوين وقيادة عمليات صنع القرار الإدارية بطريقة تحقق المصالح العامة، ومن أجل فهم هذه العملية بشكل واضح وكامل يجب علينا فهم تأثير وسياسة القطاع العام على تكوين هذه العملية.

ومن اجل فهم هذه العملية بشكل واضح وكامل يجب علينا فهم تأثير سياسة القطاع العام على تكوين هذه العملية.

بيئة إدارة القطاع العام:

The Public Management Environment

يوجد هنا العديد من العوامل المؤثرة في قدرة المدراء على التفكير والتخطيط والإدارة بشكل استراتيجي بحيث توضح Susan Walter (ألفت العديد من الأعمال في الإدارة الإستراتيجية في القطاع العام) بعض العوامل المؤثرة على هذه العملية مثل:

1) المسؤوليات والمهام المتداخلة والتي تتطلب اشتراك جميع المستويات في الحكومة لتقديم وتزويد المواطن بالخدمة التي يحتاجها.

2) السلطات المشاركة وخاصة تلك المتبادلة بين المدراء التنفيذيون والمدراء القانونين.

3) الحساسية من تنفيذ وتكوين بعض القرارات التي يعارضها المواطنون وتخالف وجهات نظرهم.

4) انخفاض شبه الأحزاب السياسية الأمر الذي جعل من تنظيم عمليات صنع القرارات صعبة جداً.

5) الضغط القادم من بعض الجماعات الخاصة في المجتمع والتي تطالب بتحقيق أهدافها ومصالحها.

6) التناقض والاختلاف في وجهات النظر بين المدراء.

7) الضغط المتولد على المدراء خلال عمليات الانتخابات.

وقد تعود عملية فشل تطبيق أنظمة الإدارة الإستراتيجية وصعوبة التفكير الاستراتيجي إلى ما يلي:

1) سوء تنظيم الممارسات الإدارية والتي تجعل من عملية مراجعة الحاجات والمطالب العامة صعبة.

2) فشل عملية تحديد أولويات التطبيق وعدم الكتابة الواضحة والدقيقة للحاجات والمطالب العامة.

3) تفضيل المدراء في العديد من الحالات على الأهداف القصيرة الأمد بشكل أكبر من الأهداف طويلة الأمد.

4) قلة الاستراتيجيات المتعلقة بتحديد وتنفيذ الحاجات والمطالب العامة، وبالتالي فإن عملية تطبيق وتزويد المواطنين بالحاجات الرئيسية قد تكون غير ممكنة في بعض الأوقات.

5) عدم انتظام الممارسات الإدارية في القطاع العام ومحدوديتها والإضطرار إلى توكيل الأعمال العامة إلى القطاعات والمنظمات الخاصة.

وأحياناً وخلال تطبيق أنظمة الإدارة الإستراتيجية فإن الحكومة قد تواجه بعض الأمور التي تحدد نطاق وجوده الجهود الإدارية الإستراتيجية، وبالتالي يتولد هناك أخطاء وعيوب تقلل بدورها من تحقيق نتائج، ومن الأمثلة على هذه الأخطاء والعيوب ما يلي:

1) قلة الاهتمام والتركيز المتعلق بتحديد وتقييم آثار ونتائج الأوجه والمعدات والأعمال طويلة الأمد.

2) عدم وضوح الأهداف.

3) ضعف أو غياب عمليات التخطيط الاستراتيجي.

4) قلة الاتصال والعلاقة بين الخطورة والأعمال.

5) غياب التقييم ووسائل التغذية الراجعة في هذه العملية.

ويوضح كل من (ولتر + جوتس) أنه لا يوجد هناك طريق مساعدة على توجيه وقيادة مستقبل المنظمة وذلك لسوء وقلة الفهم للمكانة والوضع الحالي للشركة.

فوائد وسلبيات الإدارة الإستراتيجية:

تعتبر الإدارة الإستراتيجية مهمة جداً للشركات وذات عائد وفائدة جمة على الشركات إلا أن لها بعض المساوئ في بعض الأوقات ومن هذه المساوئ:

أولاً: سلبيات الإدارة الإستراتيجية

1) أنها تحتاج إلى وقت كبير وقد تضطر الشركة إلى القيام بالتخطيط والتنظيم بعد أسابيع أو أشهر وهذا الوقت الكبير غير متوفر وغير موجود عند أغلب المنظمات الحكومية وخاصة السياسية والقضائية.

2) تجبر الطلبات العامة لتحسين أداء المدراء في القطاع العام لزيادة اهتمامهم على المستقبل والطلبات الحالية بشكل أكبر من التركيز على المستقبل، وهذا يخالف الإدارة الإستراتيجية والتي تتطلب التركيز على المستقبل والذي بدوره يشكل ويقوي حاضر الشركة الحالي. وهذا أدى بدوره إلى أن مستقبل القطاع العام غير واضح وفيه شكوك لقلة التركيز عليه وتحليله. ومن هنا أصبح المدراء يركزون على الطلبات والمشاكل الحالية التي يواجهها القطاع العام بدون تزويد أي أهمية للمستقبل القريب أو البعيد المتعلق بالشركة.

3) وجود مدراء غير كفوئين لا يستطيعون التعامل مع الشؤون والطلبات والمشاكل اليومية التي يواجها القطاع العام، وبالتالي هذا النوع من المديرين لا يستطيعون الاستفادة من الإدارة الإستراتيجية وتطبيقاتها. وبالتالي نستطيع القول أن الإدارة الإستراتيجية مهمة جداً على الرغم من تركيزها عند بعض المدراء على بعض الأمور والمشاكل المهمة الثانوية وتعود أهميتها إلى أنها تشكل وسيلة وأداة مدهشة للتعامل مع المشاكل والمعضلات.

4) تتطلب الإدارة الإستراتيجية التنسيق والدعم والتعاون بين مختلف الأفراد داخل المنظمة وهذا الأمر صعب جداً.

5) تتطلب الإدارة الإستراتيجية أيضاً إيجاد جميع المشاكل الموجودة في التنظيم على حد سواء، ومن ثم حل هذه المشاكل ومن هنا تتبين الصعوبة بالإضافة إلى المخاطرة الناتجة عن الإدارة الإستراتيجية ويقصد بالمخاطرة هنا الفشل في حل المشاكل وخاصة المشاكل المعقدة.

بدأت عملية الاهتمام بتطبيق مفهوم الإدارة الإستراتيجية منذ أواخر 1970 كما أثار كل من (Eadie + Bryson) وغيرهم آخرون، وذلك لاستمرار تصاعد وتزايد الطلبات العامة على عاتق الحكومة والتي يجب الاستجابة لهذه الطلبات ومن هنا وجدت الحكومات أنه لا فائدة من تطبيق الطرق التقليدية السابقة وذلك لعدم جودتها في الاستجابة للطلبات العامة ويجب على المدراء في مثل هذه الحالة المخاطرة واستخدام الطرق الأخرى للاستجابة لهذه الطلبات مع العلم أن أي خطأ يقوم به المدير قد يؤدي به إلى فقدان وظيفته.

ويجب أيضاً خلال هذه العملية التوحيد والدمج والمطابقة بين عمليات الإدارة الإستراتيجية وعمليات صنع القرار.

ويمكننا تلخيص فوائد التطبيق الناجح والجيد لمفهوم الإدارة الإستراتيجية كما يلي:

ثانياً : فوائد الإدارة الإستراتيجية:

1) تزويد بقاعدة عامة لقياس الأداء النوعي للمنظمة مثل الإبداعية والابتكار والتخيل والتحفيظ والمعارف ومن ثم تقييمها.

2) تطوير السلوك والمهارات وطرق التفكير وأنماط صنع القرار وفلسفة التخطيط وطرق عمل الأشياء لدى الموظفين والمدراء.

3) تساعد المدير على إحداث التغير الكلي في المنظمة.

4) توصيل الأهداف والغايات والاستراتيجيات والخطط التشغيلية التفصيلية لكل الموظفين.

5) تـزود بقاعـدة وأسـاس للوظـائف الإداريـة الأخـرى مثـل الاسـتخدام الفعـال للمصادر والموارد.

6) تزود بإطار كلي لعمليات صنع القرار وتجنب القرارات الخاطئة.

7) تكشف وتوضح الفرص والمخاطر والتهديدات المستقبلية إلى تواجه المنظمة.

8) تسمح وتشجع المدير على رؤية وتقييم وقبول ورفض البدائل المختلفة لإنجاز الأعمال.

9) تحديد المهام والمسؤوليات الملقاة على عاتق كل موظف على حدة.

عملية الإدارة الإستراتيجية

The Strategic Management Process

يتضمن الإطار العام للإدارة الإستراتيجية 9 عمليات رئيسية وهي كما يلي:

1) تكوين وخلق رؤية للمنظمة.

2) الإشارة إلى وتحديد المهـام الرئيسـية للشـركة والأطر والقـوانين الموجـودة في الشركة.

3) اختبار العوامل الخارجية والتي تؤثر على أداء المنظمة.

4) اختبار العوامل الداخلية والتي تؤثر على أداء المنظمة.

5) اختبار ومراجعة الأوجه والاتجاهات المستقبلية للشركة.

6) وضع الأهداف والغايات لتحسين الأداء التنظيمي خلال فترة زمنية محددة.

7) تصميم خطة إستراتيجية للوصول إلى الأهداف المحددة مسبقاً.

8) تطبيق وتنفيذ الخطة الإستراتيجية.

9) تقييم النشاطات المستمرة للشركة والنتائج النهائية للمنظمة.

وسنقوم بمناقشة كل منها على حدى.

رؤية المنظمة وسبب وجودها Vision

تبدأ الإدارة الإستراتيجية مـن خـلال كسـر العوائـق والحـواجز التنظيميـة التـي تواجه المنظمة في الوقت الحالي، ومن ثم تكوين وخلق مستقبل جديد للمنظمة ويمكـن تحقيق ذلك من خلال خلق رؤية تنظيمية جديدة للمنظمة تكون أكثر فعالية وتتضـمن هذه العملية أيضاً تحديد حدود إنجازات المنظمة اللازم تحقيقها وتحديد سـبب وجـود المنظمة والأهداف التي تصبو إلى تحقيقها.

ويصف Mcclendon + Quay (القائد يملك نظرة تنظيمية) كما يلي:

1) يبحث عن أفكار ومفاهيم وطرق تفكير جديـدة لحـين أن تتولـد لديـه رؤيـة واضحة.

2) يقنع الموظفين على تنفيذ وتطبيق هذه الرؤية.

3) يدعم الموظفين خلال التطبيق ويشجع العمل الجماعي.

4) يربط بين النظرة مع اهتمامات وحاجات الموظفين.

5) يركز على الكفاءات الإدارية من الموظفين والـذين يكونـوا أقـدر عـلى تحقيـق نجاح تطبيق هذه النظرة.

6) يحكم على كفاءة وفعالية المنظمـة مـن خـلال كفـاءة وفعاليـة تطبيـق هـذه النظرة التنظيمية.

7) يطور رؤى تنظيمية جديدة أكثر فعالية.

تعتبر الرؤية التنظيميـة مهمـة جـداً في الإدارة الإستراتيجية فهي تسـاعد عـلى تزويد المنظمة باتجاه وقيم تربط الأفراد والموظفين مع بعضهم البعض وبالتـالي تتطلـب الرؤية التنظيمية ما يلي:

أ) يجب على الموظفين أن يفكروا لأبعد من تفكيرهم الحالي.

ب) تزويد بأمور تساعدنا لأن نحكم على النجاح المستقبلي للمنظمة.

العوامل التي تتضمنها التحليل الداخلي والخارجي خـلال مرحلـة تنفيـذ عمليـة الإدارة الإستراتيجية:

1) تحليل العوامل الخارجية:

- التحليل الاقتصادي.
- التمويل المالي.
- التحليل السياسي.
- مستقبل الاقتصاد في الدولة.
- الرأي العام.
- التنسيق الحكومي.
- التنفيذ في الأنظمة والقوانين.
- الدعم السياسي.
- التحليل التكنولوجي.
- تغيير العمليات الناتج عن إدخال تكنولوجيا جديدة.

2) التحليل الداخلي:

- تحليل المنظمة.
- تحليل الأشخاص (القيم / القدرات).
- التحليل المالي الحالي والمستقبلي.
- تحليل التكنولوجيا.
- تحليل المعلومات.
- تحليل القوانين والأنظمة.
- تغير اتجاه المنظمة.

الفصل الخامس عشر

التطوير التنظيمي

التطوير التنظيمي

تعريف عملية التطوير التنظيمي:

بأنها عبارة عن: عمليات خاصة وهادفة يتم فيها إدخال مبادئ وممارسات العلوم السلوكية لدى الجماعات الإنسانية بهدف زيادة الأفراد والجماعات الإنسانية بهدف زيادة الأفراد والجماعات بحيث يتبين لنا أن التطور التنظيمي له عدة أساليب تبرز نظرية التطوير التنظيمي وهي:

1) التغير المخطط له.

2) أسلوب الاستشارة المميز.

3) أسلوب يركز على الثقافة التنظيمية والعمليات وعلى هيكل ينتج عنه نظام متكامل.

4) البحث الإجرائي.

ومن هنا يمكن تعريف التطوير التنظيمي:

RICHARD BECKHARD جهد مخطط واعي على مستوى المنظمة ويدار من قبل السلطة العليا في المنظمة لزيادة فعالية المنظمة وسلامتها من خلال التغيير المخطط في عمليات المنظمة باستخدام معارف علم السلوك.

ويجب هنا ملاحظة أن هذا التغير يختلف عن عمليات التغير الأخرى، والتي ناقشناها سابقاً والتي تركز على صنع السياسة، وتهدف عملية التطوير التنظيمي (OD) إلى تحسين وزيادة فعالية العمليات والوظائف الداخلية للمنظمة بحيث يمكن تطبيق ذلك من خلال تحسين العمليات وزيادة الرضى الوظيفي لدى الموظفين وليس على تغيير وتعديل السياسة، ويوجد هناك العديد من التعارف المتعلقة بموضوع التطوير التنظيمي حيث يعرفها كلا من (Cemmings/ hus) بأنها: عبارة عن تطبيق العلوم السلوكية

المتعلقة بالتعزيز والتطوير المخطط لها مسبقاً للاستراتيجيات التنظيمية والهياكل التنظيمية والعمليات بغرض تحسين فعالية المنظمة. وهنا نستنتج من هذا التعريف:

1) ترتكز هذه العملية على التغيرات التنظيمية الشاملة.

2) ترتكز على التغيير المنظم مسبقاً (المدروس مسبقاً).

3) يكون التركيز في هذه العملية على التغير الهياكل والسياسات والعمليات التنظيمية أو على الأفراد المنظمة.

وتكمن الغاية الرئيسية من (OD) في تكوين بيئة تنظيمية لحل المشاكل المستقبلية التي ستواجهها المنظمة.

وتتجلى عملية التطوير التنظيمي في تعريف المشكلة، ومن ثم تحديد أسباب المشكلة وتحديد الطرق الملاءمة للتعامل مع هذه المشكلة وبالتالي الحصول على الحلول وأخيراً تأتي عملية تقييم نتائج التطبيق.

أن التقنيات والوسائل المستخدمة في عملية التطوير التنظيمي تتشابه بشكل غير مباشر، ويمكن الاختلاف في نطاق ومستويات تطبيق هذه العملية تهدف عملية التقييم في التطوير التنظيمي مراجعة نجاح فعالية الخطة أو البرامج الموصى عليه والذي بدوره (البرنامج، الخطة) يساعد على تعزيز وتشجيع التغيير في المنظمة ككل.

ففي هذه الورقة سوف نقوم بالتركيز على هيكلية وعمليات التطير التنظيمي ومن ثم سنقوم بدراسة ممارسة وتطبيق هذه العملية قي القطاع العام.

وتبدأ عملية التطوير التنظيمي عادة بجمع البيانات والمعلومات وتحديد أماكن الخلل والتي تزودنا بالتحديد الدقيق لمكان المشكلة اللازمة التركيز عليها، وتحديد أماكن التغير في المنظمة للحد من هذه المشكلة سواء كانت هذه الأماكن (الهياكل، الثقافة، العمليات، الأفراد).

وتركز عملية التطوير التنظيمي على مستويات رئيسية وهي:

1) محتوى ومضمون العمليات التنظيمية.

2) نوعية المخرجات (سواء كانت تنظيمية أو نفسية).

3) الثقافة التنظيمية.

4) حاجة ومتطلبات المهام.

5) طبيعة المنظمة الرسمية بما في ذلك العمليات والهيكل التنظيمي الخاص بها.

6) الأفراد.

7) الظروف التكنولوجية والجسدية.

ويرجع محتوى ومضمون العمليات التنظيمية إلى هدف وغاية المنظمة، بالإضافة إلى بيئة المنظمة الداخلية والخارجية في الوقت الحالي، بالإضافة إلى أنها تهدف إلى فهم الموقع السياسي والاجتماعي والاقتصادي الحالي للمنظمة.

وعلى العكس من المخرجات التنظيمية والتي لا تهتم فقط بالمنتج والخدمة التي تزودها المنظمة بل المحيط النفسي للمنظمة، وتكون العملية التحليلية الأولى والتي موجهة نحو التأكد من مدى فعالية المنظمة في تطبيق السياسات والبرامج على الأفراد، وتهتم العملية الثانية بالأفراد وفي التنظيم وعلى العلاقات المتبادلة بينهم.

وفيما يتعلق بموضوع الثقافة التنظيمية والتي تعرف من خلال ما يلي: تبادل أفراد مجموعات ما معتقدات وسلوك وتصرفات وأعراف وأنماط سلوك معينة مع بعضهم البعض، بالإضافة إلى أن الثقافة قوة غير مرئية وغير ملحوظة.

ويجب على المدير في هذه الحالات القيام بعملية تحليل الإدراك والسلوك الداخلي للأفراد، وذلك لأن العوامل والمؤثرات الثقافية تكون غير ملحوظة وغير مرئية بحيث يختلف الأفراد عن بعضهم البعض من خلال اختلاف الأعراف والتقاليد فيما بينهم.

وتقود عملية تحديد الاحتياجات التنظيمية في العادة إلى عملية وصف كيفية إنجاز الأعمال في المنظمة ككل، ويجب عليه التركيز على العلاقات البشرية والعوامل السيكولوجية لجميع الأفراد وتوحيد ودمج نشاطات جميع الأفراد مع بعضها البعض.

مصفوفة هيـــوز   The Hase Matrix

طورت هذه الطريقة من خلال Colgr , Hus بحيث يقوم في هذه العملية بدمج ثلاث مستويات لتحليل المشاكل في المنظمة وهي (الأفراد، الجماعات، المنظمة) والذين يقوموا بالتعامل مع ثلاث أوجه رئيسية (المدخلات/ عناصر ومكونات التصميم/ المخرجات).

ويمكن الافتراض الرئيسي لهذه الطريقة في أنه إذا كان هناك تناغم وتلاؤم ما بين المدخلات ومكونات التصميم ستكون العمليات التنظيمية فعالة. مع العلم أنه إذا كان هناك مشاكل موجودة في هذه المستويات الثلاثة داخل المنظمة فإن عملية تحديد موقع المشكلة سيكون صعباً وغير ممكن.

خطوات التطوير التنظيمي   Organization Development

1) جمع البيانات Data Collection

تكمن القدرة في تصميم إستراتيجية تطوير تنظيمي فعالة في القدرة على جمع معلومات جيدة ومؤثرة وذات صلة بالمشكلة، ويمكن التأكد من مدى صدق وموثوقية البيانات من خلال:

أ.   العلاقات المتبادلة بين جامع المعلومات وأعضاء التنظيم.

ب.   الطرق المستخدمة في جميع المعلومات.

ج.   التغذية الراجعة عن هذه المعلومات.

ويرى Hus أن عملية الانتباه الجيد والحذر خلال جمع البيانات تحقق ما يلي:

1)   الحصول على معلومات موثوقة وصادقة حول النشاطات التنظيمية.

2) تطوير علاقات تعاونية فعالية تساعد على تحقيق التطوير التنظيمي.

3) الحصول على انتماء الموظفين ومساعدتهم في تحقيق التطوير التنظيمي.

ويعتبر أكثر طرق البحث العلمي استخداماً في الحصول على المعلومات وجميعها في الاستبيانات والمقابلات والملاحظات.

وبعد انتهاء جميع المعلومات تبدأ عملية تزويد تغذية راجعة إلى أعضاء التنظيم وذلك للتأكد من تكوين قاعدة وأساس ودعم للتغيير والتطوير التنظيمي في المنظمة والمساعدة من قبل الموظفين لتطبيق برنامج التطوير التنظيمي.

2) تحليل البيانات DATA Analysis

وتعتبر هذه الخطوة مهمة جداً لتعزيز ونجاح (OD) بحيث يقوم كل من الجماعات الإدارية والمحللون الإداريون بعملية تحليل البيانات والمجموعة، وهناك طريقة أخرى للتحليل بحيث تكون من خلال جمع الأيدي العاملة أو تكوين فريق معين وتوكيلهم بمهمة تحليل البيانات بحيث يقوم أعضاء الفريق في هذه الطريقة بمناقشة فيما بينهم حول بعض المواضيع مثل التكاليف والفوائد والمرونة والضبط والسيطرة والاستقلالية في الأعمال والنشاطات، بحيث تشكل هذه الأسئلة والنقاشات عملية التحليل وهي أفضل من أنواع الأسئلة الأخرى الغير مفيدة مثل (ما الأمور التي سوف نستفيدها من العمليات الحالية).

OD Preactice: the Intervention

من خلال مسح التجارب السابقة تبين لنا أن الاهتمام في موضوع التطوير التنظيمي كان قليلاً، كما كان هناك اهتمام ضئيل أيضاً في مجال الإدارة الإستراتيجية والتخطيط الاستراتيجي. وتعتبر عملية التكوير التنظيمي مسؤولة من قبل ثلاث مستويات والتي تشارك بدورها في هذه العملية وهي (المنظمة، الأفراد، الجماعات) ويختلف مدى تأثير هذه المستويات وتتأثر أيضاً ببعضها البعض، وهنا يجب علينا دراسة التدخل من قبل المستويات وذلك لفهم طبيعة التدخل من كل مستوى بالإضافة إلى بعض الأمور الأخلاقية.

من مستويات الثلاث التي تشارك في عملية التطوير التنظيمي هي:

1) التغير في المستوى التنظيمي:

حيث يمكن الهدف والاهتمام في هذه المرحلة ببعض الأمور المتعلقة بهيكلية وتكنولوجيا وبنية عمل المنظمة، بالإضافة إلى نوع المهام التي تقوم بها المنظمة، والافتراضات الإستراتيجية التي تحدد تصميم وتعتبر الهياكل الرسمية أكثر عرضة من قبل التغير التنظيمي مثل تغيير التكنولوجيا المستخدمة، في العمل والموارد البشرية من حيث (التوظيف والاستقطاب، والاختيار والتدريب، والرواتب والدفعات). والثقافة التنظيمية هي أصعب الأنواع تعبيراً.

2) التغير والتدخل في الجامعات:

يعتبر العمل الجماعي من أقل المؤثرات على نشاطات ومهام الأداء التنظيمي، وهنا يتم التركيز بشكل رئيسي على الاتصال والعلاقات المتبادلة والقدرة على توصيل فهم مشترك لجميع أعضاء المجموعة وإعلامهم بحاجة التغيير والتطوير.

نوع الأسئلة التي سيستخدمها المدراء في هذا النوع:

أ. تسمح الهيكلة الحالية للمنظمة إعطاء الجماعة الحرية الكافية لأن يكونوا فعالين في الحل الجماعي للمشاكل؟

ب. هل المهارات والخبرات المطلوبة موجودة في أعضاء الفريق؟

ج. هل أن معايير الأداء الخاصة بالمجموعة تتعلق بإنجاز المهام أو الاهتمامات الفردية الاجتماعية المتبادلة؟

د. هل هناك أي مشاكل فردية بين أعضاء المجموعة؟

ه. هل هناك أي صراعات بين أعضاء التنظيم؟

3) التغير والتدخل في الأفراد:

وتتضمن هذه العملية التغيير في سلوك ومهارات الموظفين، وهنا نقوم بتغيير بيئة العمل وإعادة تصميم العمل وتغيير مهارات وأداء العمال والعلاقات المتداخلة فيما بينهم.

أنواع الأسئلة المستخدمة في التحليل والتغيير في هذه العملية:

أ) هل يعكس التصميم الوظيفي المهارات والقدرات اللازمة للموظفين؟

ب) هل تزود الوظيفة الموظفين الاستقلالية اللازمة لهم لتحقيق النمو والتقدم؟

ج) هل لدى العاملين فهم جيد لمسؤولياتهم وعلاقاتهم التنظيمية؟

د) هل هناك مشاكل بين الموظفين والتي قد تؤثر على أدائهم؟

أنواع التدخل لتحقيق التطوير التنظيمي Types Of Invention

بعض القيام بعملية تحديد الأسئلة المتعلقة بعملية التغيير التنظيمي الموجه نحو تحقيق التطوير التنظيمي تبدأ عملية ربط هذه الأسئلة مع بعضها البعض ومن ثم بدء ممارسات التطوير التنظيمي وهنا يجب على المنظمة الانتباه والتحديد الدقيق للأمور التي تحتاج إلى تغيير وتطوير وبالتالي بعد تحديد المنطقة التي تحتاج إلى تغيير تبدأ عملية التدخل في العمليات وتغييرها، وهذه العملية تعتبر مهمة جداً بحيث تستطيع المنظمة التغيير والتعديل في عدة أماكن مثل:

1) التغيير في الاتجاه الاستراتيجي ككل للمنظمة.
2) التغيير في العمليات التكنولوجية والهياكل التنظيمية للمنظمة.
3) التغيير في الروابط والعلاقات بين الموارد البشرية داخل المنظمة.
4) التغيير في السلوك والمهارات الإنسانية في المنظمة.

وإليكم الشرح:

1) التغيير الاستراتيجي Strategic Change

تعتبر عملية التغيير الاستراتيجي قريبة ومشابهة لحد كبير مع مفهوم الإدارة الإستراتيجية، كلتا العمليتان من أوجه التغيرات الإستراتيجية المستخدمة في المنظمات والتي تهدف بدورها إلى ضمان تحقيق حاجات الأفراد وأهدافهم وتسخيرها إلى تحقيق الأهداف التنظيمية وزيادة الأداء التنظيمي، وهنا قد تقوم المنظمة إما بوضع خطة جديدة لتحقيق هذه الغايات أو قد تقوم بتغيير القيم والمعايير التي تشجع الأفراد في المنظمة على تحقيق الأهداف والغايات والمصالح التنظيمية.

وتتعلق عملية التغير الإستراتيجي لعملية التغيير والتعديل على كل من الثقافة التنظيمية أو التغيير والتعديل على المنتج أو الخدمة، وهنا تتم عملية التركيز على الأداء وبذلك يجب على التطوير التنظيمي تحسين الأداء التنظيمي وتكون رؤية وصورة مستقبلية وكيفية تحقيق هذه الرؤية، ومن هنا تستطيع المنظمة تحديد فيما إذا كانت المشكلة تقع في أنظمة العمليات أو في أنظمة الموارد البشرية، حيث أن المشاكل البشرية أكثر احتمالية للحدوث وهي صعبة التعريف، أما بالنسبة للمشاكل في الثقافة التنظيمية. وهنا فإن مثل هذا النوع من التغير يعتبر صعباً جداً ويحتاج لجهود كبيرة لتحقيقه ويشكل خصوصي تعديل وتغيير السلوك التنظيمي.

2) التغيير في الهيكل والعمليات:

هذا النوع من التغير يشبه مبدأ عمل التغيير الاستراتيجي للأنظمة التقنية ويكون التركيز في هذه العملية على التصميم التنظيمي ككل مع الاهتمام النسبي بالأيدي البشرية والعاملين.

3) التداخل والتغيير في أعمال ونشاطات الأفراد:

من خلال التجارب السابقة وخاصة تجارب هوثورن تبين أن هناك تأثير نوعي للعمل الجماعي على الأداء الوظيفي حيث يكون هذا التأثير إيجابياً أو سلبياً، وهنا يأخذ

226

التطوير التنظيمي بعين الاعتبار الأوجه للسلوك الجماعي لا أهداف مشتركة، إدراك ووعي مشترك، وللتقليل من الأوجه السلبية تقوم المنظمة خلال ممارستها للتطوير التنظيمي بممارسة أربعة أنواع من التدخلات التنظيمية.

4) استخدام T- Group:

أو تدريبات وهنا يقوم مرشد خارجي بمساعدة أعضاء الجماعة على تعلم كيفية تنمية وتفعيل العوامل والمؤثرات الاجتماعية في التعلم وتطوير المنتج أو الخدمة، ويمكن الهدف الرئيسي لهذه العملية في مساعدة العامل على فهم جيد بشكل أفضل من خلال رؤية نفسه في الأشخاص الآخرين وسلوكهم، وبالتالي فقط يعرف ويفهم العامل بشكل أفضل أدواره المختلفة المسؤول عنها وكيفية استخدام هذا الفهم في تحسين علاقاته وسلوكه وتصرفاته وأداءه في المجموعة.

5) مرحلة الإرشاد Process Consultation

وهو نوع آخر من التدخل المصمم بهدف مساعدة المجموعة على فهم المشاكل التي تواجهها، أو الاستخدام الأفضل لمهاراتها ومواردها المتاحة من أجل مساعدتها على حل مشاكلها وتتضمن هذه العملية بعض الأمور المهمة يجب أخذها بعين الاعتبار.

6) تدخل الأحزاب Party Inventions

ويستخدم هذا النوع من التدخلات في حالة وجود خلاف وصراع ينشأ بين شخصين أو أكثر داخل المنظمة حول العلاقات الإدارية العملية واختلاف الأداء بين الموظفين، وهنا يبدأ المسؤولين بالاستفسار والاستقصاء حول سبب الصراع والخلاف، وقد يكون سبب الصراع في بعض الأوقات غير ظاهراً، وقد يكون الصراع أو الخلاف ناتج عن صراع داخلي أكبر وأعمق من الصراع الحالي، في حين أن الصراع لا يشكل دائماً مشكلة فقد يكون الصراع ناتجاً عن التغيير، وهنا يجب على الشخص الذي يقود التغيير أن يعرف ويحدد وقت التدخل ووقت التعامل مع الصراع والكيفية والطرق اللازمة لذلك.

7) تكوين الأفرقة الجماعية Team Building:

ويشكل هذا النوع إستراتيجية تدخل وتهدف إلى مساعدة الأفراد على العمل مع بعضهم البعض بشكل أكثر فعالية، ويمكن الهدف الرئيسي لهذه العملية على مساعدة الجماعات الإدارية لأن تصبح أكثر فعالية ويطلق على هذه الجماعات الفريق الإدارية والتي تركز بدورها على زيادة التنسيق والتعاون داخل الأجزاء التنظيمية ومن ثم التعامل مع المشاكل والصراعات التي توجهها المنظمة.

8) التغيير في مهارة وسلوك الأفراد

Human Skill and Behavior Change

تقوم العديد من المنظمات باستخدام أنظمة الرواتب والحوافز والمكافئات لزيادة انتماء وفعالية وكفاية وأداء الموظفين، ناهياً عن الذكر حوافز النمو والتقدم وتستخدم المنظمة أيضاً طرق أخرى لتطوير عملية التطور التنظيمي وتتعلق هذه الطرق بالتخطيط الوظيفي وبناء التزام طويل الأمد عند الموظفين تجاه المنظمة، وتساعدنا كلتا الطريقتين على تعزيز التطوير والنمو البشري وبالتالي التطور والتغيير التنظيمي الفعالية.

تقييم برنامج التطور التنظيمي:

تهدف عملية تقييم برامج التطور التنظيمي إلى ما يلي:

1- التأكد من ملاءمة مستوى ونوع التدخل ومدى صحته.

2- تكوين أرضية واضحة لممارسة التطور التنظيمي والمساعدة على تطبيقه بنجاح ضمن إطار الأعمال والنشاطات التنظيمية اليومية والروتينية في المنظمة.

التطوير التنظيمي في القطاع العام

Organization Dvlomnt in the Puplic Sctor

قام روبرت عام 1989 بتحديد أسباب استخدام التطور التنظيمي في القطاع الخاص بشكل اكبر من القطاع العام، وقد وضح أيضاً أن التطور التنظيمي يعتبر مهما

للقطاع العام بشكل أكبر من القطاع الخاص ولكن مع الأسف فقد كان (Robrt) متشائماً جداً خلال تحليلاته وذلك لعدم استجابة وتفاعل القطاع العام مع هذا المفهوم.

العوائق التي تحد من استخدام (OD) وهي كما يلي:

1) الهيكل التنظيمي والمؤسسي العام للقطاع العام.

2) المعايير الإدارية والعلاقات الفردية والتي تعتبر جزءاً من النظرية الإدارية.

3) الارتباط الضعيف بين كل المستويات السياسية والإدارية في التنظيم.

4) طرق توصيل الأوامر والطلبات والتحديات بين المدراء والموظفين في بعض الأوقات.

5) تنوع واختلاف الاهتمام وهيكلية أنظمة الحوافز والمكافئات.

6) قلة الثقة والتنسيق بين الأقسام التنظيمية.

7) قلة تفويض وتمكين العاملين والاقتصار على التسلط في إعطاء الأوامر.

8) الحذر الدائم والإجراءات التنظيمية المحددة.

9) قلة الاهتمام في المهنة والاحتراف وخاصة عند المدراء.

10) الاهتمام الدائم في المحافظة على السرية.

ويرى Robrt أن للجانب الإداري دوراً مهماً في تطبيق التطوير التنظيمي وفهم المسؤولين عن السياسات، وهم الذين يحددون نوع السياسات وهم الذي يحددون الأهداف والغايات التنظيمية، ولكن ومع ذلك فإن المدراء في القطاع العام يعملون تحت ظروف متغيرة ومليئة بالشكوك وهنا يقترح Robrt على المدراء أربعة أمور ونشاطات مهمة وهي كما يلي:

1) التعامل مع الأهداف والغايات الموضوعية بحذر والتي تتأثر من قبل العديد من العوامل الخارجية.

2) العمل ضمن الهيكليات الموضوعة والمصممة من قبل الإدارة العليا بحذر شديد.

3) تفويض العمال وإعطائهم صلاحيات وعدم الضبط والرقابة الشديدة.

4) عدم التأخر في إنجاز الأهداف والغايات التنظيمية.

وتكمن المشكلة هنا في وجود معتقدات ومعايير إدارية وسلوكية عند المدراء في القطاع العام والتي تتجنب التطور والتغيير التنظيمي وتعود هذه المعتقدات والمعايير للأسباب التالية:

1) تكون ممارسات واقتراحات المدراء محصورة ومحدودة من قبل البيروقراطية، أو الروتين في الأعمال.

2) قلة دعم الإبداع والمخاطر في اتخاذ القرارات وذلك لعدم تقبل المنظمات الحكومية المخاطرة في أموال الغير.

3) قلة البحث عن طرق جديدة للقيام بالأعمال والاقتصاد على الأعمال والنشاطات الروتينية.

4) إعطاء الأولوية لمعايير وقواعد المحاسبة.

الفصل السادس عشر
إدارة الميزة التنافسية

إدارة الميزة التنافسية

تمهيد:

وتمثل التنافسية تحدياً متزايد الخطورة يتطلب من المنظمات المعاصرة مراجعة شاملة لأوضاعها التنظيمية وقدراتها الإنتاجية وأساليبها التسويقية، وإعادة هيكلة وترتيب تلك الأوضاع، وتفعيل استثمار ما لديها من الموارد بهدف بناء وتنمية قدراتها التنافسية بما يواكب الضغوط المتزايدة من المنافسين من مختلف أنحاء العالم الذين تنفتح أمامهم أسواق الدول جميعاً بفضل اتفاقيات الجات ومنظمة التجارة العالمية القائمة منذ العام 1995 على تنفيذها. وفي سبيل تطوير أوضاعها وإعادة تكوين قدراتها التنافسية، تعمد المنظمات المعاصرة إلى مراجعة مواردها وتقييمها من حيث الكم والنوعية، وكذا تقييم مدى كفاءة وفعالية توظيفه في عمليات المنظمة. وتأتي في المقدمة الموارد البشرية التي تمارس الدور الأهم في تحقيق أهداف المنظمات.

وقد شهدت إدارة الموارد البشرية تطورات مهمة نتيجة لتصاعد حدة المنافسة ليس فقط في الأسواق العالمية التي قد تتعامل فيها المنظمات، بل وأيضاً في أسواقها المحلية، حيث تبينت الإدارة المعاصرة أنه لا سبيل لمواجهة تلك التحديات إلا من خلال الدراسة الواعية للظروف الجديدة وما تنتجه من فرص، وما تفرضه من قيود ومخاطر، ثم إعادة صياغة استراتيجياتها وأدواتها في التنفيذ بما يتفق ونتائج تلك الدراسة.

نظام الأعمال العالمي الجديد

يتميز نظام الأعمال العالمي الجديد بسمات تختلف جذرياً عما كانت أوضاع الأعمال والتعاملات بين المنظمات فيما قبل. وتتبلور أهم هذه السمات والملامح فيما يلي:

233

1) انفتاح الأسواق وانهيار الحواجز بينها نتيجة تطبيق اتفاقيات الجات ومنظمة التجارة العالمية القاضية بإزالة الحواجز والقيود الجمركية وغير الجمركية من طريق التجارة الدولية في السلع والخدمات.

2) تحول الأسواق إلى التعامل من خلال الشبكة العالمية الإنترنت، وانتشار التجارة الإلكترونية كأساس في التعامل بين المنظمات، وكذلك التعامل مع المستهلكين الأفراد في مختلف مجالات السلع والخدمات.

3) تصاعد حركة التحالفات الإستراتيجية بين المنظمات من مختلف الجنسيات وفي أهم قطاعات الإنتاج في العالم، والميل إلى تركيز السيطرة على تلك القطاعات الإنتاجية الحيوية في محيط تلك التحالفات التي تتحول عملياً إلى احتكارات عملاقة. وتشهد صناعات الأدوية والسيارات العالمية تلك الظاهرة إذ تتركز كل من الصناعيتين في مجموعة قليلة من الشركات العالمية العملاقة يدخل بعضها في تحالفات استراتيجية.

4) تعتبر السرعة الفائقة من أهم سمات التعاملات في العصر الحالي نتيجة التفوق الباهر والتطورات المستمرة في تقنيات المعلومات والاتصالات. وتمارس كثير من المنظمات أعمالها من خلال شبكة الإنترنت أو الشبكات الداخلية الخاصة بها التي تربط فروعها وإداراتها وتسمح لمستخدمي الشبكة التعامل مع كل الملفات على الحاسبات الآلية وفق الصلاحيات المسموح بها لكل منهم، والشبكة الخارجية التي تربط المنظمات بعملائها الأساسيين والموردين وغيرهم من الأطراف الخارجية ذات العلاقة الخاصة بمعاملات المنظمة مما يسمح بالتعاملات الفورية والآنية فيما بينهم.

5) كما تتسم المعاملات في قطاعات المصارف والمؤسسات المالية بتطورات هائلة نتيجة تعميق استخدام تقنيات المعلومات والاتصالات، مما يسمح لعملائها بإجراء معاملاتهم معها إلكترونياً من مقار أعمالهم دون الحاجة إلى الالتجاء لموظفي تلك المؤسسات، فضلاً عن السرعة والآنية في المعاملات عبر العالم وعلى مدار الساعة.

وانعكاساً لتلك السمات تحولت منظمات الأعمال هي الأخرى وبدأت ملامح المنظمة العولمية الجديدة [نسبة إلى العولمة] في الواضع والتعمق على النحو التالي:

1) أخذت كثير من المنظمات في مراجعة أوضاعها التنظيمية والبحث عن سبل التخفف من عوامل تقييد الحركة وبطء اتخاذ القرارات، ومن ثم بدأت الحركة التحول من الهياكل الهرمية ذات المستويات التنظيمية المتعددة والتي تباعد بين المستويات الإدارية العليا صاحبة الصلاحيات وسلطات القرار وبين القائمين بالتنفيذ والأكثر اتصالاً بالسوق والعملاء والأقرب إلى الإحساس بالمنافسة وتأثيراتها، إلى الهياكل المرنة المستندة إلى المعلومات وعمل الفريق.

2) وتأميناً لسرعة الحركة والاستجابة الفورية كلما أمكن لتحولات السوق ورغبات العملاء، اتجهت كثير من المنظمات إلى تقسيم نفسها إلى وحدات أعمال إستراتيجية صغيرة تتمتع كل منها بحرية الحركة والاستقلالية النسبية للتعامل في السوق وكأنها منظمة قائمة بذاتها.

3) وقد صاحب هذه التحولات التنظيمية الأخذ بفكرة المنظمة الصغيرة والاستفادة من مميزات الحجم الصغير نتيجة عمليات تخفيض أعداد العاملين والتقسيم إلى وحدات استراتيجية، ثم التوجه نحو اللامركزية وتوزيع صلاحيات اتخاذ القرارات لتكون أكثر قرباً من الأسواق والعملاء.

4) واهتمت المنظمات المعاصرة بتعميق استخدامها لتقنيات المعلومات والاتصالات، وترسيخ قدراتها على العلم والتطور المستمر لتصبح منظمة متعلمة تستفيد بجميع الأفكار والمعلومات والخبرات المتراكمة لديها وفي المناخ المحيط، لتنتج منها مستويات أعلى من المعرفة تستثمر في إنتاج منتجات وخدمات متجددة باستمرار.

5) وأصبح التوجه نحو "العولمة" سمة مهمة لمنظمات الأعمال المعاصرة مهما اختلف الحجم ومجال النشاط. وقد أسهمت تقنية الإنترنت في تحقيق هذا الهدف

للمنظمات التي وجدت فيها ضالتها للوصول السريع وقليل التكلفة إلى الأسواق والعملاء في كل أنحاء العالم وعلى مدار الساعة.

6) استثمار الوقت وتخفيض الزمن المستنفذ في الأداء سمة أخرى للمنظمة المعاصرة التي تبينت أن المنافسة الحقيقية الآن هي المنافسة على الوقت وسرعة الوصول إلى الأسواق والعملاء. لذلك اهتمت إدارة المنظمات المعاصرة بتأمين كل ما يساعد في تحقيق هذه السرعة وتوظيف الوقت بشكل إيجابي سواء بتعميق استخدام تقنيات المعلومات والاتصالات المتطورة، أو بتعديل وتطوير وتهذيب عملياتها واختصار كل ما يستهلك الوقت فيها دون أن يحقق قيمة مضافة تعادل قيمة هذا الوقت المستغرق، وتحولت إلى نظم الإدارة بالوقت.

7) وقد طالت تلك السمات المنظمات الحكومية وشركات القطاع العام التي أحست بوطأة المنافسة وضرورة الأخذ بمعطيات العصر، ومن ثم شاعت عمليات الخصخصة ونقل ملكية وحدات القطاع العام إلى القطاع الخاص، وحتى المؤسسات الحكومية أخذت نفسها بأساليب وأفكار الإدارة في الشركات الخاصة من أجل تحسين الأداء وزيادة الإنتاجية بما يؤهلها للتعامل مع الأوضاع الجديدة بكفاءة. وقد أطلق على هذا الاتجاه تعبير "إعادة اختراع الحكومة".

8) أصبح الاهتمام بإدارة الجودة الشاملة من السمات الرئيسية للمنظمات المعاصرة، ذلك في سعيها نحو تأكيد تفوقها وتميزها بجودة كل عملياتها ومنتجاتها تحقيقاً لرضاء العملاء.

9) وتتسم المنظمات المعاصرة بالاستخدام الكثيف للتقنيات المعتمدة على الحاسبات الآلية والمعلوماتية بما يحقق لها درجات عالية من المرونة في تشكيل منتجاتها والاستجابة لرغبات العملاء والجمع بين خصوصية التصميم ومزايا الإنتاج الكبير، وكذلك التخلص من الأنماط والأساليب التقليدية التي يعيبها كونها عالي التكلفة ومنخفضة الإنتاجية، وكثيفة العمالة.

التنافسية أساس نظام الأعمال الجديد

لقد أفرزت المتغيرات والتحولات العالمية وضعاً جديداً يتمثل فيما يمكن اعتباره "نظام أعمال جديد" سمته الأساسية هي التنافسية التي تعتبر التحدي الرئيسي الذي تواجهه منظمات الأعمال المعاصرة، والتي تفرض ضرورة الدراسة الواعية للظروف الجديدة وما تنتجه من فرص، وما تفرضه من قيود ومخاطر. وقد تبينت الإدارة المعاصرة أن الموارد البشرية ذات الكفاءة الأعلى والتأهيل الأفضل هي العنصر الفاعل في تمكينها من مواجهة تحديات التنافسية فضلاً عن باقي التحديات التي نشأت عن العولمة.

ويقصد بالتنافسية الجهود والإجراءات والابتكارات والضغوط وكافة الفعاليات الإدارية والتسويقية والإنتاجية والابتكارية والتطويرية التي تمارسها المنظمات من أجل الحصول على شريحة أكبر ورقعة أكثر اتساعاً في الأسواق التي تهتم بها. وتؤدي التنافسية أيضاً معنى الصراع والتضارب والرغبة في المخالفة والتميز عن الآخرين.

وتعتبر التنافسية من طبيعة نظم الأعمال منذ نشأها، فالمنظمات "بل والأفراد" تميل إلى المنافسة بحكم استشعار الخطر من وجود منتجين آخرين في نفس المجال، أو احتمال تحول عملاءها إلى استخدام منتجات وخدمات بديلة.

وفي العصر الحالي تفاقمت حدة التنافسية كأسلوب حياة للمنظمات بل والدول وتجمعاتها الإقليمية باعتبارها الوسيلة الفعالة لمواجهة التحديات التالية:

أ. حتمية اكتساب القدرة على التعامل في سوق مفتوح لا تتوفر فيه أسباب الحماية والدعم التي اعتادت المنظمات التمتع بها فيما قبل عصر العولمة والتنافسية.

ب. ضرورة التخلص من أساليب العمل النمطية والتقليدية التي لم تعد تتناسب مع حركية الأسواق وضغوط المنافسة، والتحول إلى أساليب مرنة ومتطورة تجاري متغيرات السوق وتسابق المنافسين.

ج. ضرورة التحرر من أسر الخبرة الماضية والانكفاء على الذات، وأهمية الانطلاق إلى المستقبل واستباق المنافسة بتطوير المنتجات والخدمات وأساليب الأداء سعياً إلى كسف ثقة وولاء العملاء.

د. ومن ثم يكون الاهتمام بالبحوث والتطوير، واستثمار الطاقات الفكرية والإبداعية للموارد البشرية أحد أهم الركائز للمنظمات المعاصرة في عملياتها التنافسية.

ه. أهمية الانطلاق في كل عمليات المنظمة وتوجهاتها من قراءة واعية وإدراك صحيح لحالة السوق ورغبات العملاء وممارسات المنافسين الحاليين والمحتملين، والعمل على سد الفرص أمام هؤلاء المنافسين والبحث عن صيغ وآليات تتيح التميز عليهم وسبقهم إلى العملاء.

و. أهمية تنمية واستثمار القدرات التنافسية للمنظمة وهي كل ما يميزها عن المنافسين من وجهة نظر العملاء الحاليين والمرتقبين.

أسباب التنافسية

أ. ضخامة وتعدد الفرص في السوق العالمي بعد أن انفتحت الأسواق أمام حركة تحرير التجارة الدولية نتيجة اتفاقيات الجات ومنظمة التجارة العالمية.

ب. وفرة المعلومات عن أسواق العالمية والسهولة النسبية في متابعة وملاحقة المتغيرات نتيجة تقنيات المعلومات والاتصالات، وتطور أساليب بحوث السوق تقنيات القياس المرجعي والشفافية النسبية التي تتعامل بها المنظمات الحديثة في المعلومات المتصلة بالسوق وغيرها من المعلومات ذات الدلالة على مراكزها التنافسية.

ج. سهولة الاتصالات وتبادل المعلومات بين المنظمات المختلفة، وفيما بين وحدات وفروع المنظمة الواحدة بفضل شبكة الإنترنت وشبكات الإنترنت وغيرها من آليات الاتصالات الحديثة وتطبيقات المعلوماتية المتجددة.

د. تدفق نتائج البحوث والتطورات التقنية، وتسارع عمليات الإبداع والابتكار بفضل الاستثمارات الضخمة في عمليات البحث والتطوير، ونتيجة للتحالفات بين المنظمات الكبرى في هذا المجال.

ه. مع زيادة الطاقات الإنتاجية، وارتفاع مستويات الجودة، والسهولة النسبية في دخول منافسين جدد في الصناعات كثيفة الأسواق، تحول السوق إلى سوق مشترين تتركز القوة الحقيقية فيه للعملاء الذين انفتحت أمامهم فرص الاختيار والمفاضلة بين بدائل متعددة لإشباع رغباتهم بأقل تكلفة وبأيسر الشروط، ومن ثم تصبح التنافسية هي الوسيلة الوحيدة للتعامل في السوق من خلال العمل على اكتساب وتنمية القدرات التنافسية.

الاستراتيجيات التنافسية الرئيسية :

- إستراتيجية قيادة التكاليف.

- إستراتيجية التميز والاختلاف.

- إستراتيجية التركيز.

إذن القدرات أو المميزات التنافسية هي تعبير عن المهارات ومظاهر التفوق والتميز التقني والإداري والتسويقي التي تتبلور في منتجات وخدمات أفضل تحقق للعملاء مستويات من الإشباع والمنافع تزيد كثيراً عما يقدمه المنافسون. ومن ثم فإن المعيار الأهم في تقييم القدرات التنافسية هو مدى فعاليتها في إنتاج قيم ومنافع للعملاء تزيد عما يقدمه المنافسون من جانب، ومدى الاختلاف والتباين عن المنافسين الذين تضيفه على منتجات وخدمات المنظمة وأساليب تعاملها مع العملاء.

المداخل التي قد تعتمدها المنظمات في محاولاتها بناء وتعظيم قدراتها التنافسية:

1) بناء [وتحسين] القدرة التنافسية بتحسين الموارد كماً ونوعاً وتعظيم العائد منها، ويكون ذلك باتباع آليات التركيز، التراكم، المزج، الصيانة والمحافظة، الاستعادة.

2) تحسين القدرة التنافسية بتطوير وتفعيل العمليات باستخدام تقنيات إعادة الهندسة، إعادة الهيكلة ، إدارة الجودة الشاملة، والتطوير المستمر.

3) تحسين القدرة التنافسية بالتعامل المباشر مع المنافسين في البيئة التنافسية مثل محاولات بعض المنظمات إضعاف المنافسين والالتحام بالموردين، أو تغيير طبيعة المنافسة.

العوامل الحاسمة في تكوين وتنمية القدرات التنافسية

أهم العوامل الحاسمة في بناء وتفعيل القدرات التنافسية في ثلاثة عوامل جوهرية هي التقنية الأفضل، والموارد البشرية المتميزة، والقيادة الإدارية الواعية.

لذلك اهتمت المنظمات المعاصرة في سعيها للدخول في ساحة التنافسية العالمية وحتى المحلية إلى تبني مفاهيم إدارة الموارد البشرية الاستراتيجية، وتغيير نظرتها إلى العنصر البشري من مجرد اعتباره أحد عناصر الإنتاج يؤدي أعمالاً محددة لقاء تعويض مادي محدد في صورة رواتب ومميزات معينة، واستبدلت بهذا المفهوم التقليدي السلبي مفهوماً إيجابياً متكاملاً يرى في الموارد البشرية أهم وأثمن الأصول التي تمتلكها أي منظمة، والمصدر الحقيقي للقيمة المضافة.

أسس ومبادئ التنافسية الفعالة

1) أن المستقبل ليس امتداداً آلياً للماضي، بل هناك متغيرات وتحولات مستقبلية تجعل المستقبل مختلفاً عما سبقه من مراحل.

2) أن المنافسة الحقيقية هي تلك التي تتجه إلى خلق وتنمية الأسواق الجديدة، وليس مجرد التنازع على أجزاء من السوق القائمة.

3) أن المنافسة هي مواجهة شاملة تستخدم فيها المنظمة كل أدواتها وقدراتها لتحقيق تفوق ساحق على كل جبهات التنافس. فليست المنافسة الآن قاصرة على جودة السلعة أو انخفاض سعرها، لكنها تعتمد على كل ما تستطيع الإدارة توظيفه من طاقات للوصول الأسرع والأكفأ للأسواق وإرضاء العملاء.

4) تعتمد المنافسة على العمل المترابط للمنظمة كلها وليس فقط القطاعات المهتمة بالتسويق. إذ أن الوصول إلى المركز التنافسي المتميز يتطلب تكامل كافة الأنشطة والفعاليات التي تقوم بها أجزاء المنظمة جميعاً.

5) أن التوصل إلى ميزات تنافسية واستثمارها بكفاءة يلفت أنظار المنافسين ويستدعيهم للبحث في الحصول على ميزات مماثلة أو أفضل منها، الأمر الذي يؤكد الحاجة إلى استمرار المنظمة ذات القدرات التنافسية الأعلى في العمل على ابتكار وتنمية قدرات جديدة وتوظيفها بكفاءة لقطع السبل على المنافسين.

6) أن هدف المنافسة ليس مشاركة المنافسين في الفرص المحدودة المتاحة في الأسواق، بل البحث عن الفرص الجديدة الهائلة والمعنى أن المنافسة الحقيقية هي على السوق الذي لم ينشأ بعد.

7) يعتبر الوقت هو العامل الحاسم في كسب معركة التنافسية، وبالتالي تتركز جهود بناء القدرات التنافسية في ضغط الوقت واستثماره لإبداع قدرات جديدة والوصول بها إلى السوق قبل المنافسين.

8) التنافسية الجديدة عملية تراكمية تتكامل فيها المعرفة الإدارية التي تبدأ بدراسة الظروف المحيطة واستنتاج ما بها من فرص ومهددات، وتقدير الموقف النسبي للمنظمة بالمقارنة مع منافسيها المباشرين وغير المباشرين، ثم تتجه الإدارة إلى التخطيط الاستراتيجي من أجل سد الفجوة التي تفصل المنظمة عن منافسيها وتحديد القدرات التنافسية الواجب تنميتها واستثمارها لتحقيق التفوق التنافسي، ومن ثم تتجه الإدارة إلى بناء وتنمية تلك القدرات وتوظيفها من أجل التفوق والتميز على المنافسين.

9) تتم جهود بناء وتنمية وتوظيف القدرات التنافسية في شكل عمليات تراكمية تمر خلال مراحل تماثل دورة حياة الكائن.

الفصل السابع عشر

القيادات الإدارية

القيادات الإدارية

تأثير المتغيرات على المنظمات

تجد المنظمات المعاصرة نفسها محاطة بتلك المتغيرات وتأثيراتها الهادفة التي مست كل جوانب العمل المؤسسي، وساهمت في إعداد تشكيل المناخ المحيط بشكل غير مسبوق. وتواجه الإدارة- نتيجة للمتغيرات المشار غليها وحركتها المستمرة- ظروفاً جديدة تتضمن العديد من الفرص الواعدة بالنمو والانتشار والربحية من جانب، كما تتضمن الكثير من المخاطر والتهديدات التي قد تهدد ليس فقط إمكانيات المؤسسة في العمل والنمو، بل الأهم أنها تهدد فرصها في البقاء من الأساس.

وقد أصبحت الإدارة في المنظمات المعاصرة مطالبة أكثر من أي وقت مضى وذلك من خلال أن تعيد الهيكلة وإعمال مداخل وآليات للتطوير والتحديث لمواجهة تحديات العصر ومواكبة حركة المتغيرات واستثمار الفرص الناتجة عنها. ويصبح واجب الإدارة في هذه الظروف الجديدة العمل على التطوير الشامل لكافة عناصر المنظمة ونظمها وآليات العمل بها، وقدرات العاملين بها، فضلاً عن إعادة صياغة توجهاتها وأهدافها الاستراتيجية، وإعادة تعيين مكانها في السوق بشكل يواكب المتغيرات، بل ويحاول صنع التغيير ذاته بما يوافق أهداف المنظمة. وقد شاعت في السنوات الأخيرة تقنيات مهمة في عمليات التطوير الشامل للمنظمات مثل تقنية "إعادة الهندسة" وتقنية "التطوير المستمر" وغيرهما.

سمات المنظمات المعاصرة

1) صغيرة الحجم نسبياً.

2) تميل هياكلها التنظيمية إلى الانبساط والتفلطح نتيجة تقليل المستويات التنظيمية وتوسيع نطاق الصلاحية للمديرين في كل مستوى.

3) تستخدم تقنيات المعلومات بدرجة بالغة، وتكون تدفقات المعلومات بين أجزاءها هي الأساس في تصميم الهياكل التنظيمية، وتعتمد الآلية[الأتمتة] أساساً في تشغيل عملياتها.

4) تهتم ببناء قدراتها التنافسية من خلال البحث والتطوير واستثمار الطاقات الإبداعية للموارد البشرية.

5) تسعى إلى التميز والتفوق في كافة عناصرها، وتلتزم إدارة الجودة الشاملة أساساً في أعمالها.

6) تركز على النتائج وتحاول تحقيق أعلى مستويات الإنجاز وتعظيم الكفاءة والفاعلية في عملياتها.

دور المنظمات المعاصرة في تكوين وتنمية الموارد البشرية

تشكل منظمات الأعمال وغيرها من المنظمات الحكومية والأهلية حجر الأساس في مختلف ميادين الحياة الاقتصادية والاجتماعية والثقافية. وتمارس تلك المنظمات وظائف مهمة في تشكيل وتنمية الموارد البشرية بما يناسب احتياجات المجتمع ويواكب حركة الإنتاج والتقنية المتسارعة. كذلك تتصل المنظمات بكونها تنظيمات تتعلم The Learning Organization التي تسهم في تنمية الرصيد المعرفي الإنساني، وتستثمر نتاج الفكر والبحث العلمي في إدارة شؤونها وتطوير أنشطتها وتعظيم فعالياتها وإنجازاتها.

تعتمد المنظمات في مختلف قطاعات الإنتاج والخدمات على الدور الفاعل والمؤثر لمجموعة مختارة من الموارد البشرية ذوي المعرفة لشغل وظائف الإدارة والتوجيه التقني والإداري لجموع العاملين بها، كما وتعتمد على تحديد الرسالة التي وجدت المنظمة من أجل تحقيقها، والرؤية المستقبلية الثاقبة التي توضح مكانتها ودورها الرائد المستهدف في منظومة الأعمال وتأثيراتها المستهدفة في بناء وتنمية الصناعة أو مجال النشاط الذي تتواجد فيه.

يتوقف نجاح المنظمات على جودة وفعالية القيادات الإدارية المسؤولة عن التخطيط والتوجيه وتوفير فرص الإبداع والابتكار وتهيئة المناخ المساعد على التنفيذ الإيجابي لأهدافها. ويتجلى نجاحها في تكوين هيكل متميز من الموارد البشرية ذوي الخبرات والمهارات والمعرفة التي تمثل الثروة الحقيقية التي تفوق في قيمتها أي أصول مالية أو مادية تمتلكها المنظمة.

المعطيات الأساسية للقيادة الإدارية المعاصرة

1) الواقع التقني الجديد:

أ. تنطوي عمليات التطور التقني على قدر هائل من الصعوبة والتعقيد حيث تتداخل فيها عوامل ومتغيرات عديدة، وحيث تتصل بمجالات تخصصات علمية وتطبيقية متعددة.

ب. تتوالد التقنيات وتتطور استجابة لاحتياجات المجتمع الإنساني ومتطلبات إنتاج السلع والخدمات الضرورية لحياة البشر وتقدمهم.

ج. تتركز أهم التقنيات المعاصرة في المجالات الإنتاجية والصناعية والتشييد والنقل والاتصالات.

د. تتكامل تقنيات الحاسبات الآلية، الاتصالات، الإلكترونيات في تقنية المعلومات التي توفر للمنظمة الحديثة فرصاً هائلة لتطوير عملياتها ومنتجاتها.

هـ. تلعب تقنية المعلومات الآن الدور الأساسي في إعادة تشكيل المنظمات، فضلاً عن تأثيراتها الصاعقة في مختلف مجالات الحياة الاجتماعية والثقافية والاقتصادية في المجتمعات المعاصرة.

و. تفرض التقنيات الحديثة منطق التعامل العلمي والتخطيط الاستراتيجي لإدارة التقنية واستثمار إمكانياتها إلى أقصى حد ممكن.

ز. تمثل التقنية الجديدة والمتجددة فرصة للمنظمات المعاصرة لتحقيق التميز والسبق والريادة بما توفره من طاقات وإبداعات غير مسبوقة، وتدفع القيادات الإدارية للاهتمام بتنمية الموارد البشرية لزيادة قدرتها على استيعاب التقنية الجديدة واستخدامها بكفاءة.

ح. تشجع المنظمة المعاصرة المعتمدة على التقنية أفرادها على البحث والابتكار والاختراع لتنمية الرصيد المعرفي من ناحية، والتفوق بالتالي على المنافسين من ناحية أخرى بما يبدعه هؤلاء الأفراد من علوم وتقنيات.

ط. تستشعر المنظمة المعاصرة شدة وخطورة المنافسة، كما تستثمر تقنيات الاتصالات والمعلومات وتقنيات الإدارة الإستراتيجية لتطوير أساليب الإنتاج والعمليات المختلفة في جميع مجالات النشاط، رغبة في الارتقاء إلى المستويات العالمية المعترف بها.

ي. تفرض تقنيات المعلومات وضرورات التعامل الإلكتروني في المنظمات المعاصرة، أهمية تطوير نموذج إداري يتميز بالانفتاح والمرونة والقدرة على التكيف مع التطورات التقنية، كما يسمح باختفاء الهياكل التنظيمية وتقسيماتها التقليدية ويظهر محلها شبكات من الحاسبات الآلية.

2) الواقع الإداري الجديد:

ويتمثل هذا الواقع الإداري فيما يلي:

– هيكل جديد من المفاهيم والتقنيات الإدارية التي تعكس فكراً مختلفاً يتناسب مع معطيات عصر التقنية العالمية والعولمة وثورة المعلومات والمعرفة.

– حزم متكاملة من البرمجيات والتقنيات ومناهج العمل الجديدة تغطي احتياجات الإدارة في مختلف قطاعات العمل والتخصيص، وتستثمر تقنيات المعلومات والاتصالات وشبكة الإنترنت وغيرها من مستحدثات التقنية العالية.

– هياكل متطورة من الموارد البشرية تتميز بالمعرفة والقدرة على الإبداع والابتكار.

- أنماط إيجابية ومتطورة لعلاقات المنظمات مع البيئة وعناصرها الاقتصادية والسياسية والاجتماعية.

- أنماط متطورة للتحالف والتعاون بين المنظمات ونشأت اتجاهات للتكتل وتكوين المجموعات القادرة على المنافسة وتحمل تكلفة التطوير والتميز.

1) عصر التطوير المستمر

تبينت الإدارة المعاصرة أهمية وحتمية التطوير المستمر باعتباره سبيل المنظمة للبقاء في مواجهة عالم التقنيات الجديدة المعاصرة وما تتيحه من إمكانيات وتفرضه من تحديات، حيث يشمل التطوير المستمر كل مجالات النشاط والمدخلات والمخرجات في المنظمة المعاصرة. فكل شيء حول المنظمة في تطور مستمر: المجتمع في حركة مستمرة، ورغبات وتطلعات المستهلكين تتزايد وتتعقد، مما يوجب تطوير وسائل ومنافذ جديدة لتقديم منتجات أفضل وبطرق أسرع وأكفأ في الاستجابة لرغبات العملاء. كذلك فإن الموارد البشرية في تطور مستمر والعاملين ذوي المعرفة Knowledge Workers هم الأساس في المنظمات الجديدة والذين يسعى إليهم سوق العمل.

2) نماذج إدارة التميز Management Excellence Models:

تكاملت مفاهيم الإدارة المعاصرة في مجموعة نماذج تكرس التميز باعتباره إطاراً فكرياً يتضمن العناصر الرئيسية في توجيه الإدارة في المنظمات المعاصرة لتحقيق التفوق وخلق القيم لكل أصحاب المصلحة المرتبطين بالمنظمات، وتنمية القدرات على التنافس والتطوير والإبداع وتحقيق النتائج والإنجازات الباهرة.

وقد تطورت بعض هذه النماذج وتقوم بعض المنظمات الدولية على ترويجها ومراقبة تطبيقها، ويتضمن النموذج الأوروبي لإدارة التميز مجموعة العناصر التالية التي تمثل ركائز العمل الإداري المتميز على مستوى المنظمة وكل جزء منها:

أ. التوجه بالنتائج.

ب. التركيز على العملاء.

ج. الاهتمام المتوازن بأصحاب المصلحة في المؤسسة.

د. القيادة الإستراتيجية الفعالة.

ﻫ. الإدارة بالعمليات.

و. تنمية مشاركة الموارد البشرية في الإدارة وتحمل مسؤوليات الإبداع والتطوير.

ز. التعلم التنظيمي، وتنمية بيئة تنظيمية محابية للابتكار والتحسين المستمر.

ح. تنمية علاقات المؤسسة مع مصادر الدعم والمساندة، والدخول في تحالفات إستراتيجية لتقوية القدرات التنافسية.

ط. الاعتراف بالمسؤولية الاجتماعية للمؤسسات ودورها في تنمية المجتمع.

دور القيادة الإدارية في تفعيل نماذج الفكر الإداري الجديد

تلعب القيادة الإدارية الفعالة الدور الرائد والقائد في تهيئة المنظمة للدخول في عصر المتغيرات واستكمال مقومات التميز، وتتركز مسؤولية القيادة الإدارية بالأساس في تحقيق ما يلي:

1) إقامة بناء استراتيجي متكامل للمؤسسة يبين رسالتها، ورؤيتها المستقبلية، والأهداف الإستراتيجية التي تسعى إليها.

2) تنمية منظومة من السياسات المتكاملة توفر قواعد العمل وأسس اتخاذ القرارات في جميع المجالات.

3) بناء وتطوير الهيكل التنظيمي المرن القادر على التكيف والتوائم مع المتغيرات، ويكون آلية سلسة لمساندة الأداء وليس عقبة جامدة تمنع التطور والنمو.

4) بناء وتشغيل نظام متكامل للمعلومات ودعم اتخاذ القرار، وتعميق استخدامات تقنيات المعلومات في كافة مجالات العمل.

5) بناء وتشغيل نظام متكامل لتأكيد الجودة الشاملة وتطبيقها في كافة مجالات العمل وعلى جميع المستويات.

6) بناء وتشغيل نظام فعال لإدارة الأداء يربط بين أداء الأفراد والمجموعات في تناسق يحقق الأهداف والإنجازات المستهدفة.

7) إقامة نظام فعال لقياس وتقييم الأداء المؤسسي، واتباع آليات متطورة للقياس المرجعي والمقارنة بأعلى مستويات الأداء في السوق وبين المنافسين.

8) بناء وتشغيل نظام متكامل ومتطور لإدارة الموارد البشرية يعظم الاستفادة من طاقاتها الذهنية والإبداعية، ويكرس مساهماتها في تنمية المؤسسة.

9) تصميم وتفعيل نظام متطور للتطوير الاستراتيجي والمستمر للمؤسسة.

المفاهيم المعاصرة للقيادة الإدارية

- القيادة تفاعل بين القائد ومجموعة البشر الذين يتولى قيادتهم، ومختلف أعضاء الموارد البشرية ذوي العلاقة بمضمون المهام المكلف بها القائد ومساعديه.

- يؤكد المبدأ السابق حقيقة مهمة أن القائد إذ يؤثر في تابعيه فهو أيضاً يتأثر بهم، والمعنى أن القيادة تفاعل وعلاقات متبادلة ومحاولات تأثير في الاتجاهين من القائد إلى تابعيه، ومن التابعين إلى القائد.

- القيادة الموقفية هي النمط الأكثر قبولاً في أدبيات القيادة الإدارية المعاصرة، والمعنى أن القائد يغير من أسلوبه القيادي وطريقته في التوجيه والتأثير على العاملين معه بحسب اختلاف المواقف والظروف، وبما يتناسب ونوعية هؤلاء التابعين ومستويات خبراتهم وكفاءاتهم ومواقعهم الوظيفية والمهنية.

- من الطبيعي أن يتوقع القائد في بعض الأحيان اختلاف سلوك العاملين معه عن توقعاته أو توجيهاته بسبب اختلاف توجهاتهم ودوافعهم، فضلاً عن الاختلاف في الإدراك وتقدير الأمور بين الطرفين.

- إن لب عملية القيادة والمصدر الجوهري لفعالية القائد ونجاحه في التأثير على التابعين ستركز في قدرته على توفير المساندة والدعم لهم، وثقتهم بقدرته على توفير احتياجاتهم المادية والمعنوية والمعلوماتية التي ترفع كفاءتهم في الأداء وتمكنهم من تحقيق مطالب المهام المكلفين بها.

- تبرز فعالية القيادة الإدارية من خلال عمليات إعداد وإدارة وتنمية الموارد البشرية في منظومة متجانسة تعكس الاهتمامات الإستراتيجية للمنظمة ومتطلبات تطويرها.

- يلتزم القائد الفعال في كافة المواقف القيادية بمنطق إدارة الجودة الشاملة، ويحفز الأفراد التابعين له على التعامل وفق علاقات "المورد العميل"، وذلك تثبيتاً لعلاقات التعاون والتكامل بينهم، ولضمان تحقق مستوى الجودة المحدد لمخرجات أعمالهم التي تمثل مدخلات أعمال فئات أخرى من العاملين في المنظومة الشاملة للأداء.

- تلعب القيادة الإدارية دوراً أساسياً في تصميم إستراتيجية إعداد وإدارة وتنمية الموارد البشرية وإدماجها في الإستراتيجية العامة للمنظمة.

- على القائد الإداري مساندة التابعين في اكتساب المهارات والمعارف وزيادة رصيدهم المعرفي واستثماره في تطوير الأداء، وذلك باعتبار مسؤوليته الأساسية هي التعليم والتوجيه والتدريب وتنمية قدرات معاونيه.

- القيادة الإدارية لا تعني بالضرورة تركيز السلطات والصلاحيات في القائد الإداري، بل يمكن أن تتحقق فعالية القيادة مع إعمال اللامركزية حيث يتحول دور القائد إلى رائد، مساند، موجه، أو ميسر.

- من المهام الحيوية للقيادة الإدارية الفعالة، العمل على شحذ وإطلاق الطاقات الفكرية والإبداعية للتابعين، وحفزهم على الابتكار وتوظيف خبراتهم ومعارفهم في أداء الواجبات المكلفين بها.

- يهتم القائد الفعال بتنمية الاتصالات بينه وبين مساعديه، ويعمل على القنوات وتعميق الحوار في قضايا العمل والبحث عن حلول للمشكلات وأفكار للتطوير، ويحرص على ضمان استمرارية وشفافية الحوار مع مساعديه وفيما بينهم.

- يحرص القائد على الاستماع للعاملين والبعد عن إصدار الأوامر والتوجيهات دون التماس آلائهم، كما يحرص على إجابة تساؤلاتهم ومناقشة اقتراحاتهم.

المهارات الأساسية للقائد الإداري الفعال:

1) يحتاج القائد الإداري إلى مهارات فكرية تساعده في تقدير المواقف وتقييم المشكلات واختيار الحلول المناسبة، وتتبلور في مهارة إدراك المواقف ورصد المتغيرات، واستثمار المعلومات المتاحة وتوظيفها لدعم اتخاذ القرارات بعد تحليل المشكلات والكشف عن أسبابها. كذلك يعتمد نجاح القائد الإداري الفعال على مهارته في بناء الاستراتيجيات وتنمية السياسات، وإعداد الخطط الإستراتيجية وحشد الجهود والموارد لتنفيذها بكفاءة. ومن المهارات الجديدة المطلوبة للقائد الإداري الفعال إجادة التعامل مع الحاسبات الآلية وتقنيات المعلومات والاتصالات.

2) كما يحتاج القائد الإداري إلى مهارات إدارية في اختيار مساعديه وتشكيل فرق العمل المتجانسة والفعالة التي يعهد إليها بمهام تتطلب التعاون وتكامل التخصصات. كذلك تحتل مهارة "إدارة الأداء" مرتبة متفوقة في هيكل المهارات القيادية للقائد الإداري المعاصر.

3) وتكتمل مهارات القائد الفعال حين تتوفر لديه القدرة على التعامل والتفاعل مع العاملين وغيرهم من البشر الذين يتصل عمله بهم سواء من داخل المنظمة أو من خارجها.

مسؤولية القيادات الإدارية

في تفعيل نظم إدارة الموارد البشرية الإستراتيجية

المسؤوليات هي:

أ. رصد التطورات الفكرية في مجال إدارة الموارد البشرية ومتابعتها، وتفهم المزايا والمشكلات المصاحبة لتطبيق الأفكار الجديدة، ثم استخلاص الفرص والتهديدات الناشئة عن التطبيق، وكذبك الأضرار التي قد تتحقق في حالة التخلف عن المنافسين في تطبيق الأفكار الجديدة.

ب. تنمية ثقافة تنظيمية محابية للتجديد وتهيئة الأفراد والمسؤولين في قطاعات العمل المختلفة لاستقبال أفكار إدارة الموارد البشرية الإستراتيجية وتبين منافعها ومزاياها، وتقدير الأضرار التي تنشأ من تركها وعدم الاستفادة منها.

ج. المساهمة بالفكر والقرار في إعادة تصميم الهياكل التنظيمية وتطوير نظم وعلاقات العمل بما يتفق ومتطلبات التنفيذ المتميز لجوهر أفكار وتقنيات إدارة الموارد البشرية الاستراتيجية.

د. تطوير نظم الموارد البشرية للتعامل الإيجابي مع التقنيات الجديدة، وإعادة هندسة عمليات استقطاب الموارد البشرية واختيارهم وتوظيفهم، وتخطيط وتفعيل نظام إدارة الأداء لتحريك الأداء وتوجيهه فيما يحقق أهداف الإدارة، ومتابعة الأداء وتقييمه ومساءلة الأفراد وجماعات العمل ومحاسبتهم بحسب النتائج المحققة.

ه. تطوير وتغيير الذات وتبني فلسفة شخصية محابية لمنهج إدارة الموارد البشرية الإستراتيجية وتوجهاته الأساسية وتطوير وممارسة أدوار قيادية مساندة لهذه الفلسفة الجديدة، ودعم وتنمية مشاركة الموارد البشرية في المنظمة للتطبيق الصحيح لتلك الفلسفة الجديدة وتصويب مسارها أول بأول.

القواعد العشر لنجاح القائد الفعال

1) البدء بالممكن للوصول إلى الأصعب من الأمور.

2) رؤية النافع في الضار والضار في النافع.

3) تغيير مكان العمل إذا ساءت الأحوال أو ضاقت الأمور.

4) تحويل الأعداء إلى أصدقاء، والمحافظة على الأصدقاء.

5) تحويل السالب من الأمور والمواقف إلى الإيجابية والفعالية.

6) استخدام المنطق والإقناع وقوة السلام أفعل من الفرض والتهديد والعنف.

7) التفكير الحر المتجدد الذي لا ينحصر في إما كذا أو كذا، ولكنه ينطلق بحثاً عن الطريق الثالث.

8) نقل العمل والجهاد إلى الميدان الأنسب واختيار وقت الهجوم وأساليبه.

9) التدرج في التغيير بالإقناع والتوضيح، والبعد عن الطفرة والفجائية.

10) التماس الواقعية والتوسط في الأمر الخلافية، والبعد عن التشدد والتعصب للرأي.

الفصل الثامن عشر

إدارة الخصخصة

إدارة الخصخصة

مفهوم الخصخصة:

هي زيادة في الملكية الخاصة، مع دعم القطاع الخاص للقيام بدور إيجابي في التنمية عن طريق بيع معظم القطاعات الإنتاجية العامة كلياً أو جزئياً للقطاع الخاص. أو تحويل القطاع العام (أو بيعه) إلى قطاع خاص.

أهداف الخصخصة

1) الأهداف الاجتماعية: نجاح الخصخصة يعود على المجتمع بالفوائد والمنافع الآتية:

أ.   العمل على إعادة توزيع الدخول وتحقيق العدالة الاجتماعية.

ب. دعم الديموقراطية وتشجيع اللامركزية التي تسمح بإعطاءه الصلاحيات الواسعة.

ج. تحسين مستويات المعيشة للمجتمع من خلال زيادة حم المشاريع الإنمائية وزيادة معدل النمو الاقتصادي مما يساعد على توفير فرص عمل جديد للناس.

د.   العمل على زيادة رأس مال المستثمر.

ه.   تقديم خدمات اجتماعية ذات جودة عالية.

2) الأهداف الاقتصادية: هنا الخصخصة تساعد على ما يلي:

أ.   التقليل من الأعباء المالية.

ب. إعادة تحديد وتوضيح دور الدولة في النشاطات الإنتاجية.

ج. العمل على زيادة وتحسين الإنتاجية.

د.   المساهمة في زيادة حجم المشاريع التنموية.

ه.   زيادة حجم الملكية الخاصة.

و.   جذب وتوسيع مجالات الاستثمارات الخارجية.

ز.   الحصول على التكنولوجيا وعصر العولمة.

دوافع الخصخصة

1) الدوافع الاقتصادية: حيث يدل هذا الدافع على ما يتمتـع بـه القطاع الخاص مـن مرونة وقدرات ومهارات بشكل يساعد أكثر علـى تشجيع الاستثمار وزيادة رأس المال وتحسين فرص العمل وتخفيف البطالة.

2) الدافع السياسي: حيث يدل هـذا الـدافع علـى مفهـوم الحريـة الإنسانية وتشجيع احترام الفرد وتقديره وإعطائه الحرية الكاملة في ممارسة نشاطات اقتصادية وإدارية واجتماعية، كما تهدف بعض الحكومات إلى تحسين المستويات المعيشية مـن خـلال إيجـاد فرص العمـل وتحقيـق الرضا الاجتماعي بين المواطنين.

3) الدافع الإداري: تركز الخصخصة هذه على رفع المنافسة الحرة، وهذا يعني ضرورة البحث عن مـوارد بشرية متميـزة وماهرة خاصـة في مجال سياسات التعيين وأمور التوظيف والحوافز، والعمل على تنمية مهارات وقدرات هؤلاء الأفراد إضافة إلى التركيـز علـى ضرورة تـوافر أبنيـة تنظيميـة متطورة من حيث الهياكل وطرق وأساليب العمل والإجراءات.

4) الدافع المالي: يعتبر العجز المتواصل والمستمر في الموازنة العامة خاصة في دول العالم النامية من الأمور التي شجعت إلى خصخصة بعض القطاعات. حيث أن هـذا العـبء الكبير علـى الحكومـات الأمر الـذي دفعهـا إلى تلك الخصخصة للتخفيف من هذه الأعباء، والمساعدة على التخلص مـن طلب القروض والمساعدات.

أساليب الخصخصة:

1) إنهاء ملكية الدولة: حيث تحاول الحكومة في إنهاء ملكيتها للمشروعات أو الممتلكات العامة، وهنا التحولات واضحة ومباشرة وإيجابية.

2) التفويض: هنا الحكومة تقوم بإعطاء وكالة وحدات القطاع الخاص، لكي تقوم بتقديم خدماتٍ بدلاً منها، ويشترط في هذه المرحلة أن تكون تدريجية، ويراعى هنا نسبة التحول وسرعة الإنجاز وفقاً للظروف السياسية والاقتصادية والاجتماعية. وهنا تقوم الحكومة بمواصلة مرحلة الإشراف والرقابة والمساءلة حول النتيجة النهائية. ويأخذ التفويض أحد الأشكال التالية: الامتياز، المنح، الإلزام، الكوبونات.

3) الإحلال: أي إحلال القطاع الخاص مكان القطاع العام لأداء النشاطات والأعمال. وبذلك إعطاء القطاع الخاص الفرصة لإظهاره ونموه طبيعياً ويكون بذلك سعي الحكومة ليس مباشراً.

من الأساليب الأخرى لتطبيق الخصخصة

1) الطرح العام للأسهم.

2) الطرح الخاص للأسهم.

3) بيع الأصول.

4) إتاحة الفرص لنمو الاستثمارات الخاصة داخل المشروعات المشتركة.

5) البيع إلى العاملين بالمشروع.

6) عقود الإيجار والإدارة.

7) نظام مقايضة الديون بأسهم في المشروعات العامة.

8) نظام الكوبونات لمشاركة الطبقات محدودة الدخل.

العوامل التي أدت لانتشار الخصخصة في العالم

أولا : العوامل الداخلية .

ثانيا : العوامل الخارجية .

أولا : العوامل الداخلية :

على أثر إخفاق الملكية العامة في تحقيق أهداف منشودة ، وإظهار عدم الكفاءة لهذا القطاع العام في أوقات متباينة على العكس من القطاع الخاص الذي أثبت من خلال الممارسة العملية كفاءته مما دفع الفكر الاقتصادي بالاهتمام بهذه القضية ، وظهرت على أثر ذلك قضايا أهمها :

1) نظرية حقوق الملكية : التي تشير إلى أن الحكومة تواجه مصاعب في تقديم الحوافز المناسبة لطبقة المديرين في القطاع العام وفي مراقبة أدائهم ، ومن ثم أن حرية التصرف ضئيلة لدى مديري القطاع العام بالمقارنة بنظرائهم في القطاع الخاص ، الأمر الذي يؤدي إلى اختصار المديرين على الأهداف الموضوعة والتي غالبا ما تكون متواضعة .

2) أما النظرية الثانية فهي (نظرية الاختيار العام) : وتذكر هذه النظرية على أن مديري القطاع العام يمكنهم الاستحواذ على مال وسلطة ومكانة اجتماعية ، بالمقارنة بإقرانهم في القطاع الخاص ثم بتحالفهم مع الوزارات الإشرافية لبناء جماعات مصالح ، وهذا بدوره يؤدي إلى تضخم الميزانيات ، الذي أصبح هدفا ، وكل الأهداف تعمل من اجل هذا الهدف ، وظهر هذا بشكل واسع في الستينات والنصف الأول من السبعينات ، وكل ذلك جعل الاقتصاديات عاجزة عن التكيف مع الأسعار العالمية .

3) وكذلك من العوامل الداخلية التي أدت إلى اتساع نطاق تطبيق الخصخصة هو رغبة الحكومات في الدول في المساهمة في ترشيد الأنفاق الحكومي من خلال التخلص من أعباء الدعم المادي الذي تتحمله الحكومات لمنتجات وخدمات

المرافق الشركات العامة وتوفير مصدر آمن للأموال يمكن أن يساهم في دعم الموازنات وتغطية العجوزات ، وعلى دفع القطاع الخاص لتولي الاستثمارات في هذه الأنشطة بدلا من القطاع الحكومي الذي يعاني من تراجع الاستثمارات والذي يحول دون التوسع في تقديم الخدمات والمنتجات لمواجهة الطلب المتزايد عليها ، وقطاع الحكومي لا يستطيع الصمود أمام القوى الاقتصادية العالمية ، بل يعتبر مسؤولا عن هدر كثير من إمكانيات التنمية الاقتصادية والبشرية .

ثانيا : العوامل الخارجية :

تمثلت هذه العوامل في الربط بين معونات الدول المتقدمة للدول النامية ، بأن تقوم الدول النامية ، باتباع سياسات اقتصادية ترتكز على الإصلاحات الهيكلية في اقتصادها بعدة اوجه كترشيد الأنفاق وتحرير الاقتصاد واعتماد آليات السوق ، ودعم الأطر المؤسسية للاستثمار وإصلاح الإدارة الاقتصادية والنظم القانونية والخصخصة . ولقلة الخبرة في الدول النامية قامت هذه المؤسسات الدولية بالتأييد وتطبيق عمليات التحول الفكرية إلي واقع عملي في النصف الثاني من السبعينات منها مجموعة البنك الدولي . فمساعدة مجموعة البنك الدولي المادية والفنية من خلال:

1) إعداد إستراتيجية ومنهج التطبيق للخصخصة.

2) اختيار المؤسسات المرشحة للخصخصة مع توفر الدراسات والبيانات

3) وضع جداول زمنية لتنفيذ خطة الخصخصة .

عوامل نجاح برنامج الخصخصة

1) يجب توفر عدة شروط تتمثل في توفر الإدارة السياسية الواعية والإدارة الكفؤة.

2) ضرورة العمل على وضع آليات تنظيمية وإشرافية ورقابية فعالة قادرة عل توفير البيئة السليمة واللازمة لنجاح الخصخصة.

3) يتطلب النجاح توفر الرغبة الحقيقة وتوفر الصدق والانتماء والولاء لبناء وطن قادر على إشباع حاجات أبنائه في الدولة.

4) حشد الدعم للخصخصة وشرح الواقع والتجارب الناجحة له.

5) الاعتماد على الخبرات الفنية القادرة في المجالات المهنية.

6) توفير جهـاز مركـزي للتنفيـذ وتوظيـف الكفـاءات المتخصصـة لإعـداد عمليـات الخصخصة والتعامل مع كافة الأطراف.

7) اختيار الوقت والأسلوب المناسبين لتنفيذ كل عملية على حدة.

8) تطبيق عملية التخاصية بشفافية ونزاهة.

شروط ومتطلبات الخصخصة:

1) القائمون على تنفيذ سياسة الخصخصة:

من أبـرز الشـروط والمتطلبـات التـي يجـب مراعاتهـا قبـل البـدء بتنفيـذ سياسـة الخصخصة تلك المتعلقة بالقائمين على تطبيقها باعتبارها أهم وأخطر الأطراف فيها، فهم المسؤولون عن نجاحها أو عدم نجاحها.

يجـب أن يتـولى تنفيـذ عمليـة التخاصيـة خبـراء متخصصـون ومؤهلـون وكفـؤئين ومدربين ولتولي مهام الرقابة والإشراف على الأنشطة والمؤسسات المنوي خصخصتها.

إن عمليـة الخصخصة يجـب أن تستنـد إلى طـرف فاعـل لديـه رؤيـة رشيـدة ويتمتـع بالمعرفة والدراية والجرأة في اتخاذ القرارات والحكمة والبصيرة اللتين تمكنانه مـن إيجـاد الربط المحكم بين الأساليب والنتائج والظروف والسياسات المختلفة.

وكما يجب أن تتوفر لديه الرغبة والقدرة على القيام بمتطلبات هذا القرار، ويجب التنبه في هذا المجال إلى أن هناك أطراف فاعلة في قرار الخصخصة منها:

1) القيام بدور المحدد.

2) صانع القـرار: وهـو الشـخص أو مجموعـة العمـل التـي تقـوم بجمـع البيانـات والمعلومات التي تظهر ضرورة اللجوء إلى الخصخصة ويجب علـى صانـع القـرار اتخاذ الأمور التالية بعين الاعتبار:

أ.   معالجة مشاكل التنمية الاقتصادية والاجتماعية.

ب.   أن يدرك تماماً أن كل قرار يجب أن يبنى على قدر من الرؤية الصائبة.

ج.   يضع بدائل مختلفة لمتخذ القرار بحيث يتناول هـذه البدائل خيارات عملية الخصخصة والأساليب المزمع اتخاذها.

د.   وعلى صانع القرار تحليل أوضاع القطاع العام وتقيـيم أدائـه، والتعـرف على أوجه القصور والمشاكل والمعوقات التي يعـاني منهـا وتنتهـي بعـرض البدائل والحلول التي يمكن أن تسهم في علاجها وتطويرها. حيث تقوم هذه البدائل إلى متخذ القرار ليقوم باتخاذ قراره باختيار البدائل الأفضل منهـا لعمليـة الخصخصـة واختيـار البـديل الـذي يحقق الهـدف بأقـل التكاليف وأفضل العوائد.

1)   منفذي القرار: وهم أخطر وأهم الأطراف في عملية الخصخصـة وهـم المسـؤولون عن نجاحها أو فشلها، فالقرار قـد يكـون مناسـباً وسـليماً ولكـن عنـدما يسـند إلى منفذين غير مؤهلين وغير صالحين لتطبيقه يفقد مزاياه، ويتحـول إلى عكس هـذه المزايا، ويتعين على منفذي القرار اتباع خطوات مهمة:

أ.   أن يتحروا ابتداع الأهداف المراد تحقيقها من قرار الخصخصة.

ب.   وضع إطار زمني محدد لهذه العملية.

ج.   وأن يتحـروا العلاقـات والترابطـات بـين بـرامج التنفيـذ وبـين القطاعـات الاقتصادية المختلفة ونواحي الإصلاح ومجالاته.

د.   أن ينفذوا الأدوات والوسائل والإمكانيات التي يمكـن توفيرهـا ورصدها لكل برنامج ولكل مرحلة من المراحل.

2)   المستفيدين من عملية التخاصية: حيث أن الغايـة والهـدف مـن قـرار الخصخصـة يتمثلان في زيادة قدرة المجتمع على توفير الرفاهية لأفراده وتحسين مستويات

معيشتهم. وهذا يتطلب بطبيعة الحال تعاون وتضافر الجهود لتحقيق برنامج الخصخصة وإنجاحه.

2)استبعاد خصخصة المرافق الوطنية وخاصة تلك التي تتمتع باحتكار فعلي:

يقصد بالوحدات الاقتصادية القابلة للخصخصة تلك الوحدات والمشروعات العامة التي تمتلكها الدولة والتي يمكن لنا أن تتخلى عنها وتتصرف فيها للقطاع الخاص. يجب معرفة الهدف المقصود من المرافق العامة والوقوف على مدلولها لغايات معرفة نوعية المشروعات القابلة للتخصيص وتلك الواجب استبعادها، حيث يعرف المرفق العام على أنه (وسيلة من الوسائل التي تلجأ إليها السلطات العامة لقضاء الحاجات التي لها صلة بالنفع العام).

إن اضطلاع الدولة بإدارة المرافق العامة باعتبارها الوسيلة التي تلجأ اليها لسد الحاجات العامة وتحقيق النفع العام، لا يمنع من تملك الدولة كلياً أو جزئياً لبعض المشروعات التي تتخذ طابعاً اقتصادياً (تجارياً أو صناعياً) والتي تهدف من خلالها إلى تحقيق الربح، بصرف النظر عن الوصف القانوني لشكل هذه المشروعات سواء مؤسسات أو شركات مساهمة عامة أو غيرها. إذ بالرغم من أن اضطلاع الدولة بمثل هذه المشاريع يهدف أولاً وأخيراً إلى تحقيق المصلحة العامة للدولة، إلا أنه لا يمكن اعتبارها مرافق عامة حسب المفهوم القانوني لهذا الاضطلاع، وبالتالي هذه المشروعات تبقى محكومة بالنظام القانوني الخاص المستمد من قواعد القانون الخاص، وبذلك تقبل جميعها الخصخصة.

وتحدد قابلية المشروعات للتخصيص من عدمه لغايات تحديد المشروعات الواجب استبعادها من هذه العملية.

عمليات تهيئة المناخ العام لتنفيذ برنامج الخصخصة

1) تهيئة مناخ تنافسي

اعتادت منشآت القطاع العام العمل في مناخ احتكاري أو يكاد ينقصه الدافع لتحسين الأداء, حيث لا توجد في الغالب مساءلة عن النتائج, وزاد من عمق المشكلة, أن

266

الأهداف الاجتماعية قد تأخذ موقعها على قمة أولويات منظومة الأهداف المنشودة. وأن الإعلان لإفلاس المنشأة غير وارد في غالبية الأحيان. وفي ظل هذه الظروف يصبح خلق مناخ تنافسي هو مسألة حتمية لرفع كفاءة الأداء. وهناك سبيلان لتحقيق ذلك هما: إزالة الحواجز أمام التجارة الدولية، وإعادة هيكلة السوق المحلي.

فالمنافسة التي تواجه المنشأة في السوق المحلي نتيجة لتخفيف القيود على استيراد سلع مماثلة، وكذلك المنافسة المتوقعة في الأسواق الخارجية أثناء سعي المنشآت لتسويق منتجاتها هناك أمور من شأنها أن تثير الدافع لتحسين الأداء.

وفي هذا الصدد تشير دراسة أجراها البنك الدولي إلى أن المنافسة المحدودة والمخططة التي تعرضت لها شركة هندوستان الهندية للعدد والآلات في أسواق التصدير قد ترتب عليها تحسن ملموس في الأداء، رغم ضآلة الحصة التصديرية للشركة التي بلغت (8%) فقط من مبيعات الشركة.

أما إعادة هيكلة السوق المحلي باعتباره أحد السبل المنافسة، فيمكن تحقيقه بوسائل عديدة من أبرزها إعادة النظر في التشريعات التي تعطي مركزاً احتكارياً لبعض منشآت القطاع العام وذلك بتحقيق المساواة بينها وبين منشآت القطاع الخاص.

وهذا يتطلب إلغاء الدعم بجميع صوره لمنشآت القطاع العام وعدم التمييز بينها وبين منشآت القطاع الخاص في العقود الحكومية أو في الحصول على الائتمان المصرفي. أو في الحصول على ما تحتاجه من نقد أجنبي بالإضافة إلى إزالة الحواجز التي تمنع دخول شركات جديدة وتوحيد المعاملة الضريبية.

هناك تجارب أسفرت عن فقدان منشآت القطاع العام لمركزها في السوق في ظل هذا المناخ الجديد، كما حدث لشركة التنمية الزراعية في الصومال. إلا أن شركات أخرى مثل شركات القطاع العام للاستيراد في النيجر استطاعت في ظل المنافسة القوية في القطاع الخاص تحقيق أداء أفضل وأرباح أكثر ليس هذا فقط بل أن أسعار المنتجات المستوردة قد انخفضت وامتلأت بها الأسواق.

2) تطوير سياسات التمويل بما يلاءم احتياجات السوق التنافسي:

عادة ما يتسم هيكل رأسمال الشركات العامة بضآلة رأس المال المدفوع. وعندما تنخفض الإيرادات نتيجة الأسعار المتدنية التي تفرضها الدولة، تضطر الشركة للاستدانة لتغطية المصاريف التشغيلية أو لتوفير التمويل لاستثماراتها. ولا تجد الشركات العامة صعوبة تذكر للحصول على القروض، فهي عادة ما تتمتع بامتيازات خاصة للحصول على ائتمان وتسهيلات غير محدودة للسحب على المكشوف وقروض محلية بأسعار فائدة منخفضة، وأموال أجنبية منخفضة التكاليف نتيجة أسعار صرف متدنية للعملة المحلية مقارنة بما ينبغي أن تكون عليه. يضاف إلى ذلك أن شركات القطاع العام غالباً ما تتجاهل تسديد ديونها لبعضها البعض، مولدة بذلك مستحقات متبقية تمثل حلقة متشابكة تصيب أطرافها بتباطؤ في تحصيل المستحقات وعجز مزمن في السيولة.

هذه السهولة في الحصول على تمويل بأسعار وتكاليف منخفضة، واستعداد الحكومة لتحمل يدون شركات الدولة أو لتمويل العجز الذي تعاني منه، يؤدي إلى ما يسمى بقيود الميزانية اللينة (Soft Budget Constraint) التي لا يتعرض فيها مدراء الشركات الحكومية لضغوط لخفض التكاليف أو للمحافظة على الموارد المالية. والنتيجة هي سوء تخصيص للموارد، واختيار مشاريع ذات كثافة رأسمال عالية ومديونية متزايدة وتزاحم المقترضين من القطاع العام في السوق المالي المحلي ونزعة عامة لتوسيع نشاط الشركة وربما دون أساس يقوم عليه.

3) وضع إطار لسياسة تسعير فعالة

هناك عنصراً هاماً وحساساً لأي إصلاح للمؤسسات المملوكة للدولة وهو أن تترك التسعير للسوق وآلياته في ظل مناخ تنافسي صحي. وفي حالة المؤسسات التي تمتع بميزة احتكارية فهناك ميل لوضع تعريفة أو سعر للمنتج على أساس ما يسمى بسعر الكفاءة الذي يساوي التكلفة الاقتصادية لآخر وحدة مباعة مضافاً اليها هامش معين للربح. هذا المدخل في التسعير قد يكون من شأنه تحميل المستهلك مسؤولية انخفاض الكفاءة.

فانخفاض الكفاءة يرفع التكلفة ويفتح الباب لرفع سعر الخدمة. لذا ينبغي أن تسعى الحكومة أولاً إلى تحفيز المدراء للبحث عن مجالات لضغط التكاليف، بنفس حماسهم لرفع الأسعار. ففي تركيا مثلاً، حسنت المؤسسات العامة الاحتكارية من وضعها المالي وخففت العبء على الخزينة برفع الأسعار، ولكن كان ذلك على حساب المستهلك طالما لم تبذل الإدارة الجهد الكافي لجعل المؤسسة أكثر كفاءة وقدرة على تخفيض التكاليف. ويمكن للحكومة مثلاً أن تحدد تكلفة مستهدفة للوحدة على ضوء مؤشرات مرجعية من دول أخرى أو من الأداء السابق للشركة على أن يسمح للشركة بأن تحتفظ بجزء من الفائض الذي يتحقق بعد ذلك، لعدد محدود من السنوات على الأقل حتى يتولد الحافز للمدراء لخفض التكاليف.

4) إعادة صياغة السياسات الاقتصادية

من أكثر السياسات الاقتصادية ذات الصلة بالمؤسسات العامة هي تلك التي تهيئ مناخاً تنافسياً وتوفر سبل تمويل ملائمة وتضع إطاراً لسياسة تسعير فعالة. وعادة ما تكون الحكومات غير مستعدة لتغيير تلك السياسات في يوم وليلة. ولكن وكحد أدنى عليها أن تحدد الإصلاحات الأساسية المطلوبة، وأن تتبنى جدولاً زمنياً للتغيير. ذلك إعادة هيكلة المنشآت بدون إطار كاف لإصلاح سياسات الاقتصاد الكلي التي من شأنها أن تؤدي إلى نتائج عكسية أو على الأقل تضعف من الآثار الإيجابية التي كانت متوقعة من وراء التغيير.

5) بناء تشريعي متطور

بينت التجارب بأنه متى بدأت الحكومة بالانتقال من إصلاح سياسات الاقتصاد الكلي إلى تفاصيل إعادة هيكلة قطاع مؤسساتها العامة، فإنه غالباً ما تميل إما إلى إغفال الحاجة لتغييرات قانونية، أو أن تخطئ في تقدير الوقت الذي تتطلبه هذه التغييرات. إلا أن نجاح أو فشل برنامج تحريك الاقتصاد في اتجاه تحقيق كفاءة أعلى قد يتوقف على تغييرات

جوهرية في البيئة القانونية للمساعدة في خلق مناخ تنافسي أكبر ومساءلة أكبر في كلا القطاعين العام والخاص.

هذا ويقتضي التحول الحتمي في نطاق أدوار الدولة نتيجة الأخذ بسياسة الخصخصة مراجعة شاملة وتطوير جوهري للتشريعات التي انبثقت عن منهج مختلف في إدارة الاقتصاد والتعامل مع القطاع الخاص. وهذا يقتضي بدوره ضرورة تهيئة المناخ لتسيير إجراءات التقاضي وسرعة البت فيها. إضافة إلى ضمان حرية القضاء وسيادة القانون.

ويقتضي التمهيد لبرنامج الخصخصة تنمية أساليب بديلة لفض المنازعات بين المنشأة والأطراف التي تتعامل معها من بنوك وموردين وعملاء وعاملين مع إمكانية الأخذ بنظام التحكيم كأسلوب يضمن سرعة البت في المنازعات.

6) توفير متطلبات عامة لدخول الشركات ضمن برنامج الخصخصة:

يتعلق بتحليل المتطلبات دخول الشركة العامة ضمن برنامج الخصخصة، وفي هذا الموضوع نشير إلى ثلاثة متطلبات أساسية تتمثل في وضع حدود للأهداف غير التجارية وتشخيص حالة الشركة وتحديد إطار العلاقة بينها وبين الحكومة.

الفصل العاشر عشر

إدارة الشفافية

إدارة الشفافية

مفهوم الشفافية (Transparency)

تعني الوضوح التام في اتخاذ القرارات ورسم الخطط والسياسات وعرضها على الجهات المعنية بمراقبة أداء الحكومة نيابة عن الشعب وخضوع الممارسات الإدارية والسياسية للمحاسبة والمراقبة المستمرة.

أو تعني ببساطة شديدة توفير المعلومات اللازمة ووضوحها و (إعلان) تداولها عبر جميع وسائل الإعلام المقروءة والمكتوبة والمسموعة والتصرف بطريقة مكشوفة وعلنية.

أهمية الشفافية:

1) تحقيق المصلحة العامة.

2) المساعدة في اتخاذ القرارات الصحيحة.

3) توفير النجاح والاستمرارية لأية منظمة تريد مكافحة الفساد بكل أشكاله.

4) تسهيل جذب الاستثمارات وتشجيعها.

5) إنعاش السوق المالي.

6) إزالة العوائق البيروقراطية.

7) دور الشفافية في تنمية الخصخصة.

لذا فإن أهمية الشفافية تكمن في أنها قناة مفتوحة للاتصال بين أصحاب المصلحة والمسؤولين، وهي بذلك أداة هامة جداً لمحاربة الفساد الذي يستشري خاصة في الدول النامية حيث تتطلب الكشف عن مختلف القوانين والقواعد والأنظمة والتعليمات والمعايير والآليات بشكل عام للإقرار عملياً بالمساءلة والمحاسبة في حالة عدم احترام أو مراعاة تلك الآليات والقواعد.

كما أن الشفافية مصطلح يطلق على حرية تبادل المعلومات وإعلانها ليعلم بها الطرف الآخر، فهي إذن مدير مكتب الأمين العام مرادفة لمفهومي (الوضوح والمكاشفة)

اللذان لا يسببان أو يتسببان في الإبهام أو الشك لدى الآخرين أو يقودان إلى الشائعات فيما بينهم، وبالتالي فهي قريبة من المعنى العام للصراحة.

إن الشفافية وإن كانت مطلوبة في حياة الناس مع بعضهم البعض والعلاقات الإنسانية بشكل عام إلا أنها تبدو ضرورية وملحة في منظمات العمل الإدارية والسياسية.

من جانب آخر تعتبر الشفافية عامل استقرار سياسي قوي يظهر بجلاء ويرسخ مفاهيم التقدم الحضارية سياسياً لدى الدولة أياً كانت، وذلك حين تكون حق من حقوق المواطنين، عندها يكون واجب السلطة والإدارة تجاه المواطنين، عندها يكون واجب السلطة فتح المجال أما المواطنين للإطلاع على سير إدارة شؤون المجتمع في كافة النواحي والمجالات.

فوائد تطبيق الشفافية

يترتب على تطبيق مفهوم الشفافية العديد من الآثار الإيجابية على اتخاذ القرارات الفردية وعلى التنظيمات الإدارية، وهذه الفوائد تبدو لنا كما يلي:

1) تقليل الصلاحيات الواسعة في عمليات اتخاذ القرارات، وذلك لتخفيف درجة المركزية، كما ويجب العمل على تشجيع المبادرات الشخصية ضمن قواعد العمل وأنظمته، والعمل على ضرورة توفير الفرص لتنمية المهارات والقدرات المتوفرة لدى الأفراد العاملين.

2) ترسيخ قيم التعاون وتضافر الجهود ووضوح النتائج، حيث يتم المحاسبة على التجاوزات بشكل جماعي من خلال اتخاذ قرارات جماعية.

3) العمل على اختيار القيادات الإدارية ذات القدرة على أخذ القرارات النزيهة والأمانة والموضوعية والانتماء والولاء للمنظمة وللصالح العام، كما يتم من خلال اتخاذ قرارات مناسبة على إظهار نقاط الضعف والقوة وتحديد الانحرافات والعمل على تصحيحها الأمر الذي يعني المزيد من الشفافية في بيئات العمل.

4) يتمتع الأفراد العاملين في التنظيمات الإدارية المطبقة باستقلالية أكثر أثناء قيامهم بواجباتهم الوظيفية، وهذا يعزز الرقابة الذاتية بدلاً من الرقابة الإدارية المستمرة، الأمر الذي يجعل قرارات الأفراد العاملين فيما يتعلق بأعمالهم أكثر شفافية ومصداقية.

5) العمل على تغير الثقافة التنظيمية السائدة، وهذا يتطلب اتخاذ قرارات ضرورية متغيرة في ثقافة المنظمة حتى يتكون لدى الأفراد العاملين اتجاهات إيجابية تشير إلى أن أهم ما في التنظيم هو العمل على تقديم خدمات ذات جودة للمواطنين مع ضرورة التعامل معهم بشفافية عالية واتخاذ قرار مناسب لهم خالي من العقد والروتين.

الممارسة الأخلاقية ودورها في تعزيز الشفافية ومكافحة الفساد الإداري

نتيجة للمخالفات السلوكية والتجاوزات والممارسة الإدارية الخاطئة والفساد الإداري والرشوة والاختلاسات والتزويد والمحسوبية واستغلال الوظيفة العامة وتقديم خدمات للأصدقاء وانتشار مفهوم الشللية في أجهزة الإدارة العامة. كل ذلك أدى إلى ذلك أدى إلى البحث عن مفاهيم وممارسات وأدوات للقضاء على هذه المخالفات أو للتخفيف من حدتها، ولذلك كانت الأخلاقيات وتنميتها وتطويرها من أهم الأدوات التي تؤدي إلى القضاء على كل هذه الأشكال من الفساد الإداري، لذا فإن غياب الشفافية في المجتمعات يزيد من تفاقم الفساد (Corruption).

الدعوة للشفافية

مكافحة الفساد والهدر، المساءلة وبناء الديمقراطية وتعزيز بناءها، إن مفهوم الشفافية مرتبط ارتباطاً وثيقاً من حيث المطالبة بمفهوم آخر هو الفساد والهدر والتقصير ويعتمد أساساً في بناءه، وتأكيده على صفته وقيمته في حياتنا على جانب آخر هو المساءلة والإصلاح والمحاسبة فبقدر ما نحقق الإصلاح والمساءلة ونكافح الفساد والمفسدين نكون أقرب إلى بناء مجتمع الشفافية الذي ينادي به كل المخلصين من أبناء الوطن.

وأهم عوامل بناء المجتمع الشفاف هي:

1) تعزيز قيمة الصدق في حياتنا من خلال تأكيد أن الشفافية ليست متطلباً فقط بل هي قيمة ملتزمة تلازماً أكيداً بمفاهيمنا التربوية والسياسية والأخلاق والديمقراطية وقبل ذلك هي جزء من قيمنا التاريخية والوطنية وفي صلب المكونات العقائدية في حياتنا دينية كانت أو سياسية وليست حكراً على جماعة وطنية دون أخرى وعلى تنظيم سياسي دون سواه.

2) تعزيز البناء الديمقراطي في حياتنا على مستوى الفرد والجماعة ومنح المواطن كامل حقوقه وأهمها حقه في عملية صنع القرار على كافة الأصعدة وأهم من ذلك إطلاعه بصدق وشفافية على المكونات الرقمية التي تلعب دوراً أساسياً في عملية صنع القرار سواء الاقتصادي أو السياسي أو حتى الاجتماعي.

3) التأكيد على أن المحاسبة هي حق من حقوق المواطنين تجاه السلطة كأحد الضمانات الأساسية لتعزيز الديمقراطية في المجتمع وبناء المجتمع الشفاف وتعزيز شرعية الانتخاب ضمن الشروط التي تناسب استمرار المواطنين في الرضى عن هذا المسؤول أو تقديرهم لحسن أدائه وضمن إطار آخر هو تقيده بالقانون الذي أرساه المجتمع ووضعه لهذا القانون أساساً لحماية مستقبل مواطنيه من خلال مراقبة المخلصين وتعزيز قدرة الأجهزة الرقابية السلطوية والاجتماعية.

4) أن مشاركة أوسع لفئات المواطنين (دون نظرة تخوينية لأحد أي لا يمكن إثبات ذلك إلا عن طريق الإدانة القانونية وليس السياسية)، وفتح المجال أمامها في التأثير وعملية صنع القرار في كل المستويات هي أهم الضمانات التي تكلف تعديل وتحسين وتطوير أداء مختلف الهيئات في المجتمع بما يضمن باستمرار تحقيق مصلحة الجزء الأكبر من المواطنين ومن شأن ذلك أن يدفع باستمرار إلى تطوير المجتمع ورقية باتجاه توفير السبل والوسائل لحياة المواطنين وراحتهم ورقيهم وتقدمهم.

5) إن الشفافية تعني بالشكل الأساسي أن تكون كل المرافق والمؤسسات التي تدير الشأن العام شفافة تعكس ما يجري بداخلها وما يدور بداخلها وما يشاع في أروقتها.

6) توفير سيادة القانون والفصل بين السلطات (لا أن تعزز سطوة السلطة التنفيذية على السلطة التشريعية وفق ما جرى في قرار صرف القضاة بحجة إصلاحها ومكافحة الفساد فيها) وصون حق حرية الحصول على المعلومة وفق الأطر القانونية واحترام حقوق المواطن على اختلافها هي من أهم الأسس التي يعتمد عليها في بناء بيئة سليمة للممارسة والشفافية.

7) تعزيز قيمة المساءلة في حياة المواطن والجماعة واتخاذ الإجراءات التي تعزز هذه القيمة وأهمها الخطوات التي تكون على المستويات الأعلى بمثابة قدوة ومحرك للتغير وتعزيز هذه القيمة مراعين الظروف التي مر بها المواطن والهيئة الاجتماعية خلال عشرات السنوات التي ارتبطت بالظروف الاستثنائية وعدم قدرة المواطن على تجاوز حاجز الشرطي الذي يقبع في داخله ويعرقل انطلاقته نحو مرحلة المحاسبة الشعبية.

8) تعزيز دور الإعلام الشفاف نظراً لما يلعبه هذا الإعلام سواء كان عاماً أو حزبياً خاصاً في تحريك عجلة التغيير الاجتماعي والتربوي عبر وسائله الأكثر انتشاراً أو أكثر قدرة على الدخول إلى أبعد وأصعب المعاقل.

9) استغلال التراث الحضاري والسياسي والديني في عملية زرع روح القدوة والشفافية في حياة المواطن والجماعة وعدم إغفال ذلك.

الشفافية والمساءلة

الشفافية والمساءلة مقومين أساسي من مقومات الحكم الصالح الذي يشكل شرطا مسبقا من شروط تحقيق التنمية البشرية والتي تمثل بدورها الهم الرئيسي لبرنامج الأمم المتحدة الإنمائي والهدف النهائي لجميع برامجه وأنشطته.

الشفافية والمساءلة مفهومان مترابطان يعزز كل منهما الآخر. ففي غياب الشفافية لا يمكن وجود المساءلة، وما لم يكن هناك مساءلة فلن يكون للشفافية أية قيمة. ويسهم وجود هاتين الحالتين معا في قيام إدارة فعالة وكفؤة ومنصفة على صعيد المؤسسات العامة والخاصة.

الشفافية ظاهرة تشير إلى تقاسم المعلومات والتصرف بطريقة مكشوفة. فهي تتيح لمن لهم مصلحة في شأن ما أن يجمعوا معلومات حول هذا الشأن قد يكون لها دور حاسم في الكشف عن المساوئ وفي حماية مصالحهم. وتمتلك الأنظمة ذات الشفافية إجراءات واضحة لكيفية صنع القرار على الصعيد العام، كما تمتلك قنوات اتصال مفتوحة بين أصحاب المصلحة والمسؤولين، وتضع سلسلة واسعة من المعلومات في متناول الجمهور.

تقوم الشفافية على التدفق الحر للمعلومات. وهي تتيح للمعنيين بمصالح ما أن يطلعوا مباشرة على العمليات والمؤسسات والمعلومات المرتبطة بهذه المصالح، وتوفر لهم معلومات كافية تساعدهم على فهمها ومراقبتها. وتزيد سهولة الوصول إلى المعلومات درجة الشفافية. ولكي تكون المؤسسات المستجيبة لحاجات الناس ولمشاغلهم منصفة، عليها أن تكون شفافة وأن تعمل وفقا لسيادة القانون. فإصلاح مؤسسات الدولة وجعلها أكثر كفاءة ومساءلة وشفافية ركن أساسي من أركان الحكم الصالح. وتعتمد شفافية الجهاز البيروقراطي اعتمادا كبيرا على توفر المعلومات وصحتها. ويتطلب النقاش النشط حول قضايا السياسات العامة، وهو نقاش من صلب الإدارة العامة الصالحة من الحكومات لتوفير البيانات المتعلقة بالحسابات القومية وميزان المدفوعات والعمالة، وتكلفة المعيشة. وترتبط نوعية عملية صنع القرار والمخاطر والتكاليف المترتبة عليها بطبيعة المعلومات التي يتم تزويدها لصناع القرار. فمن الواضح أن الحكومة مصدر رئيسي للمعلومات ومستخدم رئيسي لها في آن واحد. فسياسات الحكومات عرضة للتأثر بمعلومات ذات نوعية رديئة بنفس القدر الذي تشكل فيه المعلومات المتعلقة بالاقتصاد وبأوضاع السوق عنصر أساسي لقدرة القطاع الخاص على إجراء حسابات صحيحة.

الشفافية عنصر رئيسي من عناصر المساءلة البيروقراطية يترتب عليه جعل جميع الحسابات العامة وتقارير مدققي الحسابات متاحة للفحص العمومي الدقيق. فالشفافية تقي من الاخطاء الحكومية، ومن ارتكاب خطأ في تقدير الموارد، ومن الفساد. وقد تمّ توجيه جهود المساهمين الخارجيين في عملية تعزيز الشفافية نحو مساعدة الحكومات على جعل الموازنات وبرامج الإنفاق العام أكثر شفافية. تشكل حماية البيئة وجميع أشكال الإدارة المالية مجالات أخرى يكون فيها للشفافية دور حاسم على صعيد الفعالية وعلى صعيد احتواء الفساد. فالإدارة أو الوكالة المالية بوجه خاص تتيح فرصة كبيرة لارتكاب المخالفات من جانب الموظفين والإخلال بالأمانة في العمل. وتستطيع وسائل الاعلام إحداث قدر كبير من التأثير في هذا الميدان.

المساءلة: يعرّف برنامج الأمم المتحدة الإنمائي المساءلة على أنها الطلب من المسؤولين تقديم التوضيحات اللازمة لأصحاب المصلحة حول كيفية استخدام صلاحياتهم وتصريف واجباتهم، والأخذ بالانتقادات التي توجه لهم وتلبية المتطلبات المطلوبة منهم وقبول (بعض) المسؤولية عن الفشل وعدم الكفاءة أو عن الخداع والغش.

يمكن لآليات وضع المسؤولين موضع مساءلة أن تكون فيما بين المؤسسات الحكومية المختلفة؛ أو داخل المؤسسات بين المشرفين والمرؤوسين؛ أو أن تتعدى المؤسسات، مثلا عندما يتوجب على مؤسسة وموظفيها الإجابة مباشرة على أسئلة الزبائن أو كل من لهم مصلحة في المؤسسة. ويمكن لآليات المساءلة أن تتناول قضايا تبحث في من هم الذين يحتلون مواقع المسؤولية في المؤسسات وفي طبيعة القرارات التي يتخذونها. تتطلب المساءلة وجود حرية معلومات وأصحاب مصلحة قادرين على تنظيم أنفسهم وسيادة القانون.

تشكل المساءلة البيروقراطية، خصوصا من حيث علاقتها بإدارة الأموال العامة، معيارا آخرا من معايير الإدارة العامة السليمة. وتتطلب المساءلة وجود نظام لمراقبة وضبط أداء المسؤولين الحكوميين والمؤسسات الحكومية، خصوصا من حيث النوعية

وعدم الكفاءة أو العجز وإساءة استعمال الموارد. ومن الضروري أيضا وجود نظم صارمة للإدارة والوكالة المالية، وللمحاسبة والتدقيق، ولجباية الإيرادات (الرسوم الجمركية، مثلا) جنبا إلى جنب مع عقوبات تطبّق بحق مرتكبي المخالفات المالية والإدارية.

من أجل إحراز شكل أكثر كفاءة وأكثر إنصافا من أشكال الإدارة، تجري معظم حكومات الدول النامية إصلاحات جارفة لأجهزتها البيروقراطية. فإصلاح مؤسسات الدولة لكي تصبح أكثر كفاءة ومساءلة وشفافية هو ركن من أركان الحكم الصالح. ويتطلب الإصلاح الفعّال إلتزاما سياسيا يجب أن يحظى بمساندة القطاع الخاص والمجتمع المدني. وقد امتدت تجربة برنامج الأمم المتحدة الإنمائي في مجال المعرفة الفنّية لإصلاح الإدارة العامة ولإدارة عملية التنمية من العمل الريادي في مجال تقييم التعاون الفنّي على الصعيد الوطني وبرامجه إلى دعم جهود الإصلاحات الشاملة لسلك الخدمة المدنية. وسعى برنامج الأمم المتحدة الإنمائي في العديد من الدول إلى إيجاد شركاء أساسيين وإلى التعامل مع ائتلافات قوية سياسيا، وعثر على مداخل ملائمة إلى هذه الدول، وأطلق حوارا حول السياسات المتبعة جمع ما بين أصحاب المصلحة والمستفيدين، وأدخل الإصلاحات بطريقة ممرحلة وشاملة.

شددت جهود برنامج الأمم المتحدة الإنمائي في الكثير من هذه الدول على تدخلات تستند إلى مستويات التعليم العالية للناس، ومساعدتهم على اكتساب سبل الوصول إلى المعرفة والمعلومات والتجارب والخبرات من الخارج التي تعينهم على تطوير قدرات تعكس أولويات الإصلاح. وكانت تلك الإصلاحات شاملة تدمج أحيانا عدة عمليات مترابطة، وتؤكد بوجه عام على الحكم الصالح وعلى إطار مستقر للإقتصاد الكلي. كما أن تطوير مؤسسات ديمقراطية وقابلة للمساءلة (بما فيها الأحزاب السياسية والاتحادات المهنية الحرة ووسائل الإعلام) مسألة حاسمة بالنسبة للإصلاح الإداري. ويعتبر تقديم الدعم لمنظمات القطاع الخاص والمجتمع المدني الناشئة، خصوصا في مجال تطوير قدراتها الإدارية وفي مجال المساءلة، من الأولويات.

يجب أن يكون صناع القرار في الحكومة والقطاع الخاص والمجتمع المدني عرضة للمساءلة من قبل الجمهور، فضلا عن مسؤوليتهم أمام أصحاب المصلحة في المؤسسات المختلفة. وتتفاوت العمليات التي تضمن حصول المساءلة تبعا لنوع المؤسسة أو المنظمة وما إذا كانت عملية صنع القرار تتخذ في داخل المؤسسة أو تأتي من خارجها.

علم الشفافية

كثر استعمال كلمة " الشفافية" في الخطاب السياسي العربي في الآونة الأخيرة، ويزداد الاستعمال كلما تعقدت الأمور وصعب إيجاد المخرج للأزمة على أرض الواقع، فيأتي الانفراج باستحداث الكلمات ومن خلال اللغة وبصياغة خطاب سياسي وهمي مطعم بألفاظ بها مفتاح الفرج.

ويستعمل اللفظ في كل الاتجاهات، وبكل المعاني، ولتحقيق كافة الأغراض حتى لو تعلق الأمر بمعان متضاربة، فاللفظ يجد هوى في النفس، وهي صورة فنية في ثقافة تعشق الكلمات والأغاني والأشعار وتستعمل التشبيهات، وما زالت الأمثال العامية فيها سلطة وحجة لفهم الواقع وتبرير أحداثه. ومن كثرة الاستعمال في معان متضاربة، فقدت معناها الدقيق. يستعملها القائل بأي معنى يشاء. ويفهمها السامع بأي معنى يريد غرض القائل باعتباره مغنياً أو فتاة إعلانات أو لاعب كرة أصبحت كلمة "شفافية" غير شفافة لأنها لا تعني شيئاً محدداً بل وتستخدم لأغراض غير شفافة. بل أنها أصبحت من ألفاظ النفاق في الخطاب الذي يهدف في العلن إلى غير ما يبطنه في السر.

وهل كلمة غير عربية، كلمة غير أصلية ترجمت للفظ أجنبي (Transparence) الذي يعني اشتقاقاً ما يمكن الرؤية من خلاله أو ما لا يمنع الرؤية، وما لا يحجب أو يستر أو يمنع مثل الزجاج، ويضاده لفظ المعتم (Opaque) وفي الاستعمال تعني عكس المعنى الاشتقاق تهدف إلى التعمية والتستر والتغطية والتمويه والتضليل وإبعاد الناس عن الفهم والرؤية، يستعملها السياسيون والموظفون العموميون والمديرون ورجال الأحزاب والإعلام وكثير ممن يتصدون للحياة العامة. بل ويستعملها الرؤساء أيضاً للهروب من

تحليل الواقع وتشخيص أزماته وكأن القضية في النفس، فكلما صفت النفس وراق الذهن وصدق القلب ظهرت الشفافية وانتظمت الرؤية وانحلت المسائل المعقدة، وخرج الناس من عنق الزجاجة الذي طال أكثر مما يجب بحيث بلغ عنان السماء، واستمر الناس محشورين فيه منذ قرنين من الزمان يستعملها المزور للانتخابات من المشرفين عليها من أجهزة الأمن ابتداءً من وزير الداخلية حتى رجالات الحزب الحاكمة وكبار ضباط الشرطة حتى يغسلوا أيديهم من دم ابن يعقوب ويلبسوا قميص عثمان.

"الشفافية" ويستعملها بائعو القطاع العام وشركاته الخاسرة والرابحة بأرخص الأسعار للمشترين من أصحاب العائلات الكبرى بعد قيامهم بأداء الرشاوى اللازمة حتى يرسو عليهم العطاء بدعوى الشفافية وتستعملها أنظمة الحكم من المتهمين في قضايا الاغتيال السياسي بناء على الشفافية في الرؤية وفي التعبير.

ويستعملها مديرو هيئات المعارض الدولية للكتاب لإقصاء النشاط السياسي منها بدعوى الشفافية، فالنقاش السياسي يعبر عن مصالح وقوى تسيطر عليها المعارض وتجذب إليه الشباب، فلا سياسة في المعرض ولا معرض في السياسة، تنفيذاً للأوامر من لواء سابق. وافتقدت المعارض عصر الأساتذة الجامعيين الذين كانوا يدرونها بروح الرأي والرأي الآخر، الحكومة والمعارضة.

ويستعملها مديرو الجامعات لإبعاد الطلاب والأساتذة عن السياسة، فلا سياسة في الجامعة ولا جامعة في السياسة، ويستعمل الشفافية رجال الدين لقصر الدين على أمور الآخرة، وعدم خلطه بأمور الدنيا، بدعوى الشفافية والتي تعني هنا تبرير المواقف المسبقة للسلطة السياسية ويتداولها الوزراء المسؤولون عن الفساد للتغطية عليه وعلى بيع موارد البلاد، الشركات والبنوك بل وقناة السويس التي حاربت مصر من أجلها بعد العدوان الثلاثي عليها في عام (1956)، وكانت وظيفة اللفظ في التداول هي الدفاع عن النفس وتغطية الفساد السياسي والاقتصادي والهجوم على المعارضة " غير الشفافة " التي تهدف إلى الوصول إلى السلطة، وكان السلطة حكر على فئة بعينها. يستعمل اللفظ إذن

كسلاح سياسي بين نظم الحكم والمعارضة، بين الدول وخصومها في الصراع على السلطة باسم الشفافية وطهارة اليد، ونقاء الضمير.

ومن كثرة تداول لفظ " الشفافية" أصبح معتماً لا شفافاً، لا يعني شيئاً، ولا يساعد في رؤية شيء أو إيضاح مسألة، أصبح ثقيلاً على النفس، لا ينير الذهن، وانضم إلى باقي المفاهيم الشائعة والتي كثر استعمالها في ثقافتنا المعاصرة مثل: الديمقراطية، المجتمع المدني، الأقليات، المرأة، حقوق الإنسان، الإصلاح، واستغلال اسم " الإسلام "، والتي هي كلمات حق يراد بها باطل.

إذ تعني الديمقراطية الخصخصة والأمركة والانفتاح على الغرب والعولمة، والاستهلاك، وليس حرية التعبير والاختيار وتداول السلطة.

ويعني المجتمع المدني البديل عن الدولة الوطنية لصالح المجتمع المفتوح لحرية رأس المال، وليس قوة الرقابة الشعبية من خلال الإعلام المستقل والحسبة والنصيحة والأمر بالمعروف والنهي عن المنكر.

وتعني الأقليات تفتتت الأمة تحت دعاوى العرقية والطائفية وليس التعددية السياسية والمساواة في الحقوق والواجبات بين المواطنين.

وتعني المرأة شق صف النضال الوطني ضد الاستبداد في الداخل والهيمنة في الخارج، وتحويل العدو الفعلي وهو الطغيان إلى عدو وهمي وهو الرجل، وكلا المرأة والرجل ضحية له.

وتعني حقوق الإنسان حقوق الأفراد بالمعنى الغربي أكثر مما تعني حقوق الشعوب في الاستقلال في عصر الهيمنة الجديدة، ويعني الإصلاح مشاريع الشرق الأوسط الكبير والشرق أوسطية والمتوسطية وليس تجوز كبوة الإصلاح الأول منذ فجر النهضة العربية إلى إعادة صياغته في بداية النهضة العربية الثانية. ويعني الإسلام مواجهة القهر في الداخل والعدوان في الخارج، كما صاغه الأفغاني وتحقيق مصالح الأمة في الاستقلال الوطني، وحرية المواطن، والعدالة الاجتماعية، ووحدة الأمة، والتنمية المستقلة، والدفاع عن

الهوية، وحشد الناس. ومن ثم أصبح تشويه المفاهيم البريئة أحد مظاهر الفساد العامة في البلاد للاتجار بها في اقتصاديات السوق، وللتستر على كل مظاهر الفساد في الواقع وجعل الحل في الداخل وليس في الخارج. فتغيير النفس سابق على تغيير الواقع والجهاد الأكبر، وهو جهاد النفس، أصعب من الجهاد الأصغر وهو جهاد الأعداء في الداخل والخارج. فلم يعد شيء حتى اللغة عصياً على التجارة به في سوق النخاسة.

إن المهمة الرئيسية للثقافة الوطنية هي تحليل اللغة التداولية في الحياة اليومية لمعرفة كيفية استعمال الألفاظ بعد اختراعها للتنمويه على الناس كمخدرات لغوية وفكرية في مجتمع انتشرت فيه المخدرات الفعلية من أجل تسكين البدن والروح، وإبهام الجسم والعقل بوجود الصحة وكمال العقل.

إنه نوع من تدنيس المقدسات في مجتمع لم يعد مقدساً بعد أن تمت التجارة بكل شيء حتى بالأوطان والتاريخ وبالأمم بمستقبل الشعوب. وبعد بيع القطاع العام والتفريط في حقوق الشعوب واستقلال الأوطان يتم بيع لغتها في ثقافة ما زالت اللغة وأشكال التعبير خاصة الشعر هي ما يحافظ على وجودها واستمرارها في التاريخ.

ولما كان الواقع أبلغ من الألفاظ وكانت هناك حدود لتحمل الزيف الإعلامي في الخطاب السياسي، فقد تندلع الثورات الشعبية ضد كل مظاهر الزيف اللغوي والنفاق السياسي.

مدى قبول ورفض الشفافية

بدأت المناقشات حول الشفافية و آفاق تطبيقها على مختلف الأصعدة السياسية و الاجتماعية و العسكرية ، و على الأخص على الصعيد السياسي الاقتصادي. و انبرى البعض بحسن نيته و من أجل بناء أوطانهم لتسويق مفهوم الشفافية ، و البعض أخذ ينادي بالشفافية داخل بلاده و خارجها سعياً نحو فرض سياسة الأقوى على الأضعف و بما يوافق هوى الجانب الأقوى ، و بما يحقق مصالحه بعيداً عن التفكير أو النظر بعين الاعتبار لظروف الآخر و ثقافته و آفاقه و أهدافه السياسية و التاريخية.

الأفكار و التوجهات المستقبلية حول مجمل القضايا و السياسات الداخلية و الخارجية و في مختلف المجالات السياسية و الاقتصادية و الاجتماعية و الثقافية و الإدارية أبرزها:

1) التأكيد على أهمية التجربة الديمقراطية في حياتنا .

2) مكافحة الهدر و الفساد و احترام القانون و الإخلاص و التفاني في العمل

3) التطوير و التحديث و أهمية الإصلاح الإداري و تطوير مختلف المجالات وفي مختلف القطاعات (عام و خاص و غيرهما).

4) اتخاذ كافة الإجراءات المطلوبة وفق معايير الشفافية و الصدق في العمل والشعور العالي بالمسؤولية و معالجة الأخطاء بصراحة و وضوح بعيداً عن الإشكالية.

الفصل العشرين

إدارة التنمية

إدارة التنمية

تعريف إدارة التنمية:

هي عملية منظمة مستمرة وعقلانية تتضمن مجموعة من الأنشطة التـي تهـدف إلى تحسـين الأداء الإداري للأجهـزة الحكوميـة ومؤسسـات القطـاع العـام الاقتصـادي والخدمي والخاص.

أو هي عملية حضارية شاملة ترتكز على قدرات ذاتية راسخة ومتطورة تتمثل في قدرة اقتصادية دافعة ومتعاظمة وقدرة اجتماعية ومتفاعلة ومشاركة. وقدرة سياسية واعية موجهة وقدرة إدارية كفؤة ومنفذه.

أو هي عملية متكاملة محلية ودولية وتكون جـزء مـن نظـام اجتماعـي ويكـون فرعـي مـن المسـتويات الإدارة العامـة. (تعتبر التنميـة جـزء أساسي مـن حقـل الإدارة العامة).

نشأة الإدارة التنموية:

نشأت الإدارة التنميـة بعـد انتهـاء الحـرب العالميـة الثانيـة، وكانـت هنـاك دول مستعمرة استقلت والتي يجب توفر عوامل تعلمية ونفسية وصحية وثقافية وسياسة في مقومات هذا الدول ويجب مواجهة هذا التحديات وأن تدافع عن نفسها.

وهناك ضرورة للتنمية الإدارية للدولة النامية منها:

(1) **عامل التخلف الإداري**: حيث تعلن أغلب الدول النامية من حالـة التخلـف الإداري حيث تتطلب هذا المجتمع في هذا الدول حاجات وخدمات، ويعتـبر الفقـر وانخفاض الـدخل القومي والوسائل البدائية في الإنتاج مـن الأمـور التـي تؤدي إلى التخلف.

(2) **عامل الفساد الإداري**: وباختصار تعني الفساد الإدارية استعمال الوظـائف العامـة بجميع ما يترتب عليها من هيبة ونفـوذ وسلطة لتحقيـق منافع شخصية مالية

وغير مالية، وبشكل مناف للقوانين، ويعتبر الانحراف من أسباب الفساد الإداري.

(3) **عامل التحدي الإداري والتغير:** تعتبر الطموحات كبيرة جداً وبذلك تحتاج إلى اختصار الوقت، وهذا يتطلب جهد متمثلاً بتنمية الثروة البشرية، كما أن التغيير تتعلق بعملية التغيير للمراكز القوى السائدة.

كل ذلك أدى إلى اهتمام كبير في مجال التنمية الإدارية وبين المؤسسات وشيدت الأطر والهياكل التنظيمية وأدخلت الكثير من النظم الإدارية، وتعتبر مسألة وجود فجوة بين قدرة الأداء المطلوب والمنجز وزيادة التكاليف وتأخذ في التنفيذ. هذا كلها مؤشرات واضحة وأدلة قاطعة على ضعف كفاءة أداء الأجهزة الحكومية وضعف على إدارة التنمية في غالبية الدول النامية ومنها الدول العربية كافة.

التحديات التي تواجه إدارة التنمية

1) بناء الهوية الوطنية في مختلف المجالات وتتمثل في بناء وطن قوي للدفاع عن شخصية التي تتجسد هوية الدولة. مثل الأردن الدفاع عن دولة فلسطين وكلفة العديد من المواد وأموال لدعم استقرار وتقدم الدعم لهم في جميع المجالات.

2) بناء الجهاز الإداري للدولة والتنظيمي بحيث أن تكون فعالة وقادرة على تقدم التقدم للدولة.

3) البناء التنموي الشامل (أي تكون لجميع المجالات وليس لجانب واحد)، هذا تأتي من خلال الخطط التنموية والإطار المؤسسي ونشر الدراسات وحلقات للبحث ودراسة القيم للمجتمع ودراسة المشاريع وتحديات الأجهزة القادرة وتوفير قدرات إدارية، كل هذا أصبح لازم على الدول لتوفير تنمية إدارية قادرة على حل المشكلات المستعصية.

الأسباب التي ساعدت على نشأة إدارية التنمية

1) عقد المؤتمرات والاجتماعات.
2) استقلال العديد من الدول وأثرها على عملية التحدي للاستقلال.
3) تعتبر هذا التنمية وإداراتها حديثة المفهوم في العالم.
4) تعثر الاهتمام بالمناطق الريفية عن المدنية.

أسباب المساعدات الخارجية من الدول المتقدمة إلى الدول النامية

يعتبر مشكلة جهود كيفية مطالب المبالغ ومشكلة الإدارة أي الأسباب التي أدت إلى نشوؤه التنمية تعتبر نقاط بارزة يجب التعرف عليها من خلال:

1) توفير جهاز إداري قادر على مواجهة التحديات يتضمن هياكل تنظيمية.
2) كانت الزيادة في المساعدات الخارجية سبب الذي أدى إلى تزايد الحاجة إلى التنمية من خلال التطور الكمي والنوعي في الدراسات الإدارية.
3) التدريب في المجال الفني والعملي سواءٍ النظري أو العملي أدى إلى زيادة الحاجة إلى المساعدات الخارجية.
4) الإطلاع على كل ما هو حديث يعني بالحاجات الأساسية.
5) عجز الأساليب والأجهزة في الدول النامية وعدم قدرتها في التفاعل والاستجابة مع التطورات، كل ذلك يحتاج إلى أجهزة إدارية.
6) ضعف قدرات القطاع الخاص.

مقومات التنمية الإدارية

تحتاج عملية التنمية الإدارية إلى المجموعة المترابطة والمتكاملة من المقومات اللازمة لنجاحها وتحقيق أهدافها، وتتلخص أهم هذه المقومات بما يلي:

1) إرادة وقناعة سياسية وإدارية عليا في التنمية الإدارية كفلسفة وسبيل عملي للتنمية الشاملة.

2) اتبـاع الأسـلوب العلمـي والمـنظم والمـدروس في التخطيـط الشـامل للتنميـة الإدارية بمختلف أبعادها الهيكلية والإنسانية والوظيفية والتشريعية بشكل يقوم على التكامل والتوازن في الاهتمام في هذه الأبعاد.

3) الوعي الاجتماعـي بأهميـة التنميـة الإداريـة وتأثيرهـا الإيجابـي علـى التنميـة القومية الشاملة.

4) الانفتاح الإيجابي في تبادل الخبرات العملية والتطبيقية في مجـال الإدارة وعلى مختلف المستويات المحلية والدولية.

5) الاعتماد على الدراسات والبحوث العلميـة والتطبيقيـة في مجـال الإدارة نظراً للترابط الحيوي الوثيق بين فكر الإدارة وممارستها.

6) مراعـاة الظـروف البيئيـة والخصوصـيات الاقتصاديـة والاجتماعيـة والسياسـية والإدارية لكل مجتمع ونظامه الإداري.

7) توفير كافة مستلزمات التنمية الإدارية ومتطلباتها الأساسية وأهمها:

أ. نظام متكامل وحديث للمعلومات الإداري.

ب. وجود نظام رقابة ومتابعة وتقييم متكامل ومسيّر وفعال.

ج. تخصيص مصادر مالية كافية وملائمة لتنفيذ خطط التنمية الإدارية.

د. التركيز على تصميم خطط التنمية الإدارية بشكل علمي وواقعي يراعي الإمكانيات، ويبتعد عن التنظير المجرد ويقترب مـن الترجمـة الإجرائيـة الملائمة للتنفيذ الفعال.

ه. اختيار العناصر البشرية المسؤولة عن خطط التنمية الإدارية وتنفيذها ومتابعتها بناء على أسس الموضوعية والجدارة والقوة والأمانة.

أجهزة ومؤسسات التنمية الإدارية

تعتبر جهود التنمية الإدارية نشاطات جماعية وتعاونية مترابطة ومتكاملة. ولذلك فلا بد من وجود إطار مؤسسي- يوحد وينسق هـذه الجهـود بفاعليـة وكفايـة. كـما أن جهود التنمية الإدارية لا تقتصر على تلك التي تبـذلها الأجهـزة الحكوميـة العديد بـل تتعداها لتشمل الاجهزة الإدارية الخاصة. حيث أن تطوير الإدارة وتنميتها لا يقف عند حدود داخلية أو خارجية لأن التنمية الإدارية هي بمثابة نظام مفتوح. ويمكن أن نـذكر أهم الأجهزة والمؤسسات المرتبطة بعملية التنمية الإدارية:

أولاً: الأجهزة المركزية المتخصصة والمنبثقة عن الإدارة العامة ومن أهمها ما يلي:

أ)	مجالس الخدمة المدنية بمسمياتها المختلفة.

ب)	الأجهزة المركزية للإدارة والتنظيم أو التنظيم والأساليب.

ج)	أجهزة ومجالس التخطيط القومي والتي تهـتم بالتنميـة الشاملة بما فيهـا التنمية الإدارية.

ثانياً: المؤسسات المستقلة والمتخصصة بالتنمية الإدارية والتي تؤدي وظيفـة ثلاثيـة الأبعاد تتضمن البحث والاستشارات والتدريب في مختلف الجوانب الإدارية الهيكليـة والإنسـانية والوظيفيـة والإجرائيـة وغيرهـا. ومـن أهمهـا المؤسسـات المعروفة:

أ)	معاهـد الإدارة العامـة التـي تتخصص بالدرجـة الأولى بالتنميـة الإداريـة في القطاع العام.

ب)	معاهد إدارة الأعمال والتي تتخصص بالدرجـة الأولى بالتنميـة الإداريـة في القطاع الخاص.

ج)	المؤسسات المتخصصة بالاستشارات الإدارية بمفهومها الشمولي الواسع.

د)	مؤسسات التدريب المهني والفني.

ثالثاً: المؤسسات التعليمة والتي تقدم ضمن برامجها مجالات التنمية الإدارية بأبعادها العلمية والعملية. ويشمل ذلك كليات الإدارة ومراكز الاستشارات والتدريب المستمر. ومن أهم هذه المؤسسات الجامعات والكليات الإدارية. وتتضمن برامج هذه المؤسسات نشاطات إدارية عديدة أهمها البحث والاستشارات والتدريب في مختلف مجالات الإدارة.

رابعاً: جهود فردية وفرعية في مؤسسات عامة وخاصة عديدة بشكل أو أكثر من الأشكال التالية:

1) خبرات فردية يقدمها الخبراء الممارسين للإدارة أو أساتذة الجامعات بناء على تكليف رسمي من جهة تطلبها.

2) وجود وحدات تنظيمية فرعية متخصصة بجهود التطوير الإداري مثل الوحدات الاستشارية أو وحدات التدريب والبحث التي تنشئها بعض المؤسسات لخدمة أغراض التنمية للإدارية داخل تلك المؤسسات.

3) خبراء أجانب من مصادر عديدة وبناء على اتفاقيات فردية رسمية أو غيرها.

خامساً: المؤسسات المهنية المرتبطة بالتنمية الإدارية والتي تهدف عموماً إلى تعزيز الإدارة، ومن أهم هذه المؤسسات جمعيات الإدارة العامة وجمعيات إدارة الأعمال وبعض جماعات الإدارة.

تعتبر التنمية الإدارية مهمة وعملية شاقة تتطلب التعاون والتنسيق والتكامل بين مختلف المستويات والمؤسسات المعنية بها. حيث تواجه عملية التنمية الإدارية ومؤسساتها وجهودها بعض المعوقات ومن أهمها ما يلي:

1) غموض الأهداف وغياب الخطط التنفيذية الدقيقة والعملية في كثير من هذه الجهود والمؤسسات.

2) غياب التنسيق الفعال والتعاون الكافي بين الجهات المعنية بالتنمية الإدارية.

3) جمود التشريعات وعدم مواكبتها لمتطلبات التنمية الإدارية.

4) الصراع الإداري والسياسي ومقاومة التغيير الإداري.

5) ضعف التوجه المؤسسي أو غياب المؤسسية وتأثير العوامل والصلات الشخصية في مجالات التنمية الإدارية الأساسية، وأهمها اختيار الخبراء ووضع البرامج وتنفيذها ومتابعتها والرقابة عليه.

6) الميل إلى التنظير والبعد عن الإجرائية والترجمة الفعالة لخطط التنمية الإدارية.

7) ندرة الكفاءات البشرية المؤهلة بالعلم والخبرة العملية والفنية الملائمة.

8) نقص المعلومات والبيانات الدقيقة والكافية والموضوعية في مجال التنمية الإدارية وغيرها.

9) نقص التمويل الكافي لمواجهة متطلبات التنمية الإدارية.

خصائص إدارة التنمية

1) يجب أن ترتبط بالطموحات، ويعتبر تجسيم الحاجات مهم جداً.

2) عملية التنمية هي عملية متحررة تتضمن هياكل تنظيمية، أي هناك حاجة ماسة إلى استخدام أساليب جديدة تتعامل مع الواقع والظروف والمستجدات.

3) تعتبر إدارة التنمية إدارة ريادية، أي تتضمن جودة ودور أكبر للقطاع الخاص، وهنا ريادة تكون السباقة في عملية التنمية وسريعة.

4) إدارة التنمية تشجع على الانفتاح مع الدول الأخرى. تتضمن تنفيذ المشاريع وعملية تمثيلها تساعد على الانفتاح والمشاركة والاختلاط ويصبح لدينا دقة في العمل واكتمال العمل لتقديم الخدمة والتي يجب الاهتمام بها.

5) إدارة التنمية إدارة حيوية فعالة تشمل جوانب ثقافية وتشريعية واقتصادية وذات بصمات واسعة في التجميع وتحتاج إلى تخطيط مدروس بشكل منتظم يساعد في التنمية.

6) تعتبر إدارة التنمية مسؤولية جماعية أي لا تقع على عـاتق قسـم واحـد بـل مسؤولة مشتركة تضم جميع الوظائف.

7) تطبق من قبل أجهزة متخصصة وكفوءة.

8) أن تكون على شكل منظومة أي تسعى إلى تنمية القدرة الإدارية وتسـتجيب للمتغيرات البيئة الخارجية المحيطة.

وظائف إدارة التنمية

1) تقدير احتياجات المنظمة من الموارد البشرية واختيارهم وتـدريبهم وتـرقيتهم ومدى خدماتهم.

2) تواجد تخطيط شامل وتشمل تحديـد أهـداف جزئيـة وكليـة وعامـل الزمنـي وتحديد البدائل والمتغيرات التي تحيط الناس. وما تحتاج مـن مـوارد بشـرية ومادية. ويحتاج إلى استخدام تكنولوجيا جديدة ونظام جديدة.

3) الإشراف على عملية التنفيذ لعمليـة التنمية وإجراء التقيـيم المطلوبـة. ويجـب قيادة ذلك وتقييم حتى ينجح وتواجد رقابة تأتي مـن خـلال الإشراف ومعرفـة جوانب النجاح للمحافظة على أمور والتي تحسن عوامل النجاح.

4) التنسيق يجب أن يكون من أجل السيطرة عـلى الفوضى والتركيـز ومـن أجـل ضمان أن الخطط ستنجح.

5) الاتصالات الرسمية والجماهيرية للعملية التنموية.

6) تقديم المعلومات والبيانات الإحصـائية للعمليـة التنمية الشـاملة ويجـب أن تكون حديثة.

7) استخدام المؤسسات يجب أن تخدم الجهات التي تسعى اليها الدولة وتشـمل آلية عمل ورقابة.

8) الاهتمام بدور العملية التنموية الإدارية ويجب أن يكون هناك مرونة.

أهمية التنمية الإدارية

1) الاستخدام الأمثل للموارد المتاحة.
2) زيادة حجم الدخل القومي.
3) التوازن والانسجام في النشاطات الاقتصادية للمجتمع.
4) تحسين ناتج العمالية.
5) التقدم العلمي والفني.
6) محاولة التوصل إلى أساليب وطرائق تدريب متطورة لتدريب المديرين.
7) نقص فاعلية الدراسات الإدارية تتطلب إدارة تنموية.
8) الشك في البرامج الحالية للتدريب الإداري.
9) نقص الموارد المالية المخصصة للتنمية الإدارية.

الجوانب التي تغطيها التنمية الإدارية

1) الجوانب الهيكلية والوظائفية.
2) الجوانب الإنسانية.
3) الجوانب الإجرائية.
4) الجوانب التشريعية.
5) الجوانب البيئة.

مداخل التنمية الإدارية

تبرز أهمية التنمية الإدارية في كونها الأداة التي تستطيع الـدول مـن خلال رفع كفاءة أجهزتها الإدارية بما يكفل قيامها بمتطلبات خططها التنموية. ونسعى مـن خلال هذه الورقة في البحث عن المداخل والمنطلقات البدء بالتنمية الإدارية القديمة والحديثة مع تسليط الضوء على المداخل الحديثة المختلفة والتي يمكن تطبيقها عـلى المنظمات، ويقصد بالمدخل بأنه مجموعة من المفاهيم التي تبحث العلاقات الافتراضية بين الأفكار

والفرضيات المختلفة بهدف التنمية الإدارية حيث يقسم الباحثين في الإدارة المداخل ومسالك البدأ بالتنمية الإدارية إلى قسمين رئيسين هما:

1) المدخل التقليدي.
2) المدخل الحديثة.

أولاً: المداخل التقليدية:

1) المدخل القانوني

لقد شاع هذا المدخل كتطبيق عملي في أواخر القرن التاسع عشر ـ وأوائل القرن العشرين، وذلك لارتباطه الوثيق بين القانون الإداري والقانون الدستوري إذا اعتبر التصرف الإداري قانوني ولذلك لا بد تغير وتعديل القوانين عند إجراء أي تغير أو استحداث تنظيم للجهاز الإداري. وما يعاب على هذا المدخل هو:

إن تغير القوانين لا يعني بالضرورة تمسك العاملين بها ولهذا فإن من المحتمل عدم حدوث تغير. يمثل هذا الاتجاه حجر عثرة في طريق أي اجتهاد وإبداع في الظروف التي يعجز عنها التنظيم. كما أن هذا المدخل لا يؤمن بأثر الإنسان وسلوكه وتوجهاته في عملية التنمية ولا يقيم للناحية السلوكية أي اهتمام ولا للبيئة إذ يعتبر المنظمة مغلقة.

2) المدخل التنظيمي والإجرائي

ووفقاً لهذا المدخل فإن عملية التنمية الإدارية تعتمد على مقدرة القيادة في تصميم وبناء شبكة المؤسسات لتعبئة الموارد البشرية وتنمية موارد الدولة الطبيعية، كما أن التنمية الإدارية تعني بناء مؤسسات وهياكل تنظيمية قادرة عل الخلق والإبداع. ويركز مؤيدو هذا المدخل على إصلاح الهرم الإداري وإنشاء هياكل ومؤسسات جديدة وقيام أقسام ودوائر جديدة وتطوير الإجراءات الإدارية لتسهيل انسياب العمل في القنوات الإدارية المختلفة، ويعاب على هذا المدخل ما يلي:

1. تركيزه على الجانب الساكن دون التركيز على العنصر البشري كمؤثر.

2. تعتبر المنظمة نظاماً مغلقاً وأن التنمية الإدارية تـتم دون النظـر إلى البيئـة الخارجية.

3. كثرة القيود الإجرائية قد تربك العمل وتقيد حرية الفرد في الإبداع.

ثانياً: المداخل الحديثة للتنمية الإدارية

1) مدخل التطوير والتحسين المستمر:

(Continuous Improvement and Development Approach)

الخصائـــص:

أ. التركيز على التحسينات في العملية التنظيمية مما يكسبه دفعة قوية إلى الأمام.

ب. إدراك الحاجة لوجود شركات منافسة على مستوى عالمي، لتغير العمليات الأساسية وتطوير مستمر.

ج. العمليات الإنتاجية والتنظيمية مقبولة ومدعومة من الإدارة العليا.

د. تجلى هذا المدخل في مفاهيم إدارة الجودة الشاملة.

ه. لا يمكن تطبيقه بشكل جزئي بـل يجـب أن تكـون عمليـة التطبيـق متكاملـة وارتباطه بعملية تطوير وتحسين مستمرة وشمولي لكافة أجزاء المنظمة.

إن عدم فهم الأفراد لهـذا المـدخل عنـد تطبيقـه ومقـدار الجهـد الـذي يجـب أن يبذلوه سيؤدي إلى فشل في عملية التنمية الإدارية.

الخطوات السبعة في عملية التحسين والتطوير المستمر

1) تحديد خطة التحسين (Identify Improvement Plant) وتشمل معرفة:

■ مجال فرص التحسين والتطوير.

■ وضع المنظمة.

■ مدى أهمية خطة التحسين والتطوير.

■ من المستفيد من خطة التحسين.

■ من الزبون.

2) معرفة الوضع الحالي للمنظمة (Currecnt Situation) وتشمل ما يلي:

- هل هنالك خارطة لتدفق العمليات؟
- ما هي حواجز ومعوقات خطة التحسين والتطوير؟
- هل تتفق حواجز خارطة تدفق العمليات مع وضع المنظمة؟
- هل مؤشرات الجودة العالمية؟
- هـل هنالـك مخطـط لسـبب والأثـر الـذي يحلـل التوقفـات والفشـل في خطـة التطوير والتحسين؟

3) فهم المشكلة (Understand Problem) وتشمل العناصر التالية:

- معرفة الأسباب المناسبة لتوقف النظام؟
- هل تتفق الأسباب مع البيانات المرتبطة بالتحسين والتطوير؟
- هل هنالك خطة لجمع البيانات، وهل توضح كيـف يتم جمـع البيانات ومـن يجمعها؟
- ما أنواع البيانات المستعملة؟
- أي من الأسباب له تأثير أكبر على العملية الإنتاجية والتنظيمية؟

4) اختيار الحلول (Select Solution) وتشمل ما يلي:

- هل هنالك حلول محتملة للتطوير والتحسين؟
- كيف اختار الفريق الحل للتحسين؟
- هل هنالك فرص أخرى للتحسين والتطوير؟
- هل قرر الفريق أن يرفد الحل بدورة ديمنغ؟

5) النتائج (Results) وتشمل ما يلي:

- هل قدمت العملية تحسينات فعالة.
- هل تحقق أهداف التحسين؟
- هل قرر الفريق أن يستمر في التحسين؟

6) التنميط (Standardization) وتشمل ما يلي:

- هل لفريق خطة التحسين والتطوير في المكان الصحيح؟
- هل لدى الفريق خطة لتنمية العملية المستعجلة للتحسين؟
- هل هنالك خارطة تدفق عمليات تصف العمليات الجديدة بعد التحسين؟
- ماذا تعلم الفريق من المحاولة؟

7) الخطة المستقبلية (Future Plan) وتشمل هذه الخطوة على ما يلي:

- هل لدى الفريق فرصة أخرى للتحسين؟
- ما الخطط المستقبلية للفريق؟

مبادئ ديمنغ في التطوير والتحسين:

1) وجود هدف مستقر لتحسين السلع والخدمات من أجل المنافسة والبقاء وإيجاد فرص العمل.

2) تبني فلسفة جديدة مواكبة للمرحلة الاقتصادية الجديدة متفادية الأخطاء وعيوب العمل.

3) العمل على بناء أساس للجودة للسلع والخدمات بالشكل الصحيح والتوقف عن ممارسة طرائق المعاينة في تحقيق الجودة.

4) التوقف عن ممارسة تقويم الأعمال على أساس السعر المحدد وفقط وأن يكون البديل هو تخفيض الكلفة الفعلية الكلية وليس المبدائية عند التعامل مع الموردين.

5) التحسين المستمر في كل العمليات المتصلة بالتخطيط والإنتاج والخدمة وتخفيض الهدر وبالتالي تخفيض التكاليف.

6) استخدام الطرائق الحديثة في التعليم والتدريب، بما في ذلك تدريب وتعليم رجال الإدارة.

7) تبني الطرق الحديثة في الإشراف وأن يكون هدفها مساعدة العمال وحسن استخدام الآلات من أجل أداء جيد.

8) إعطاء الأمن والاطمئنان الوظيفي للعمال والموظفين.

9) التخلي عن الشعارات والهتافات واستخدام الأساليب العلمية من أجل الوصول إلى مرحلة الأعطال صفر (Zero Defects).

10) إزالة الحواجز التي تحرم العمال من الوصول إلى مستوى الابتكار والإبداع.

11) إزالة الحواجز والخلافات بين أقسام وإدارات المنظمة للعمل كفريق واحد لحل المشاكل والصعوبات.

12) تخفيض معايير العمل للقوى العاملة وإتباع نموذج الإدارة بالأهداف.

13) إقامة مجموعة من البرامج التدريبية والتحسين الذاتي لجميع العمال لمواكبة التقدم التكنولوجي والأساليب الإحصائية.

14) وضع جميع العمال في المنظمة في صورة مجموعات عمل مع إنجاز العمليات الإنتاجية والإدارية، وتأتي من خلال تكامل النقاط الثلاث عشر السابقة.

مراحل دورة ديمنغ في التطوير والتحسين

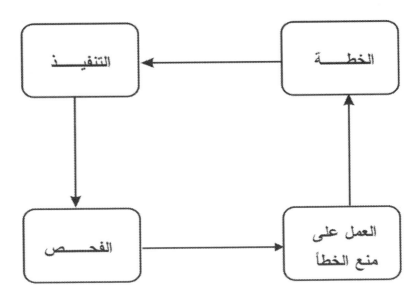

ومن خلال الشكل السابق نستطيع أن نوضح المراحل الأساسية الأربعة لـدورة ديمنغ كما يلي:

1) الخطة (Planning)

وتشمل معرفة عنصرين أساسـين هـما: معرفة خطـة الفريـق بالنسـبة للتحسـين المرشد ومعرفة مؤشرات الخطة من تكرار التغـيرات والمـؤثرات عـلى التغـيرات، مـا هـي المؤثرات على التغيرات والتدريب على علاج هذه التغيرات.

2) التنفيذ (Do)

ومن خلال نستطيع معرفة كيفية تنفيذ خطة التحسـين العقلانيـة ومراقبـة دليـل التحسين ومن يدرب على التحسين، والتأكد من أن كل شخص إدراك المشـكلة وخطـوات التحسين المقررة لها.

3) الفحص (Check)

وتشمل معرفة فعالية دليل التحسـين مـن قبـل فريـق التحسين، ومعرفـة قـدرة البيانات المتراكمة على تحديد التحسينات، وهل هنالـك داعـي في الاسـتمرار في عمليـة التحسين.

4) العمل على منع الخطأ (Act)

وتسعى إلى معرفة البيانات التي جمعت خلال دليل التحسين، ومدى التغير الـذي حصل في تلك البيانات بعد أداء المرحلة الثالثة ومعرفة دواعي استمرار خطة التحسين.

ويتضح من المراحل الأربعة السابقة أن الإدارة تسعى لمعرفـة النتـائج في خطـوات التحسين والتطوير المستمر في جميع الأوقات، من أجل رفد العاملين بالمهارات والتعلـيم والخبرات الأزمة والتجربـة والتـدريب مـن أجـل مواجهـة المشـكلات وتجنبهـا في سـبيل تحقيق التنمية الإدارية.

وسائل تطبيق مدخل التطوير والتحسين المستمر في التنمية الإدارية:

تسعى أغلب المنظمات لتحسين أداءها للوصول إلى مستوى من النمو يساعدها في البقاء في ظل المنافسة والعولمة والتكنولوجيا الجديدة التي تجتاح العالم اليوم، مكثفتاً جهودها في الاستمرار في برامج التحسين والتطوير المستمر نتيجة الضغوط التي تتعرض لها سواء من المنافسين أو الزبائن ورغبتا في التوسع في الأعمال والعمليات تسعى لتطبيق مدخل التحسين والتطوير المستمر من خلال الوسائل التالية:

1. البحوث والتطوير.
2. المنافسون.
3. الزبائن.
4. الموارد البشرية.
5. الإدارة.

دور الإدارة في تطبيق مدخل التطوير والتحسين المستمر في التنمية الإدارية:

تمثل الإدارة الوسيلة الأساسية لتطبيق هذا المدخل في ميدان التنمية الإدارية من خلال التأكيد الإدارة العليا، التزاماتها ورغبتها بتقديم الدعم المطلوب للحصول على تنمية إدارية فعالة متميزة، ومن خلال وضوح أهداف الإدارة والمثابرة على تحقيق تلك الأهداف لتقديم سلع وخدمات بشكلها الصحيح والتأكد من فعالية البرامج.

الاستمرار في التطوير والتحسين:

إن عملية التعليم واكتساب الخبرات عملية غير منتهية، تحتاج إلى العمل الجاد والتفكير المنطقي للوصول إلى شيء جديد يضاف إلى ذخيرتنا الفكرة وتطوير الذات، فالصفة الاستمرارية في التطوير والتحسين لتحقيق التنمية الإدارية الفعالة تنجز من خلال ما يلي:

1) تحديد مدى وشكل نطاق التطوير والتحسين.

2) تحديد القواعد المهمة للتطوير والتحسين من خلال إيجاد قاعدة مناسبة تناسب وضع المنطقة.
3) اختيار طرائق التطوير والتحسين الخاصة بناء على الهدف والنتائج المطلوبة.
4) استخدام معلمين ومدربين خاصين من أجل دعم وتقديم الأفكار الجديد للأفراد من ذوي أشخاص قد خاضوا التجربة من قبل ولهم قدرات خاصة على التعليم.
5) تحديد الأشكال الأخرى لتقديم الدعم والعون والاستفادة منها.
6) وضع خطة خاصة للتطوير والتحسين.

2) مدخل إدارة الأداء Performance Management Approach

تعرف إدارة الأداء على أنها " الجهود الهادفة من قبل المنظمات المختلفة لتخطيط وتنظيم وتوجيه الأداء الفردي والجماعي، ووضع معايير ومقاييس واضحة ومقبولة كهدف يسعى الجميع للوصل إليها".

أهداف إدارة الأداء:

أ. وضع نظام معلومات عن أداء الموارد البشرية وما يطرأ عليها من تغيرات.
ب. إعطاء الفرصة لتبادل الآراء والمعلومات والخبرات بين هذه الموارد وقيادتها.
ج. تسهيل عملية قيام المشرفين بتوجيه وإرشاد الموارد البشرية.
د. التقويم المستمر للأداء الخاطئ قبل أن يتحول جزء من السلوك الدائم للموارد البشرية.
ه. تهيئة المناخ المناسب للتعاون بين الموارد البشرية وقيادتها في تحديد أهداف ومعايير الأداء.
و. التركيز على تصحيح الأداء على مفهوم الموارد البشرية وقيادتها في تحديد ومعايير الأداء.

ز. توفير مناخ مناسب للتفاوض حول المشكلات.

ح. تسهيل عملية اختيار القيادات وتفويض المساعدين.

أهداف تقييم الأداء:

أ. القيام بعملية التخطيط للموارد البشرية بشكل صحيح.

ب. تقويم سياسة الاختيار.

ج. تقويم سياسة التعين والنقل والتدريب.

د. تقويم سياسة التدريب والتطوير.

ه. تقويم سياسة الأجور والحوافز.

و. تخطيط سياسات وبرامج الترقية والتدرج والمسار الوظيفي.

ز. كشف نقاط الضعف والقصور في مهارات الاتصال.

ح. مساعدة الموارد البشرية في التعرف على نقاط الضعف والقوة.

عناصر إدارة الأداء وعلاقتها بالتنمية الإدارية:

تركز إدارة الأداء على أربعة عناصر أساسية هي:

1) تخطيط الأداء ويشمل:

■ تحديد الأهداف.

■ تحليل الاداء المحلي.

■ تحديد الأداء المطلوب.

■ تحليل المعايير.

2) تنظيم الأداء وشمل:

■ الخرائط التنظيمية.

■ المسؤوليات والمهام.

- قنوات الاتصال.
- اللوائح والقوانين.

3) توجيه الأداء ويشمل:

- تبسيط الإجراءات.
- الإرشاد.
- التغذية العكسية.
- تصحيح الأخطاء.
- ملاحظة التقدم.

4) تقيم الأداء ويشمل:

- القصور في الأداء.
- الاحتياجات التدريبية.
- المهارات المتوفرة.
- المهارات المستهدفة.
- العدالة والرضا.
- بيانات اتخاذ القرارات المرتبطة بالأفراد.

معايير الأداء (Performance Standards)

بيان مختصر يصف النتيجة النهاية التي يتوقعها المدير من الشخص الـذي يـؤدي العمل. ويشكل القانون الأساسي الذي تم الاتفاق عليه بين الرئيس والمرؤوس، من خـلال ترتيب الأهداف حسب الأولوية واستخدام ثقافـة العصـف الـذهني والتفكـير الإبـداعي واستخدام عناصر الجودة والكمية والوقت والعمليـة في صياغة المـهـام وتحديـد طرقـة القياس للتنفيذ ومراجعة معايير الأداء السابقة من أجل التعـرف عـلى فوائـد قيـاس أداء العمل ومناقشة معايير الأداء مع المدربين.

تحليل الأداء

محاولة تشخيص أداء الموظفين ومعرفة دواعي وأسباب التقصير وسوء الأداء قبـل وصف الحلول.

ولحل أي مشكلة ضمن هذا المدخل يتم إعطاء عـلاج سريـع أولي وإعطـاء عـلاج تشخيصي بعد تحليل ومعرفة الأسباب التشخيصية.

خطوات تحسين الأداء الموجه بالتنمية الإدارية:

1) ما المشكلة؟

2) من المرتبط بالمشكلة؟

3) ما الذي يجري الآن؟

4) ما الذي تريده أن يحدث؟

5) ما هي نتيجة القصور في الأداء؟

6) ما هي الأسباب والحلول الممكنة؟

7) ما هي خطة العمل؟

3) مداخل إعادة الهندسة (Reengineering Approach)

تعرف على أنها "إعادة التفكير المبدئي والأساسي وإعادة تصميم نظم العمل بصفة جذرية مـن أجـل تحقيـق تحسـينات جوهريـة فائقـة في معـايير الأداء الحاسـمة مثـل التكلفة والجودة والخدمة والسرعة، وذلـك باستخدام تكنولوجيا المعلومـات المتطورة كعامل تمكين أساسي يسمح للمنظمات بإعادة هندسة نظم أعمالها".

وقد ظهرت هذه الفكرة في بداية التسعينات كأساس للبحث في فرضيات إدارية جديدة تناسب القرن الواحد والعشرين.

الخصائـص:

- يركز هذا المدخل على العملية كأساس للفكرة والتي تعني مجموعة من الإجراءات والأنشطة المتكاملة التي ينتج عنها ما له قيمة للزبون في النهاية.
- إعادة التفكير بالأساس وإعادة التصميم الجذري، وتحقيق تحسينات متميزة.
- التوجه نحو دراسة العمليات وليس الجزئيات الفرعية.
- الطموح والثورة على القديم وكسر القواعد والتقاليد الموروثة.
- الاستخدام الابتكاري لتكنولوجيا المعلومات.

المبـــادئ:

1. التنظيم على أساس النتائج وليس المهام.
2. معرفة أولئك الذين يستعملون مخرجات العملية.
3. تصنيف عمل تشغيل المعلومات إلى الأعمال الحقيقية التي تنتج المعلومات.
4. إذا كانت الموارد مبددة مركزية يجب التعامل معها جغرافياً. هناك نظام مركزي يستحسن استخدام اللامركزية.
5. ربط النشاطات المتزامنة بدلاً من تكامل المهام.
6. وضع نقطة القرار حيث ينجز العمل وتبنى الرقابة في العملية.
7. الحصول على المعلومات من المصدر المناسب.

التغيرات التنظيمية الناتجة عن استخدام إعادة الهندسة:

1. تغير وحدات العمل من الأقسام الوظائفية إلى فرق عملية.
2. تغير الأعمال من المهام البسيطة إلى الأعمال ذات الأبعاد المتعددة.
3. تغير أدوار الأفراد من المراقبة إلى المدعمة.
4. تغيرات إعداد العمل من التدريب إلى الثقافة.

5. تغير الهياكل التنظيمية من هرمية إلى مستوية.

6. تركز مقاييس الأداء على النتائج بدلاً من النشاط.

ارتباط إعادة الهندسة بالتنمية الإدارية:

ترتبط إعادة الهندسة بالتنمية الإدارية من خلال الآثار الواضحة التي تتركها إعادة الهندسة على عمليات التنمية الإدارية من خلال ما يلي:

1. إعادة التفكير في العمل.

2. الاحتفاظ بعدد مناسب من العاملين.

3. الاحتفاظ بعدد مناسب من الموارد البشرية.

4. الاستغناء عن القيود الرقابية.

5. تقديم الرعاية الصحية الكافية.

6. إشراك شبكات الحاسب الآلي في قواعد المعلومات المركزية.

7. جعل الزبائن والعاملين والعملاء والموردين جزءٍ من النظام المعلومات الإلكتروني.

8. وضع آلية لكشف الأخطاء ومراقبة الحالات.

9. الاستغناء قدر الإمكان عن العمل الورقي.

إعادة الهندسة والموارد البشرية والتدريب

ترتبط أبعاد الهندسة بالموارد البشرية من خلال العناصر المهمة التالية:

1. الارتباطات بين إعادة الهندسة والمسائل الشخصية الفردية الخاصة بالموارد البشرية، ولاسيما وأنها ترتبط بمفاهيم أساسية في إعادة الهندسة مثل اعتبار رأس المال البشري الأكثر أهمية وقيمة ومن خلال التحقق من تخفيض تكاليف الموظفين وتحدي الأعمال الجديدة وإعادة التدريب والتنمية البشرية العاملة في المنظمات.

2. دراسة المبادئ التنظيمية غير التقليدية من خلال توضيح الحاجة لمدخل جديد، وإقامة الفرق ذات الأداء العالي وعلاقتها بإعادة الهندسة بالاستعانة بالطرق اليابانية والأمريكية المستخدمة.
3. بناء قدرات جديدة في المواد البشرية واستثمارها بالشكل والمناسب والصحيح.
4. تقديم التدريب الفعلي عن طريق الحاسب الآلي في محطة العمل الخاصة بالموظف باستخدام النظم الاستشارية الخاصة.

4) مدخل التخطيط الاستراتيجي (Strategic Planning Approach)

يعرف التخطيط الاستراتيجي على أنه "العملية التي يتم بواسطتها تصور وتخيل مستقبل المنظمة وعملية تطوير الإجراءات والعمليات الضرورية لتحقيقها في المستقبل".

الخصائص:

1. عملية تتضمن مراجعة السوق واحتياجات المستهلك.
2. معرفة مدى توفر العناصر الإنتاجية التي تؤدي إلى استغلال الفرص ومجابهة التحديات من قبل المنظمة.
3. الحاجة إلى معرفة الأجوبة عن الأسئلة التالية: أين نذهب؟ وما هي البيئة التي نذهب إليها؟ وكيف نصل إلى ما نريد؟
4. التركيز على العلاقة طويلة الآجل ما بين المنظمة والبنية التي تعمل بها.
5. تحديد الخصائص الكلية للمهام التي تسعى إليها المنظمة من خلال تحليل الظروف البينية.

مراحل التخطيط الاستراتيجي

1. تحليل الإستراتيجية الحالية للمنظمة وما تتضمنه من أهداف ومهام.
2. دراسة البيئة الخارجية المختلفة لتحديد الفرص والتحديات التي تواجه المنظمة.

3. دراسة البيئة الداخلية للمنظمة للتعرف على الموارد البشرية المتاحة، وتحديد نقاط الضعف والقوة فيها.

4. تحديد أهداف ومهام جديدة للمنظمة أو تعديل المهام والأهداف المرجوة.

5. تحديد الإستراتيجية الجديدة المطلوبة لتحقيق الأهداف والمهام الجديدة.

6. تحديد الإستراتيجية الجديدة من خلال إحداث تغيرات داخل المنظمة والهياكل التنظيمية والقيادة والموارد البشرية.

دور ومهام المخطط الاستراتيجي ومجلس الإدارة في عملية التخطيط الاستراتيجي

1. المساعدة من قبل الإدارات الوسطى في جمع المعلومات والبيانات وتزويد المدراء الاستراتيجيون بها.

2. إعادة ترتيب الأولويات من قبل المدراء للأهداف وإعادة تنقيح الخطط الإستراتيجية بشكل دوري وعادة ما تكون سنة.

3. تقيم مهارات مديري الإدارة العليا بشأن صنع الإستراتيجية وتنفيذها من قبل الإدارة العليا بعد مراجعة التحركات الإستراتيجية الهامة للشركة والموافقة على الخطط الإستراتيجية.

مستويات صنع الإستراتيجية

1. إستراتيجية الشركة (Corporate Strategy): الصياغة تتم من قبل الرئيس التنفيذي الأعلى وكبار المدراء.

2. إستراتيجية العمل (Business Strategy): الصياغة تتم فيها عن طريق رؤساء الأنشطة الرئيسية ومديري وحدات وخطوط الإنتاج.

3. الإستراتيجية الوظائفية (Functional Strategy): تتم فيها الصياغة عن طريق رؤساء الأقسام والمجالات الوظيفية.

4. الإستراتيجية التشغيلية (Operational Strategy) تتم فيها الصياغة عن طريق رؤساء الإدارات التشغيلية ومدراء الوحدات الجغرافية.

5) مدخل التمييز: (Benchmarking Approach)

يشير مفهوم التميز، القياس إلى أفضل نمط: " (عملية مستمرة لقياس السلع والخدمات والممارسات مقابل المنافسين الأشداء أو تلك المنظمات التي هي بمثابة رائدة في مجالها".

الخصائص:

1. الوصول إلى أحسن أداء لتدعيم التوجه نحو التحسين المستمر في أداء المنظمة واختيار أولويات التحسين ورفع مستوى الأداء لمقابلة توقعات العملاء.
2. البحث عن الأداء المتميز في الممارسات الصناعية المتميزة.
3. مقارنة الأداء الحالي للمنظمة مع المنظمات الريادية ومعرفة نقاط الاختلاف والتميز في محاولة للمحاكاة أو الإبداع.

أنواع التميز:

1. التميز الداخلي: (Internal Benchmarking) مقارنة موقع ومدينة بمدينة وقسم بقسم ضمن أرجاء المنظمة.
2. تميز المنافسين: (Competitor's Benchmarking) مقارنة أداء المنظمة بالمنافسين المباشرين.
3. التميز الوظيفي: (Functional Benchmarking) مقارنة أداء المنظمة ليس فقط في مجال المنافسين المباشرين بل أفضل المنظمات العاملة في نفس المجال والنشاط.
4. التميز العام: (Generic Benchmarking) مقارنة المنظمة مع الأفضل في جميع الأنشطة الصناعية.

خطوات التميز الناجح

أدناه خطوات التميز الناجح:

1. الخطوات تحديد السلعة أو العملية.
2. تحديد المنظمة المقارنة.
3. تحديد الحاجة إلى بيانات التخطيط.
4. جمع البيانات حساب الفجوة مشروع الأداء المستقبلي التحليل.
5. إيصال النتائج تحديد الأهداف الوظيفية تطوير خطط العمل التكامل.
6. تطبيق خطط العمل متابع التقدم إعداد معايير نقاط التميز الحصول على موقع الريادة العمل.
7. تكامل التميز في ثقافة المنظمة إلى النضوج.

الانتقادات الموجهة لمدخل التميز:

1. التميز هي تقليد للآخرين والمنافسين.
2. التميز ليس الدواء الشافي لحل مشاكل التنمية الإدارية حيث أن التقليد لا يقدم فرص جيد للمنظمة.
3. قد يفشل في حال أن شعر المدراء بأنهم مهددين.
4. لكل منظمة لها ظروفها الخاصة ومحاولة محاكاة المنظمات الأخرى وتقليديها وقد تفشل بسبب اختلاف البيئة.

6) مدخل التفكير الإبداعي (Creative Innovative Approach)

يعرف التفكير الإبداعي "على أنه طريقة جماعية تشجع التفكير الجماعي الإيجاد وخلق الأفكار".

الخصائـص:

1. الهدف الأساسي من التفكير الجماعي هو تشجيع عملية توليد الأفكار.

2. القيمة الأساسية في هذا المدخل هو تنوع طرق التفكير والنظر في حل المشكلة وتناولها ودراستها بشكل جيد.

3. الحصول على أغلب الأفكار في أقل وقت.

4. إهمال الانتقاد وتقييم الأفكار وتخفيض الخجل والخوف من النقد.

5. زيادة الاستخدام والمشاركة وتغذية الفكر الإيجابي.

مميزات التفكير الإبداعي والابتكاري

1. أن التفكير الابتكاري الإبداعي يهتم بتغير الأنماط.

2. أن التفكير الابتكاري الإبداعي اتجاه وطريقة لاستخدام المعلومات.

3. يرتبط التفكير الابتكاري الإبداعي بسلوك معالجة المعلومات بالعقل.

4. إعادة التقويم الإداري.

5. منع حدوث انقسامات حادة.

التقنيات المتقدمة لتفكير الابتكاري الإبداعي

1. التقنية الجماعية الأسمية (Nominal Group Technique).

2. مخطط العلاقات، الصلات (Affinity Diagram).

خطوات عملية التفكير الإبداعي

1) توليد الأفكار (Generate Ideas)

تمثل الأفكار الجديدة دم الحياة للتطوير والتنمية وهذا يعني أن التنمية الإدارية الحديثة تحتاج إلى مزيد من الأفكار قبل الممارسة وهذا يتطلب فخص الأفكار المقدمة واستعمال الابتكار والإبداع التي تشجع على توليد الأفكار الهامة.

315

2) تقيم الأفكار (Evaluate Ideas)

يفحص الفريق قيمة كل فكرة، وتعرض كل نقطة للانتقاد البناء وتقارن لأفكار والمجموعات البديلة أو توحد مع أفكار أخرى.

3) استعمال الإجماع (Using Consensus)

يعني أن يكون كل فرد في المجموعة يقبل ويؤيد القرار المتخذ من خلال الاتصالات المفتوحة بين جميع أعضاء الفريق.

طرق التفكير الابتكاري الإبداعي:

- طريقة المباراة المستديرة (Round – Rob in Method)
- طريقة العجلة أو الحرية المطلقة. (Free Wheeling Method)
- طريقة الانسياب (Slip Method).

طرائق تنمية الابتكار والإبداع في المنظمات:

هنالك العديد من الطرائق المعروفة جيداً والتي تستعمل في تنمية وتطوير الإمكانيات الابتكارية والإبداعات الفردية والجماعية، وتستعمل تلك الطرائق في المجالات التالية:

- التعليم والثقافة.
- العلوم.
- الإدارة العامة.
- الوكالات الحكومية.

ولعل من أبرز تلك الطرق العصف الذهني، الشخصي- السيناريوهات والقصص الغير منتهية، التحليل المورفوجي، وأسلوب دالفي.

ويحدد استخدام إحدى الطرق السابقة وفقاً لطبيعة الموضوع والقرار ونوعية الموارد البشرية الموجودة والعوامل البيئية.

التدريب الإبداعي

التطوير المنظم للمعارف والمهارات والاتجاهات المرتبطة بالأفراد ليقوموا بالأداء الصحيح والمطلوب في الوقت الحالي والمستقبلي. وتمن أهمية التدريب الإبداعي في تعديله لسلوكيات وإضافة مهارات سلوكية مهمة للفرد والمنظمة التي يعمل بها، باتباع طرائق علمية وعملية، ويستخدم التدريب الإبداعي لمعالجة القصور في الأنظمة التعليمية ومواكبة التطورات الحاصلة في المعارف والعلوم المختلفة ولاسيما مع كثرة التعقيدات والمشاكل التي تواجهها المنظمات.

التفكير الفعال

تعريف التفكير:

عبارة عن سلسلة من النشاطات العقلية التي يقوم بها الدماغ عندما يتعرض لمثير يتم استقباله عن طريق واحدة أو أكثر من الحواس الخمسة: اللمس والبصر- والسمع والشم والذوق.

خصائص التفكير الفعال

1. التفكير الفعال هو التفكير الذي يستند على أفضل المعلومات التي يمكن توافرها، ويعتمد على الأساليب والاستراتيجيات الصحيحة.
2. إن التفكير هو سلوك هادف.
3. يمكن بلوغ التفكير الفعال بواسطة التدريب.
4. إن التفكير هو سلوك تطوري يزداد تعقيداً وحذقاً مع نمو الفرد وتراكم خبراته.
5. يمكن ا، يحدث التفكير الفعال بأشكال وأنماط مختلفة [الفظية، كمية، مكانية، رمزية، شكلية].

مهارات التفكير الفعال

إن مهارات التفكير الفعال تتضمن عمليات محددة نمارسها ونستخدمها عن قصد في معالجة المعلومات كمهارات تحديد المشكلة، أو إيجاد الافتراضات غير المذكورة في النص أو تقييم قوة الدليل.

ويمكن تحقيق التفكير الفعال من خلال ممارسة مهارة القدرة على التفكير بفعالية أو من خلال القدرة على تشغيل الدماغ بفعالية، كذلك التعرف على أنواع المهارات الأساسية للتفكير من مهارة التفكير الناقد والاستقراء والاستنتاج والتمييز بين الحقيقة والرأي وتحديد السبب والنتيجة وتحديد وجهات النظر والإصغاء والملاحظة ومهارات التنظيم المقدم وحل المشكلات وتحمل المسؤولية، وإدارة الوقت بفعالية، ومهارة التنبؤ وتطبيق الإجراءات والتفكير بانتظام.

فوائد تعليم التفكير

1) رفع مستويات الاتجاهات الإيجابية عند الطلبة والمعلمين والموظفين...الخ، نحو عملية التعليم الفعال.

2) تحسين مستوى رفع مفهوم إدارة الذات.

3) رفع مستوى الإنجاز.

4) تطوير الإبداعية.

أنماط التفكير الفعال

يتضمن التفكير العاطفي والذي يقصد به فهم أو تفسير الأمور أو اتخاذ القرارات وفقاً لما يفضله الفرد أو يرتاح اليه، وأيضاً التفكير البديهي ويتسم ذلك بالتكرار والتعميم والخيال الفطري والأحلام ويحدث بالتداعي الحر للخواطر، والتفكير المنطقي ويشمل التحسين الذي يطرأ على طريقة التفكير الطبيعي من خلال المحاولة الجادة للسيطرة على تجاوزات التفكير الطبيعي، والتفكير الناقد وهو قدرة الفرد على إبداء الرأي المؤيد أو المعارض في المواقف المختلفة مع إبداء الأسباب المقنعة لكل رأي.

والتفكير الرياضي والذي يشمل استخدام المعادلات السابقة الإعداد والاعتماد على القواعد والرموز والنظريات والبراهين والتي يمثل إطاراً فكرياً يحكم العلاقات بين الأشياء.

التفكير الإبداعي

يمكن النظر للإبداع على أنه النظر للمألوف بطريقة أو من زاوية غير مألوفة، وثم تطوير هذه النظرة ليتحول إلى فكرة والى تصميم ثم إلى إبداع قابل للتطبيق والاستعمال.

ويحقق التفكير الإبداعي عدة مميزات تشمل على توفير بدائل عديدة لحل المشكلة وتجنب عملية الفاضلة والاختيار، والبعد عن النمط التقليدي الفكري، وتعديل الانتباه إلى مسار فكري جديد، وتجنب التنابعية المنطقية.

مهارات تجمع ومعالجة المعلومات في التفكير

تشتمل على مهارة جمع المعلومات في التفكير في مهارات:

أ. الملاحظة والتي تعني استخدام واحدة أو أكثر من الحواس الخمسة للإنسان [اللمس، الشم، البصر، الذوق، السمع] للحصول على المعلومات عن الشيء التي تقع عليها الملاحظة [أو المشاهدة/ أو المراقبة/ أو الإدراك].

ب. المقارنة والتي تعتبر إحدى أدوات مهارات التفكير الأساسية لتنظيم المعلومات وتطوير المعرفة والتعرف على أوجه الشبه والاختلاف بين شيئين أو أكثر بطريقة تفحص العلاقات بينهما.

ج. التصنيف وهي مهارة تفكيرية أساسية لبناء الإطار المرجعي للفرد وضرورته للتقدم العلمي وتطوره.

د. الترتيب وهي مهارة تفكيرية أساسية في جمع المعلومات وتنظيمها أو ووضع الأشياء أو الأحداث التي ترتبط بها بصورة أو بأخرى في سياق متتابع.

5. تنظيم المعلومات وتتضمن البحث عن معلومات وتجميعها ومن ثم تنظيمها للتكيف مع تحديات العصر والمتغيرات.

مهارات معالجة المعلومات في التفكير:

أ. التفسير وهي عملية العقلية هدفها إخفاء معنى على خبراتنا الحياتية أو استخلاص معنى منها.

ب. التطبيق ويقصد بها استخدام المفاهيم والقوانين والنظريات التي سبق أن تعلمها الطالب لحل مشكلة لغرض لها في موقف جديد.

ج. التلخيص وهي عملية تفكيرية تتضمن القدرة على إيجاد صلب الموضوع واستنتاج الأفكار الرئيسية والتعبير عنه بإيجاز.

د. التعرف على العلاقات والأنماط وتشمل على علاقات سببية ناقدة والتي تساعد على التوصل إلى استنتاجات جديدة، وعلاقات التناظر والتي تشبه جزئي بين زوجين من المفاهيم أو الأشياء، والعلاقة الرياضية وهي مهارة تفكيرية تتطلب قدرة على محاكمة المعلومات التعددية التي تتضمنها المشكلة من أجل اكتشاف العلاقات التي ترتبط بينها.

قائمــة المراجـــع

المراجع العربية:

1) جودة، محفوظ أحمـد، (1991). العلاقـات العامـة، (ط3). دار زهـران للنشرـ والتوزيع. عمان – الأردن.

2) خضر، جميـل أحمـد، (1998). العلاقـات العامـة، دار المسيرة للنشرـ والتوزيع والطباعة. عمان – الأردن.

3) هاشم، زكي محمـود، (1990). العلاقـات العامـة والأسس العلميـة، شركـة ذات السلاسل للطباعة والنشر والتوزيع، الكويت.

4) شهيب، محمد، (1994). العلاقات الإنسانية (مـدخل سـلوكي)، الشركة العربيـة للنشر والتوزيع. القاهرة.

5) العميـان، محمـود سـلمان، (2004). السـلوك التنظيمـي في منظمات الأعمال، (ط2). دار وائل للنشر والتوزيع. عمان – الأردن.

6) محمد، لطفي راشد، (1983). الاتصالات الإدارية، مطابع الفرزدق، الرياض.

7) مخامرة، محسـن، (2000). المفاهيم الإداريـة الحديثة، (ط6). مركز الكتـب الأردني. عمان – الأردن.

8) أبو شـيخة، نـادر، (2000). إدارة المـوارد البشرـية، دار صفاء للنشرـ والتوزيع. عمان- الأردن.

9) أبو عرقوب، إبراهيم، (1993). الاتصال الإنسـاني ودوره في التفاعل الاجتماعـي، دار مجدلاوي للنشر والتوزيع. عمان – الأردن.

10) الكايـد، زهـير، (1997). إدارة الوقـت والـذات، معهـد الإدارة العامـة. عـمان- الأردن.

11) النجار، محمـد عـدنان، (1995). إدارة الأفراد، إدارة المـوارد البشرـية والسـلوك التنظيمي، منشورات جامعة دمشق، دمشق.

12) الصرن، رعد حسن، (2000). فن وعلم إدارة الوقت، (ط1). دار الرضا للنشر والتوزيع، دمشق.

13) كلر، اوستن، (2005). مهارات تفعيل وتنظيم الوقت، ترجمة عبد الله المهيري، دار العربية للعلوم.

14) صالح، محمد فالح، (2004). إدارة الموارد البشرية، (ط1). دار الحامد للنشر والتوزيع. عمان – الأردن.

15) السالم، مؤيد، صالح، عادل، (2002). إدارة الموارد البشرية. مدخل استراتيجي، (ط1). عالم الكتب الجديد للنشر والتوزيع. عمان- الأردن.

16) المغربي، عبد الحميد، (2001). إدارة الموارد البشرية، المكتبة العصرية، المنصورة – مصر.

17) رشيد، مازن، (2001). إدارة الموارد البشرية، (ط1). عمان – الأردن.

18) الرحال، أسعد أديب، (1981). إدارة شؤون الموظفين، مؤسسة الأنوار للطباعة والنشر والتوزيع. الرياض.

19) مؤيد، صالح عادل، (2002). إدارة الموارد، مدخل استراتيجي، (ط1). الكتب الجديد للنشر والتوزيع. عمان – الأردن.

20) حنفي، عبد الغفار، (1993). تنظيم وإدارة الأعمال، المكتب العربي الحديث. الإسكندرية.

21) الصباغ، عماد عبد الوهاب، (2000). علم المعلومات، مكتبة دار الثقافة للنشر والتوزيع. عمان – الأردن.

22) شدود، ماجد محمد، (2002). إدارة الأزمات والإدارة بالأزمة، (ط1). الأوائل للنشر والتوزيع. عمان – الأردن.

23) العماري، عباس رشيدي، (1993). إدارة الأزمات في عالم متغير، مركز الأهرام للترجمة والنشر. القاهرة.

24) العتيبي، صبحي جبر، (2004). تطور الفكر الأساليب في الإدارة، (ط1). دار الحامد للنشر والتوزيع. عمان – الأردن.

25) ناجح، الصالحي، (2001). موسوعة تلوث البيئة، (ط1). دار عالم الثقافة للنشر والتوزيع. عمان – الأردن.

26) حريز، سامي محمد، عبوي، زيد منير، (2008). إدارة الكوارث والمخاطر، (ط1). دار الراية للنشر والتوزيع. عمان – الأردن.

27) انطوان، بطرس، (1998). التجارة الإلكترونية، مجلة العربي. الكويت.

28) أمين سمير، (1997). مواجهة تحدي العصر، (ع2). مجلة الطريق. عمان- الأردن.

29) علي، الخوري، هاني، شحادة، (1998). تكنولوجيا المعلومات على أعتاب القرن الحادي والعشرين، (ط1). دار الرضا للنشر والتوزيع. دمشق- سوريا.

30) القاضي، فوائد، (2000). الاتجاهات الرئيسية في الألفية الثالثة. بحث مقدم إلى مؤتمر إستراتيجية التغيير العاشر. القاهرة.

31) الصيرفي، محمد عبد الفتاح، (2003). مفاهيم إدارية حديثة، (ط1). الدار العلمية الدولية ودار الثقافة للنشر والتوزيع. عمان – الأردن.

32) الخزامي، عبد الحكيم أحمد، (1997). أسس علمية التفاوض، بناء المفاوض الفعال، مكتبة ابن سينا. لنشر والتوزيع. القاهرة.

33) الطيب، حسن أبشر، (1994). الإعداد للتفاوض، (ع2). الإدارة العامة.

34) مادوكس، روبرت بي، (1995). المفاوضات الناجحة، أساليب وطرق نظرية المزدوج، (ط3). بوسطن.

35) الحسن، حسن، (1989). التفاوض: فن ومهارة، المنظمة العربية للعلوم الإدارية. عمان- الأردن.

36) المليحي، إبراهيم، (2000). الإدارة ومفاهيمها، دار المعرفة للنشر والتوزيع. مصر.

37) فضل الله، فضل الله، (1983). نظريات التنظيم الإداري، المطبعة العصرية. دبي.

38) ماهر، أحمد، (2003). السلوك التنظيمي، مدخل بناء المهارات الـدار الجامعيـة. القاهرة.

39) عامر، سعيد، (2000). البعد الثالث لإدارة القرن الواحد والعشرين. مركـز وايـد سرفس. القاهرة.

40) حمـود، خضـير كـاظم، (2000). إدارة الجـودة الشـاملة، دار المسـيرة للنشر والتوزيع. عمان – الأردن.

41) الدرادكـة، مأمون سـليمان، (2006). إدارة الجـودة الشـاملة وخدمـة العمـلاء، (ط1). دار صفاء للنشر والتوزيع. عمان – الأردن.

42) المحسن، توفيق محمد عبد، (1997). إدارة الجـودة الشـاملة كمـدخل لتحسـين الأداء، دار النهضة العربية. القاهرة.

43) الصيرفي، محمد عبد الفتاح، (2003). الإدارة الرائـدة، (ط1). دار صفاء للنشر والتوزيع. عمان – الأردن.

44) موسى، المدهون، (1999). الإستراتيجية الحديثة للتغـير والإصـلاح الإداري، (ع3). عمان – الأردن.

45) عصفور، محمد شاكر، (1984). أصول التنظيم والأساليب، (ط6). دار الشـروق للنشر والتوزيع. جدة.

46) ياسين، سعد، (2002). الإدارة الإستراتيجية، (ط1). دار اليازوري العمليـة للنشر والتوزيع. عمان- الأردن.

47) السيد، إسـماعيل محمـد، (1990). الإدارة الإسـتراتيجية: مفـاهيم وحـالات تطبيقية، المكتب العربي الحديث. الإسكندرية.

48) حمويل، بـول، (1985). الإدارة الإسـتراتيجية في القطاع العـام: ترجمـة محمـود برهوم. منشورات المنظمة العربية للعلوم الإدارية.

49) عامر، سعيد يسن، (1992). استراتيجيات التغيير والتطوير في منظمات الأعمال، مركز وايد سيربس للاستشارات والتطوير الإداري. القاهرة.
50) اللوزي، موسى، (1999). التطوير التنظيمي، أساسيات ومفاهيم حديثة، (ط1). دار وائل للنشر والتوزيع. عمان - الأردن.
51) الطائي، محمد عبد حسين، (2004). نظم المعلومات الإدارية المتقدمة، (ط1). دار وائل للنشر والتوزيع. عمان - الأردن.
52) الأعرجي، عاصم، (1995). دراسات معاصرة في التطوير الإداري، دار الفكر للطباعة والنشر والتوزيع. عمان - الأردن.
53) برنوطي، سعاد، (2000). أساسيات إدارة الأعمال. دار وائل للنشر والتوزيع. عمان - الأردن.
54) جودة، محفوظ، الزعبي، حسن، (2004). منظمات الأعمال: المفاهيم والوظائف، (ط1). دار وائل للنشر والتوزيع. عمان - الأردن.
55) عوض، عباس محمود، (1985). القيادة والتطرف: دراسة عاملية مقارنة، دار المعرفة الجامعية. الإسكندرية.
56) نور الله، كمال، (1992). وظائف القائد الإداري، دار طلاس للدرسات والترجمة. دمشق.
57) الدهان، أميمة، (1992). نظريات منظمات الأعمال، (ط1). مطبعة الصفدي. عمان - الأردن.
58) كلالدة، ظاهر، (1997). الاتجاهات الحديثة في القيادة الإدارية، جامعة العلوم التطبيقية، عمان - الأردن.
59) عباس، صلاح، (2003). الخصخصة المصطلح - التطبيقي، مؤسسة شباب الجامعة. الإسكندرية.

60) أبرشي، مرزوق، محمد، نبيل، (1996). الخصخصة آفاقها وأبعادها، (ط1). دار الفكر للنشر والتوزيع. دمشق - سوريا.

61) الناشف، أنطوان، (2000). الخصخصة (التخصيص مفهوم جديد لفكر الدولة ودورها في إدارة المرافق العامة). منشورات الحلبي الحقوقية. بيروت.

62) صبح، محمود، (1999). الخصخصة، (ط2). البيان للطباعة والنشر. القاهرة - مصر.

63) الشيخ، علي، (1997). التنمية في الخدمة المدنية (تجربة وزارة التنمية الإدارية، الأسبوع العلمي الأردني الخامس، الجمعية العلمية الملكية.

64) اللوزي، موسى، (2002). التنمية الإدارية، (ط1). دار وائل للنشر والتوزيع. عمان - الأردن.

65) العواملة، نائل، (1997). دارة التنمية وتطبيقاتها، دار وائل للنشر والتوزيع. عمان- الأردن.

66) الصرف، رعد حسن، (2002). صناعة التنمية الإدارية في القرن الحادي والعشرين، (ط1). درا الرضا للنشر والتوزيع. دمشق.

67) شيما، إبراهيم عبد العزيز، (1993). الإدارة العامة، (ط2). الدار الجامعية. جامعة بيروت العربية - لبنان.

68) حريم، حسين، (2003). إدارة المنظمات، (ط1). دار الحامد للنشر والتوزيع. عمان - الأردن.

69) جروان، فتحي عبد الرحمن، (1999). تعليم التفكير: مفاهيم وتطبيقات، دار الكتاب الجامعي. الإمارات.

70) السرور، ناديا هايل، (2002). مقدمة في الإبداع، (ط1). دار وائل للنشر والتوزيع. عمان - الأردن.

المراجع الأجنبية:

1) S.M. Cutlip, A.H, (1994). *Effective Public Relations*, 7th ed, Picntice – Hall. Engle.

2) Norman Soderderg, (1986). *Public Relations of the Eutrepren-eur and the Growing Business*, probus publishing Co., Illiuois.

3) David W. Wragg, (1992). *The Public Relations Handbook*, Blackwell Business, Oxford.

4) Daft, R. (1992). *Organization Theory and Design*, West Publishing Company, New York.

5) Hellreigal, D. et al., (1995). *Organizational Behavior*, West Publishing Company, Fourth ed., New York.

6) Richard, Daft, (2004). *Organization Theory and Design*, th ed. USA.

7) Torrington, Derek & Hall Loura, (1998). *Human Resource Management*, 4th ed. England.

8) Nilj, Shipman and Others, (1983). *Effective Time Management Techniques*, Prentice-Hallnic.

9) www.alsaqr.com

10) www.sptechs.com

11) www.alqastal.org

12) Roger, G., Schroeder, (1993). *Operations Management*, (4th ed.). McGraw-Hill, Inc.

13) gaiden, Gerald, E., (1982). *Public Administration*, Second Edition, by Palisades Publisher, California, USA.

14) www.economics.kauedu.sa.

15) Grey, Denham, (1998). *Knowledge's Management and Information Management: the Differences.*

16) *Skyrme, David, (1999). Is Knowledge Management the same as Information Management.*

17) *Norman Stone, (1995). The Management and Practice of Public Relation, Macmillan Business, London.*

18) *Mutter, John, (1992). Moor Spreading Science, vol.*

19) *www.hmc.org*

20) *www.nano-net.us*

21) *Drucker, Peter, (1998). Management's a New Paradigms, Forbes Global Business and Finace, USA.*

22) *Guislian Pieers, (1997). The Privatization Challenge, A Strategic Legal and Institution Analysis of International Experience.*

23) *www.thawraalwehda.gov.sy*

24) *www.balagh.com*

25) *www.geocities.*

26) *Umstot, D., (1984). Organizational Behavior, Wes Publishing Co. USA.*

27) *Barria Dale and Cary Cooper, (1992). Total Quality and Human Resources: An Executive Guide, Blackuell Publishing, UK.*

28) *Baharal, Wakhlu, (1994). Total Quality, Excellence through Organization, 1st ed., Wheder Publishing.*

29) *J.B. Quinn, H., Miutzberg & R.M. James, (988). The Strategy Process. Prentice-Hall, Inc.*

30) *Fiedler, F.A., (1961). Theory of Leadership Effectiveness, Mc-Graw-Hill, New York.*

31) *www.ngoce.org*

32) *Fraser, P., Seitel, (1995). The Practice of Public Relations, 6th ed., prentice-Hall, New Jersey.*

33) *Adel Ben Mohammad, (2004). Transparency in Decision Making, From htttt://www.transparency.org.*